Erscheinungsdatum der Ausgabe: Okt./Nov. 2017
Umschlag-Foto: Fotolia
Umschlag-Gestaltung: Dieter Kindel
Montage, Satz u. Layout: Verlag
Druck auf 90g-Papier - eBook-Version auf Anfrage
ISBN: 978 3981 874907

**region
verlag**
region-verlag.com

Rainer F. Brunath

Vom Empire zum Brexit

England im Wandel

Inhaltsangabe

Vorwort

Als am 24.6.2016 das Ergebnis des britischen Referendums über den Verbleib des Inselreichs in der *EU* bekannt wurde, war ich - wahrscheinlich wie die überwiegende Mehrheit aller Deutschen - konsterniert und ratlos und fragte mich, wie das möglich sein konnte. Was war mit der *EU* passiert? Oder war von Anfang an das scheinbar so feste Gefüge eher fragil, instabil? Der Gedanke an ein "Vereinigtes Europa" sollte doch alle eigentlich beflügeln. In Deutschland, so schien mir, war das so. Konnte das in den anderen Ländern der *EU* anders gewesen sein?

Fünfundzwanzig Jahre meines Berufslebens habe ich in Italien verbracht. Mir war es vergönnt, nicht nur die "Lebensart Italiens" kennen zu lernen, sondern auch das gesellschaftlich-politische Leben dieses Landes, meine Einbindung in das Sozialsystem (Krankenkasse und Renten) wie auch die Steuerpflicht. In allen Bereichen begegnete mir Zustimmung zu Europa, wie auch die - allerdings etwas eingeschränkte - Akzeptanz der gemeinsamen Währung. War Britannien so anders als Italien? Oder hatte sich etwas in der allgemeinen Stimmungslage in den Ländern der *EU* verändert?

Während meines Daseins dort erlebte ich den Korruptionsskandal innerhalb der gewachsenen politischen Landschaft und dessen Zusammenbruch. Und im Ergebnis dessen entstand eine erste populistische Partei. Die "*Berlusconi*-Partei" *Forza Italia* war die Reaktion der Eliten auf bevorstehende Bewegungen in der Wählerschaft. Ich war damals nur schockiert darüber, sah aber keine Zusammenhänge. Erst viel später wurde mir klar, was *Berlusconi* wollte. Er war der erste Politiker in der *EU*, der in seinem Land eine Art Präsidialregime einzuführen gedachte. An der Quelle wichtiger Informationen, muss er wirtschaftliche Bedrohungen für Italien, oder besser für dessen Eliten, vorausgesehen haben und suchte auf diesem Weg nach Möglichkeiten der Einflussnahme - so schien mir. Er scheiterte unter anderem an seiner eigenen Eitelkeit. Das Problem aber blieb, denn *Berlusconi* war nicht das Problem, sondern er war dessen Folge.

Italiens Schwierigkeit war eine andere, wie ich während meiner Arbeit für ein deutsches Industrieunternehmen erkennen konnte: Es waren und es sind immer noch Italiens zu hohe Produktionskosten - relativ zur deutschen Vergleichszahl. Einmal jedoch eingebunden in die *Euro*-Währung, gab es für das *EU*-Mitglied südlich der Alpen keine Möglichkeit der Gegenwehr mehr. Ohne diese Fessel hätte das Land abwerten können, um ein entstandenes Ungleichgewicht abzufangen. So aber blieb im Ergebnis nur die Schrumpfung der Volkswirtschaft, dessen Wirkung ich bald erfahren sollte. Die Immobilienwerte fielen als erste in das Bodenlose.

Und der Export Italiens? Dazu: bis auf wenige Ausnahmen, Fehlanzeige. Landwirtschaftsprodukte Italiens sind allerdings erfolgreich, wie das Warenangebot in deutschen Supermärkten zeigt. Der Export aus dieser Sparte konnte und kann aber den Negativsaldo des Landes nicht wettmachen, denn hier ist der Aufwand an Arbeitseinsatz viel größer als beispielsweise in der Industrie Deutschlands. Damit senkt sich die Waagschale unaufhörlich zu Ungunsten Italiens. Offiziell gibt es in Italien eine 38-40 Std.-Woche, je nach Industriezweig. Trotz dieser Regelungen, Tarifen und Gewerkschaften, einer Steuerlast vergleichbar mit jener in Deutschland, kam es mir vor, dass der italienische Arbeitnehmer - ich hatte mit der Chemie- und der Lackindustrie zu tun - inbrünstiger arbeitete als der deutsche, verliebter in seine Arbeit war, Angefangenes noch am Tag beendete und nicht für den nächsten Tag liegen ließ. Täuschte ich mich da?

Sicherlich! Dieser Unterschied, so wurde mir da bald klar, hat nichts mit dem Nationalcharakter zu tun, sondern eher mit der persönlichen Notwendigkeit eines jeden in Italien im Arbeitsleben stehenden, seinen Arbeitsplatz zu erhalten. Begleitet wurde und wird auch heute noch dieses Szenario mit extremen Mangel an industriellen Arbeitsangeboten. Ist irgendwo eine Stelle frei, kommt sie erst gar nicht zur Ausschreibung, denn es finden sich sofort Bewerber ein. Es gibt in Italien anscheinend ein geheimes Kommunikationssystem, ein Netzwerk, aus dem Informationen für Arbeitsuchende fließen. Ich erkannte, der Unterschied zwischen Nord- und Südeuropa ist also nicht begründbar durch das Vorurteil, die Südländer seien faul.

Korrupte Steuerbetrüger gibt es überall. Aber das ist eine Minderheit, und die zu greifen und zu bestrafen, ist eine Notwenigkeit, besonders im Süden Europas. Erforderlich ist das deswegen, damit der dortigen schwachen Volkswirtschaft nicht noch mehr entzogen wird. Dieses aber unterbleibt in den meisten Fällen, denn die Wirtschaftseliten dort haben, trotz Änderungen im Wahlverhalten breiter Volksschichten, noch großen Einfluss auf die politische Führungen – egal welcher Richtung. Sie verhindern immer wieder die Verfolgung ihrer eigenen Klassengenossen. In Griechenland ist das wohl offensichtlich.

Und Deutschland? Ist das hier anders? inzwischen glaube ich es nicht mehr und rechne auch nicht damit, dass Korruption oder Steuerbetrug hier gnadenlos verfolgt und hart bestraft wird, so wie es aus Deutschland immer wieder gen Süden fordernd schallt. Trotz dieser, oder vielleicht wegen dieser Zustände in der italienischen Volkswirtschaft, änderte sich im Laufe der ersten Jahre des 21. Jahrhunderts die politische Landschaft in Italien. Neben linken Mikro-Parteien entstand die eine wirklich bedeutende Kraft: die populistische und *EU*-kritische *Cinque Stelle* Bewegung.

Und nun, mit diesem Hintergrund, suchte ich Erklärungen auf eine mir wichtig erscheinende Frage: Ist Britannien wie Italien? Oder in der Konsequenz dieses Gedankens: Sind die Verhältnisse in den Ländern der *EU* anders als in Deutschland? Mir blieb diese Frage unbeantwortet. Da selbst die offiziellen Verlautbarungen der Politik und die Berichte der Mainstream-Medien keine befriedigende Antwort lieferten, begann ich nach Antworten zu suchen, begann im Sauseschritt die Geschichte des britischen Empires zu beleuchten. Dabei fiel mir ein britischer Politiker auf, der britischer nicht sein konnte, der die Fähigkeit besaß, nationale Notwendigkeiten zur eigenen Sache zu machen: *Sir Winston Churchill*. Er war Europäer und Brite gleichzeitig. Einem Chamäleon gleich war er imstande, sich inneren und äußeren geänderten Verhältnissen anzupassen. Das hatte er vor Beginn des Weltkrieg I und auch ganz besonders nach Weltkrieg II bewiesen.

Winston Churchill war ein Kind seines Landes, dessen Eigenarten und in Jahrhunderten gewachsene Identität er verkörperte – er war sozusagen das Kondensat dessen, was Britannien ausmacht: nämlich alles zu tun, was den Eliten auf der Insel zum Vorteil gereichte, was die Herrschaft seiner gesellschaftlichen Klasse sicherte.

Nur so, mit diesen Eigenheiten ausgestattet, konnten die Eliten vor *Winston Churchill* das größte Kolonialreich in der Geschichte der Menschheit errichten, die eigenen und geografischen Besonderheiten nutzend, sie vereinend, und nur so konnte Britannien der größten Herausforderung seiner Geschichte, der Niederringung Hitlerdeutschlands, in Allianz mit den

USA und der Sowjetunion, begegnen und siegen.

Der Preis war aber hoch. Das Kolonialreich zerfiel. Was blieb, war aber die Eigenheit der Briten, eigene Wege zu gehen - in Europa und vielleicht für Europa. Und das ist ein Gesichtspunkt, der in der öffentlichen Debatte über den Brexit noch nicht beleuchtet wurde, dessen scheinbar sichtbar gewordene Rückbesinnung nach der "guten alten Zeit" des Kolonialreichs, Wunschdenken wie auch Realitätsverlust erkennen lässt. Oder weisen die Ursachen für den *Brexit* in eine noch nicht erkennbare Zukunft Britanniens?

Die Engländer halten sich für einzigartig. England hat nie gelernt,
anderen Staaten auf Augenhöhe zu begegnen.
Nicholas Boyle, britischer Germanist, Zitat in der *Zeit-online*

Vom Empire zum Brexit
Eine kurze Biografie eines Weltreiches

Die Geschichte der Inselmonarchie ist lang und voll von überraschenden Wendungen, Neuorientierungen, gekennzeichnet von Pragmatismus, Geschick, Härte, gelegentlich auch von bekannter demokratischer Gesinnung. Dazu folgen in den nächsten Kapiteln einige Episoden der Entwicklung des *Britischen Empires*, die hier nur verkürzt und in zusammenfassender Form dargestellt werden können. Umfangreiche, sehr gute Beschreibungen der Ausbildung des *Britischen Kolonialimperiums* gibt es schon. Es würde auch den gesetzten Rahmen dieses Buchs bei weitem sprengen.

Es geht hier um eine Widersprüchlichkeit, die dem Nicht-Engländer immer wieder Anlass geben mag, über aktuelle und geschichtliche Ereignisse auf der Insel den Kopf zu schütteln, oder aber, vielleicht neidvoll, zu applaudieren.

Einerseits haben die Briten andere Länder auf dem Globus erobert, unterworfen und dann geplündert, oder ihnen Handelsbedingungen diktiert, die an Raub grenzten - in wohl erworbener Tradition von seefahrenden Piratenvölkern wie den Wikingern. Denn Britannien wurde einst selbst Opfer der Wikinger-Nachfahren, der Normannen, mit ihrem Anführer *Wilhelm der Eroberer*, dem es als einzigem – abgesehen von den Römern – bis heute gelang, die Insel von außen zu erobern und der 1066 in der Westminsterabtei zum König von England gekrönt wurde. Natürlich brachte er sein gesamtes Gefolge bis zum letzten Landsknecht mit, das dann auf der Insel siedelte und sich mischte. Blieb es bis heute bei "gelernt bleibt gelernt", das als normannisches Erbgut im Volkscharakter der Briten noch vorhanden sein mag? Eine Frage, die nicht nur rhetorisch sein dürfte.

Andererseits haben wir heute, im Gegensatz trotz dieser vorstellbaren "Beutementalität", ein völlig anderes Bild von den Briten: Sie gelten als höflich, kultiviert, diplomatisch und legen Wert auf Recht und Gesetz. Dabei sind sie sportlich fair, welterfahren, wirtschaftlich klug handelnd, humorvoll und vor allem selbstbewusst. Wie passt das zusammen? Es musste dieses Allerlei an gewissen Eigenschaften und Erbgut gewesen sein, dass kühne und trotzige Briten hervorbrachte, aber auch tolerante oder humanistisch eingestellte Individualisten mit einer fast unwiderstehlichen freiheitlichen Grundeinstellung, einer Haltung, manchmal mit Zügen von Laissez-faire oder Dekadenz, oder neuerdings Dünkelhaftigkeit gegenüber Nicht-Briten.

Dieses Potpourri an Attributen brachte aber auch Individualisten als Abenteurer und Forscher hervor, hoch motivierte Erfinder oder profitbegehrliche Investoren. Dass der Kapitalismus in England seinen Anfang nahm, liegt nicht nur an äußeren Umständen, es hat auch mit der wesenshaften britischen Individualität zu tun. Handel und Produktion im 18. Jahrhundert trieben einige Briten nicht nur zur Bedürfnisbefriedigung, zur Existenzsicherung, sondern aus Gewinnsucht und Vermögensakkumulation. Aber alle waren sie einig in ihrem "Wir-Gefühl" zum Insel-Britannien.

Und für manche war diese Ausprägung, diese Liebe zu ihrer Insel so stark, dass ihnen diese mehr bedeutete als ihr persönliches Glück. *Winston Churchill* formulierte 1949 in seiner Rede vor dem Europarat: "[...] Wir (Briten) haben unsere eigenen Träume." Und der hoch verehrte *Lord Nelson,* der Held von Trafalgar, ging sogar in den Tod, um eine Niederlage und eine mögliche Invasion seiner Heimat, seiner Insel, durch die mit den Spaniern verbündeten Franzosen zu verhindern. Bevor aber *Nelson* durch seinen Sieg bei Trafalgar seine Heimatinsel für mehr als 100 Jahre zur nahezu unbesiegbaren Seemacht machte, waren Jahre der Konsolidierung und Expansion notwendig, Jahre des Aufbaus und der Beseitigung innerer Konflikte.

Gebietskarte von William the Conqueror

Dominions of William the Conqueror
about 1087
William's marches
Harold's march
Castles erected by William
Maine, Wales and Scotland acknowledged the
overlordship of William.

Scale 1 : 7 500 000

Miles

Kolonisierung nach innen - eine Voraussetzung
für spätere imperiale Expansion

Irland

Keltische Volksteile, die *Gälisch* sprachen, wie die Iren sagen, migrierten ab etwa 300 v. Chr. auf die Insel. Möglicherweise waren sie vor den Römern geflohen, die in dieser Zeit ihre angestammten Siedlungsgebiete, in Norditalien und später in Frankreich erobert hatten. Die Christianisierung Irlands begann schon während der Römerzeit. Einer der Missionare war *Patrik von Irland*, gestorben etwa 460. Er war Sohn eines in der Provinz Britannia stationierten christgläubigen römischen Offiziers. *Patricius* war demnach bereits im katholischen Glauben erzogen worden. Mit ihm begann eine Blütezeit auf Irland mit Klostersiedlungen, die bis in die Periode der Wikinger Beutezüge Bestand hatten. Im Jahre 1169 fielen dann von der Nachbarinsel England die Normannen ein und vertrieben die Kelten in den Westen Irlands, das danach Teil des Königreichs England wurde. Um 1600 kamen anglikanische Siedler aus England, die sich schnell Großgrundbesitz aneigneten. Bald gab es in Irland eine reiche anglikanische Oberklasse und daneben die katholischen ursprünglichen Kleinbauern. Das führte zu einem Jahrhunderte andauernden Klassenkonflikt, von der offiziellen Geschichtsschreibung religiös verbrämt.

Zweihundert Jahre später war Irland ein einziger Monokultur-Kartoffelacker, hochgradig anfällig war für Schädlinge. Die *Kartoffelfäule* der Jahre 1845 -1849 blieb nicht aus. 1,5 Millionen Iren verhungerten oder wanderten aus. Gegenmaßnahmen gab es nicht. Die britischen Landlordschaften verhinderten die Eindämmung der Not. Der Import von Korn wurde seitens jener Großgrundbesitzer blockiert.

Noch heute haben viele Iren Ressentiments gegenüber England, Gefühle, die von diesen Vorgängen belastet sind. Im Extremfall sprechen sie von systematischem Genozid und belegen das mit dem Argument, dass Irland auch während der Hungersnot Exporteur (nach England) von Lebensmitteln blieb. Ein Exportstopp hätte die Lebensmittelpreise in Irland senken können.

Zu allem Überfluss erließ das Parlament um das Jahr 1700 Gesetze, die es katholischen Iren unmöglich machte, öffentliche Ämter auszuüben, zu wählen, eine höhere Ausbildung anzustreben und dauerhaften Erwerb von Grundbesitz oder Vermögen anzuschaffen. Das provozierte Widerstand in Irland und führte zuletzt in den Jahren 1919-1921 zu einem blutigen Bürgerkrieg für die Unabhängigkeit, der damit endete, dass der Insel von London der Dominium-Status gewährt wurde. Das war der Anfang zur Gründung des Irischen Freistaats. Allerdings: Sechs Grafschaften in der Provinz Ulster im Norden der Insel blieben von diesem Abkommen ausgeschlossen, was zur Wiege des bis heute andauernden irisch-britischen Konflikts wurde.

1949 trat Irland deswegen aus dem Commonwealth aus, die nordirischen Grafschaften verblieben im Vereinigten Königreich. Probleme an der Grenze in Ulster waren damit vorprogrammiert. Erst als beide Länder gleichzeitig Mitglied der EU wurden, änderte sich das. Im Jahr 1998 arrangierte der Labour-Premieministeer *Tony Blair* das sogenannte *Karfreitagabkommen*, in dem festgehalten wurde, dass nur ein Mehrheitsbeschluss der nordirischen Bevölkerung eine Vereinigung der beiden irischen Republiken ermöglichen könnte. Seitdem hat sich der Konflikt entspannt.

Literatur

Gunnar Heinson: Lexikon der Völkermorde, rororo 1999

Christine Kinealy (1995): This Great Calamity: The Irish Famine 1845-52. Gill & Macmillan

Schottland

Aus Irland kommend, besiedelten ab 503 erste Kelten (Skoten) die Küsten Schottlands, die sich etwa 840 mit den ehemals von den Römern *Pikten* genannten Ureinwohnern unter *Kenneth I* aus dem Hause *MacAlpin* als erstem gesamtschottischen König vereinten. Diese Urzelle Schottlands hatte Bestand bis etwa 1058. Es war eine wechselvolle und kriegerische Zeit. Die Dynastie *Alpin* musste sich gegen die Wikinger zur Wehr setzen, wie auch Königsmord und innere Machtkämpfe überstehen, was nicht immer gelang.

Nach familiärem Zwist und Intrige bestieg *Malcolm III* vom Hause *Dunkeld* 1058 mit Hilfe des englischen Königs den Thron Schottlands. Er entstammte einer Nebenlinie des Hauses *Alpin*, die nach der Ehe seiner Großmutter mit dem *Abt von Dunkeld* entstanden war. Das Königshaus *Alpin* hatte keinen männlichen Nachfolger mehr.

Im Jahr 1124 folgte *Malcolm's* sechster Sohn *David I*, der aus zweiter Ehe und englischer Herkunft stammte. So kam schon mit *Malcolm III* englischer Einfluss, einerseits durch Krieg, andererseits durch Einheirat, ins schottische Königshaus. Und das setzte sich fort bis in die heutige Zeit. So waren die Geschicke Schottlands schon früh verwoben mit denen Englands – zwei Regionen der Insel, eine Geschichte. Eine Geschichte, geschrieben mit Blut, Streben nach Macht und dem Drang Schottlands nach Freiheit. Etwa 1290 stellte der englische König *Eduard I*, nachdem das Haus *Dunkeld* keinen männlichen Nachfolger mehr hatte, Schottland unter die englische Krone.

Das gefiel *William Wallace*, einem schottischen Edelmann, nicht und er sammelte Gleichgesinnte um sich. Schon im September 1297 konnte er mit seinen Einheiten die englischen Truppen mit *Eduard I* in die Flucht schlagen. Im Oktober des gleichen Jahres vergab er vertraglich den Freihandel an die Hansestädte Hamburg und Lübeck mit allen schottischen Häfen. Aber die Freude über die Eigenständigkeit währte nicht lange. Inzwischen zum Ritter *Guardian of Scotland* ernannt, musste er sich dem rachsüchtigen *Eduard I* im Jahr 1298 zum zweiten Mal stellen. Er verlor und floh, wurde verraten, 1305 bei Glasgow gefasst und nach London geschleppt. Dort weigerte er sich, *Eduard I* die Treue zu schwören und wurde dafür am 23. August 1305 grausam hingerichtet.

Damit war der Kampf der Schotten aber nicht beendet. Schon 1314 sammelte *Robert The Bruce*, ein Nachfahre von König *David I* aus dem Hause *Alpin*, die Schotten erneut um sich und führte sie in den Kampf gegen den englischen König *Eduard II*, gewann und erbat vom Papst *Johannes XXII* die Anerkennung der Unabhängigkeit Schottlands. Der gewährte es dem katholischen Regenten. *Robert The Bruce* starb schon 1329 und sein einziger überlebender Sohn übernahm als *David II* den Thron, der bis 1371 regierte. Den verwaisten Thron – *David II* war ohne Nachfolger gestorben – übernahm als *Robert II* der Sohn der Schwester von *Robert the Bruce*, *Marjorie Bruce*, die mit *Steward of Scotland* verheiratet war. Damit begann die Dynastie der *Stuarts*, die 1567 mit *Maria Stuart* in ein Chaos stürzte. *Maria* musste abdanken. Ihr Nachfolger wurde ihr Sohn *Jakob VI*, nachdem seine Mutter, nach einer Reihe von Skandalen und Intrigen, inklusive Mord, am 24. Juli 1567 ihre Abdankung unterzeichnet hatte. Der einjährige Junge wurde fünf Tage später gekrönt.

Als *Elisabeth I,* ein Spross der walisischen *Tudor-Dynastie,* starb, bestieg der schottische *Jakob VI* als *Jakob I* auch den englischen Thron. Damit waren die Königshäuser Schottlands und Englands vereint. Schottland und England blieben aber vorerst separate Königreiche.

Jakobs Sohn war *Karl I,* der in 1625 König beider Königreiche wurde und bis 1649 regierte. Die Macht der Kirchenfürsten deutlich unterschätzend, versuchte er absolutistisch und gegen das Parlament, eine einheitliche, für beide Königreiche gültige Kirchenverfassung einzuführen. Es kam zum Bürgerkrieg, der Absetzung von *Karl I,* seiner Hinrichtung und zur zeitweiligen Abschaffung der Monarchie. Sein Sohn *Karl II* floh ins Exil nach Frankreich. Endlich, im Jahr 1660 bot ihm das englische Parlament als rechtmäßigem Regenten die Königswürde an, und gerade mal 30 Jahre alt, zog dieser umjubelt in London ein. Er wurde der letzte englische und schottische König, der eine absolute Monarchie errichten konnte. Ohne legitime Nachfolger starb er 1685. Allerdings hinterließ er illegitime Kinder, die er anerkannt und geadelt hatte. Eine seiner bekanntesten Nachkommen war *Diana, Princess of Wales,* deren Kinder ihren Ursprung in der Stuart-Dynastie haben und die Mitglieder des englischen Königshauses sind.

Sein Nachfolger wurde sein jüngerer Bruder *Jakob II* von England, der als *Jakob VII* auch den Thron von Schottland erbte. Frömmelnd konvertierte dieser zum Katholizismus und machte sich damit im Volk unbeliebt. Als letzten katholischen König von England und Schottland und letztes Mitglied der *Stuart*-Dynastie entthronte ihn 1688 die *Glorious Revolution.*

Parlamentarische Gegner der absoluten Monarchie in London gewannen endgültig einen schon seit Beginn des Jahrhunderts andauernden Machtkampf gegen das Stuartkönigtum. Mit der Einführung der *Bill of Rights* legten sie den Grundstein für die parlamentarische Demokratie in Britannien und machten in der Folge *Wilhelm von Oranien* zu ihrem repräsentativen König.

In Schottland dagegen zögerte das Parlament, akzeptierte aber schließlich *Wilhelm* als König, während die Hochlandbewohner unter Führung des *Clan MacDonald* rebellierten. Schottland war gespalten. Es kam zum Kampf. Auf Anordnung der Regierung in London, wurden 1692 beim Massaker von Glencoe zahlreiche Angehörige des *Clan MacDonald* in einer Strafaktion ermordet. 78 Clanmitglieder wurden getötet oder erfroren auf der Flucht. Dem damaligen Ereignis wird heute noch in Schottland mit patriotischen Gefühlen gedacht.

Mit der *Glorious Revolution* endete die Politik religiöser Toleranz der *Stuarts*. Für Katholiken galten nach der Revolution für über ein Jahrhundert diskriminierende Regelungen, was auch bis nach Irland ausstrahlte, wo den Katholiken Wahlrecht und Besitztum abgesprochen wurde.

Im Jahr 1707, mit dem *Act of Union*, vereinigte sich England formal mit Schottland zum Königreich Großbritannien. Das schottische Parlament wurde aufgelöst, seine Abgeordneten mussten nach Westminster in London kommen. Widerstand aus der Bevölkerung ignorierten die herrschenden Adelskreise, denn die Unions-Verhandlungen von 1706/07 boten vorteilhafte Perspektiven für beide Länder. Die zerrütteten Finanzen der schottischen Wirtschaft konnten saniert werden, weil der Zugang zum Markt Englands geöffnet wurde, sowie zu dessen Kolonien. Die Krone Englands bekam als Gegenleistung die Sicherheit, dass die protestantische Erbfolgeregelung in beiden Ländern durchgesetzt wurde und die Gefahr abgewendet war, dass Schottland das uralte Bündnis mit Frankreich erneuerte und dadurch die Nordflanke Englands im Spanischen Erbfolgekrieg gefährdete.

In 1746 scheiterte endgültig der Versuch der *Stuart-Dynastie,* in der *Schlacht von Culloden* Schottlands Unabhängigkeit zurück zu gewinnen. 1780 begann die Vertreibung von Highland-Kleinbauern durch englische, aber auch alteingesessene schottische Gutsherren aus den Lowlands, um Platz für Schafzucht zu schaffen. Einheimische landlose Kleinbauern und Pächter, die häufig seit Generationen dort gelebt hatten, wurden verjagt. Man zerstörte damit sogar ganze Dorfgemeinschaften. Diejenigen, die sich wehrten, wurden mit Gewalt auf Auswandererschiffe verbracht und nach Nordamerika oder Australien verschifft. Das Land eigneten sich wenige Schafzüchter aus dem schottischen Flachland oder aus England an. Noch heute wird die Schafzucht als die "Geißel Schottlands" bezeichnet.

Es folgte etwa 1820 die *Industrielle Revolution* in Schottland. Schiffbau, Kohlebergbau sowie Hüttenwerke und Eisengießereien ersetzten die Textilherstellung als wichtigste Zweige der Volkswirtschaft. Und seit 1975 gibt es eine Ölförderindustrie in Schottland.

Auf Initiative von Labour-Premierminister *Tony Blair* wurde dann 1998 in London ein eigener Schottischer Landtag vom Parlament beschlossen. Schon im Jahr vorher hatte die schottische Bevölkerung in einem Referendum zugestimmt. In 1999 endlich wurde das schottische Regional-Parlament gewählt. Dessen Bestand bestätigte am 18. September 2014 die schottische Bevölkerung, indem sie in einem neuerlichen Referendum die Abspaltung vom *Vereinigten Königreich* abgelehnt hatte.

Literatur

Stewart Ross: Monarchs of Scotland. Lochar Publishing Ltd, 1990

Powicke & Fryde: Handbook of British Chronology. Second Edition, London, 1961

Alan & Veronica Palmer: The Pimlico Chronology of British History; from 250.000 BC to the Present Day. Pimlico 1996

Norman Davies: Verschwundene Reiche. Die Geschichte des vergessenen Europa. Theiss, Darmstadt 2013

Andreas Kalckhoff: Nacio Scottorum. Schottischer Regionalismus im Spätmittelalter. Lang, Frankfurt am Main 1983

Helmut Weber: Unterdrückte Nation oder Profiteur der Union? Schottlands Rolle in Vereinigten Königreich (PDF; 136 kB)

Peter Wende: Karl I - Englische Könige und Königinnen der Neuzeit. Von Heinrich VII. bis Elisabeth II. 1. aktualisierte Auflage. München, Beck 2008

Eckhart Hellmuth: Die glorreiche Revolution 1688/89. In: Peter Wende (Hrsg., Große Revolutionen. Von der frühen Neuzeit bis zur Gegenwart. Beck, München 2000

Hans-Walter Arends: Die kleine Schottlandfibel. Alles - von den Pikten bis zum neuen Parlament - und noch viel mehr. Luath Press, Edinburgh 2001

Eric Richards: The Highland Clearances. Edinburgh 2005

Wales und Cornwall

Wie Irland, wurde Wales und Cornwall früh von den Kelten, die aus Südeuropa kamen, besiedelt. Ihre Christianisierung war noch ein kultureller Rest aus der Zeit der Römischen Besetzung, so dass die Angelsachsen, etwa im 6. Jahrhundert von Osten kommend, selber noch heidnisch, auf bereits christianisierten Kelten stießen. Diese zogen sich nach Westen ins gebirgige Innere von Wales und in den äußersten Westen von Cornwall zurück. So blieb Wales in seinen zentralen Gebieten und Cornwall an seinem Westende immer keltisch. Isoliert und von aus ihrer Sicht heidnischen Nachbarn bedrängt, hielten die Kelten an ihrer latinisierten Sprache und an ihrem christlichen Glauben fest. Neuere Funde, die in Cornwall auf *Tintagel Castle* gemacht wurden, belegen das.

Gefundenes Baumaterial der Burg stammt aus dem Mittelmeerraum und Spanien, was bisherige Theorien bestätigt, dass es ein Fürstensitz oder eine frühchristliche keltische Klosteranlage des 5.-7. Jahrhunderts mit Kontakten nach Südeuropa war. Möglicherweise gab es eine an *Tintagel* vorbeiführende Handelsroute. Zwei in der Umgebung gefundene römische Meilensteine lassen diese Auslegung zu. Sicherer aber ist, dass die damaligen Bewohner der Burg und des Umlandes offensichtlich an römisch-antiker Kultur festgehalten hatten. Ein Stück Schiefergestein aus jener Zeit mit spätantiker lateinischer Inschrift weist darauf hin.

Lange jedoch mögen diese Überreste rein keltischer Kultur nicht überlebt haben, denn Kontakte zu der noch nicht vollständig christianisierten, alten Kultur auf der irischen Insel bestanden fort. So setzte sich alte keltische Tradition wieder durch. Aber schon zum Ende des 7. Jahrhunderts begann eine erneute Christianisierungswelle, dieses Mal ausgehend von den Angelsachsen. Die alte keltische Kultur wurde assimiliert, nur im bergigen Wales und im isolierten Cornwall konnten sich keltische Sprachinseln erhalten. Nach Abschluss des Übergangs zur christlichen Kultur im Siedlungsraum östlich von Wales und Cornwall, war eine erste frühenglische Gesellschaft mit beginnender eigener Identität entstanden, die erfolgreich Infiltrationen von Wikingern absorbieren konnte.

Die normannische Eroberung Englands begann um 1066, als die Christianisierung der Angelsachsen schon 300 Jahre zurück lag. Diese hatten sich im Laufe dieser Jahre eine föderale Staatstruktur geschaffen, welche die Normannen durch rigiden Zentralismus ersetzten. Das führte zu Revolten und Widerständen; die zahlenmäßig unterlegenen Normannen unterdrückten sie mit List und Gewalt. Im Ergebnis schufen sie einen neuen Staat, der die Anlagen für eine der stärksten Monarchien Europas in sich trug. Man schickte sich an, ein hochentwickeltes Verwaltungssystem einzuführen, das die englische Sprache und Kultur verändern sollte.

Auch Cornwall geriet unter normannische Herrschaft, erhielt sich aber Sprache und Identität, was dazu führte, dass der englische König *Edward III*

Cornwall etwa 1350 zu einer Grafschaft mit Sonderstatus erhob.

Nur den Westen von Wales und die westlichen Teile Irlands konnten die Normannen nicht unter ihre Herrschaft bringen. Eine gewisse Autonomie gegenüber den normannisch-stämmigen englischen Königen behielten sogar normannisch eroberte Gebiete, die *Welsh Marches*. Diese Phase dauerte bis 1283, als der englische König *Eduard I* Wales komplett eroberte. Seitdem trägt der englische Thronfolger den Titel *Prince of Wales*.

Es folgten mehrere Rebellionen, die sogar in einem Fall dazu führten, dass sich Wales um 1400 befreien konnte. Dieser Zustand dauerte aber nur fünf Jahre, denn englische Truppen konnten die Rebellen um 1409 besiegen. Es dauerte noch über einhundert Jahre, bis der eingesessene Adelstand in Wales sich endgültig damit abfand und kapitulierte. Um 1540 beendete der *Act of Union* die Sonderstellung von Wales, was bedeutete, dass Englisch Amtssprache wurde und Einheimische keine öffentlichen Ämter bekleiden durften.

In der Neuzeit, gegen Ende des 19. Jahrhunderts, im Verlauf der *Industriellen Revolution*, entwickelte sich in Wales Bergbau auf Basis von Kohlevorkommen. Minenarbeiter mussten unter unwürdigsten Bedingungen 12 Stunden und länger arbeiten. Sie schlossen sich etwa 1830 zu frühen Gewerkschaftszellen zusammen, benannten sich *Chartisten* und erhoben sich mit Streik und Widerstand. Die Unruhen dauerten bis etwa 1850, die noch geschürt wurden durch einen von einem anglikanischen Geistlichen publizierten Report, in dem er die Bevölkerung von Wales arg diskriminierte und sie als "faul und schwach" bezeichnete.

Die Gewerkschaftsbewegung erfuhr in den folgenden Jahrzehnten enorme Stärkung, konnte sogar 1901-1903 einen mächtigen Streik organisieren, der mit militärischen Mitteln niedergeschlagen wurde. Eine Befriedung in Wales erreichte die Regierung in London damit nicht. Im Gegenteil, man blieb bei der rigiden Politik gegenüber den Arbeitern, wodurch es in der Folge der Jahre sogar zur Ermordung streikender Eisenbahnarbeiter durch das Militär kam.

Die um die Jahrhundertwende gegründete *Labour Party* wurde in Wales sofort sehr stark, und der erste Labour-Abgeordnete im Parlament kam aus Wales. Damit blieb die Entwicklung in Wales aber nicht stehen. Da die Wichtigkeit der nationalen Frage von der *Labour Party* nicht erkannt wurde, bildete sich schon bald die Partei *Plaid Cymru*, die 1966 einen Parlamentssitz errang. Diese sprach die nationalen Gefühle der Menschen in Wales an und setzte sich für die Wiederbelebung der walisischen Sprache ein.

In Reaktion auf diese Entwicklung, formulierte die *Labour Party* eine Neuorientierung ihrer Politik. Ihr Anliegen war, dass politische Kompetenzen vom Parlament in London hin zu gewählten nationalen Vertretungen in Wales, Schottland und Nordirland verlagert werden sollten. 1998, unter *Tony Blair*, *Labour*-Premierminister, wurde nach einem Referendum, das zeitgleich auch in Schottland abgehalten wurde, die Nationalversammlung für Wales konstituiert. 2006 zog sie nun in das neu errichtete Parlamentsgebäude in Cardiff, der Hauptstadt von Wales, ein. Die walisische Sprache wurde gleichberechtigte Amtssprache neben dem Englischen.

Cornwall blieb verwaltungstechnisch ein County von England. Die keltische Sprache in Cornwall wurde von der britischen Regierung als Minderheitensprache anerkannt, und in Cornwall selbst gibt es Bemühungen, sie wiederzubeleben.

Literatur

Wolfgang Meid: Die Kelten. Reclams Universal-Bibliothek, Stuttgart 2007

John Davies: A History of Wales. Penguin, London 1994

Barrowman, R. - Batey, C. - Morris, C.: Excavations at Tintagel Castle 1990-1999. Oxford 2007

Ein Empire auf Pivatinitiative durch Freihandel

Rund dreihundert Jahre koloniale Erfahrung und Verbindungen besaß Britannien nach dem *2. Weltkrieg*, als 1973 das *Vereinigte Königreich* in den europäischen gemeinsamen Markt (*EWG*) eintrat. Es waren Erfahrungen und Verbindungen aus der Zeit der Expansion, die zu Machtzuwachs und Größe führten, aus den Jahrhunderten der Angliederung von Kolonien an das wachsende Empire, dessen Menschen eine besondere nationale Identität entwickelt hatten und die auch nach der Zeit der Entkolonisierung nicht verloren gegangen war.

Neben Portugal und Spanien war Britannien im ausgehenden Mittelalter eher ein Juniorpartner gewesen, denn als im 14.-15. Jahrhundert die Entdecker aus den Mittelmeerländern die Flagge ihrer Heimat in weit entfernte Gestade einpflanzten, war England noch nicht Großbritannien, *Vereinigtes Königreich*. Man hatte in London noch mit der Befriedung und Kolonisierung des Inselterritoriums, Irland eingeschlossen, zu tun. Erst danach richtete sich der Blick Londons über die eigenen Küsten hinaus.

Neben der Begehrlichkeit, mit dabei sein zu wollen, waren Mut, Erfindungsreichtum, der Wille sich durchzusetzen, diplomatisches Geschick, eine Portion Skrupellosigkeit und nicht zuletzt das Glück des Tüchtigen eine wichtige Voraussetzung. Männer mit diesen Wesensmerkmalen und der nötigen Initiative, einer unverbrüchlichen Treue zur Krone und einer starken und tiefen Schwärmerei zu ihrer Insel führten dazu, dass England doch noch relativ spät zu Kolonien und nationalem Reichtum kam, quasi auf dem indirekten Weg über Privatinitiativen.

Und die Krone, dauerhaft unter Geldmangel leidend, machtbesessen wie alle Monarchien jener Zeit, aber ohne Konzept für eine gezielte Expansion in Jahren, als das noch möglich war, suchte ihre Gier nach Geld und Gold über einen Weg zu erreichen, der nicht Kriege und Schlachten bedeutete, einen Weg zu mehr Einnahmen. Es war die Vergabe von Konzessionen für einen Freihandel in Gebieten der Welt, die nicht der britischen Krone unterstanden, Handel zwischen Staaten, Kulturen, Kontinenten, über Meere hinweg, den gesamten Globus ergreifend. Unberücksichtigt von Daseinsrechten einheimischer Bevölkerungen wurden ahnungslos, oder vielleicht auch skrupellos, Konzessionen vergeben, die häufig genug Krieg und Vernichtung mit sich brachten.

Das Vorhaben Freihandel erwies sich als überraschend effektiv, und dessen Attraktivität bestätigte sich immer wieder, weil es Reichtum oder Entwicklung versprach. Die *Hanse* machte das schon seit Jahrhunderten vor, sogar in London. Der Freihandel, später *Liberalismus* genannt, beförderte die Erfindungsgabe für immer neue Geschäftsmodelle, schonte gewachsene regionale Wirtschaftsstrukturen nicht, riss Grenzen nieder, die Schutz und Sicherheit für lokale Eigenheiten boten. Er machte Händler reich, manchmal auch mächtig. Und gemäß der uralten Weisheit "Gelegenheit macht Diebe", wuchs mit Aussicht auf Profit auch die Gier der Akteure nach Geld und Macht.

Erst einmal angelangt an jenem Punkt des "too big to fail", riskierten die Händler, inzwischen Manager von Handelsunternehmungen, z.B. der *Ostindien Company*, den Hungertod von Millionen Menschen, nur um des

Profits willen. Dann hatte sich das Prinzip des Freihandels, das am Beginn wohltätige Wirkung entfaltet hatte, umgekehrt, fraß sich wie eine Schlange, die ihr eigenes Ende erwischt hatte, selbst auf.

Seit 1980 erlebt dieses Prinzip seine Renaissance. Man nennt es *Neoliberalismus*, eine Methode, dem keine einheitliche Theorie zugrunde liegt, dessen vereinigendes Credo aber der *Freie Markt* ist. Ein Markt, in dem alles zur Ware gemacht wird, Dienste, Arbeitskraft, Ressourcen, Produkte. Ein Markt ohne Schutzzölle, in dem der Einfluss des Staates abgebaut wird durch Zerschlagung von Solidaritätsprojekten und anschließender Privatisierung, zum Vorteil Weniger und ihren Profiten. Ein Markt, in dem der Kapitalverkehr dereguliert und Steuerlasten für Finanzimperien verringert oder aufgehoben werden. Ein Markt, der ebenfalls ein "too big to fail" kennt, eine erhebliche Größe mit Systemrelevanz ist, bei der selbst große Verluste an der Börse kein automatisches Scheitern bedeuten, mögliche eintretende Kursverluste sogar Profite abwerfen können.

Die Theorie des *Neoliberalismus* ist, wie die Theorie des *Liberalismus,* des ursprünglichen Freihandels, diffus, unbestimmt. Es gibt keine einzige Wirtschafts-Philosophie, in die sie hineinpasst. Dafür sehen wir Modelle, die nach ihren Vordenkern benannt wurden, wie z.B. nach dem ehemaligen US-Präsidenten *Ronald Reagan* oder der britischen Premierministerin *Margaret Thatcher.* Diese haben den *Liberalismus*, der den Freihandel impliziert, neu erfunden, haben ihm heutige Methoden verpasst und das als "neu und absolut definitiv bzw. alternativlos" bezeichnet.

Kehren wir zurück zu den Anfängen, jener finalen Phase der Erweiterung des Horizonts über die britische Insel hinaus, die unter *Elisabeth I* begann, die 1558 Königin wurde. Spanien, im Besitz des Territoriums der Niederlande, hatte den Hafen Antwerpen für englische wollene Tuche gesperrt, was den kontinentalen Handel Englands erheblich reduzierte. *Elisabeth I.* reagierte darauf mit der Ausstellung von geheimen Kaperbriefen an englische Kapitäne. Straffreiheit wurde gewährt unter der Bedingung, dass ein Teil der Beute der Staatskasse zufiele. Es begann mit der Kaperung von Sklavenschiffen, entwickelte sich aber zu Freibeuterei, die *Elisabeth I* nicht nur stillschweigend hinnahm.

Berühmtester Pirat seiner Zeit wurde *Francis Drake*, der später sogar geadelt wurde. Er kaperte ganze Schiffsladungen der von Spanien in Südamerika geraubten Gold- und Silberschätze und brachte sie nach England.

Mit seinem Privatkrieg gegen Spanien gelang es *Drake*, den spanischen Atlantikhandel empfindlich zu stören, was so Spanien zwang, kostspielige Maßnahmen gegen englische Kaperei zu ergreifen. 1588 gab es sogar einen Versuch Spaniens, in England einzufallen. *Drake*, inzwischen Admiral, hatte das Kommando über die englische Flotte angenommen. Ihm gelang es, der *Spanischen Armada* große Verluste beizufügen. Seine Schiffe waren kleiner und wendiger, schneller. Und Schnelligkeit, schneller als der Feind zu sein, das blieb in der Zukunft das Markenzeichen der britischen Kriegsflotte, der *Royal Navy*. Der versprengte Rest der Spanier musste ohne Flaggschiff fliehen. Auch wenn Spanien und auch Portugal weiterhin auf den Weltmeeren stark blieben, so war *Drakes* Piraterie, von *Elisabeth I* wohlwollend beobachtet, doch der Anfang des Aufstiegs Britanniens zur Seemacht. Nicht nur *Drake* ging den Weg privater Initiative.

Die *Virginia Company of London* war ebenfalls eine nicht staatliche Unternehmung, die in Nordamerika, in Jamestown, am Jamesriver (heutiges Virginia), eine eigene Kolonie gründete. Freiwillige Abenteurer ließen sich anheuern, verpflichteten sich, exklusiv für die Gesellschaft zu arbeiten. Als Gegenleistung sollten sie die Überfahrt erhalten, nach sieben Jahren Dienst eigenen Landbesitz, sowie Verpflegung und Schutz. Ihre Aufgabe war, Profite zu erarbeiten. Gold wurde aber nicht gefunden. Und fruchtbare Böden erlaubten erst in späteren Jahren den Anbau lukrativer landwirtschaftlicher Produkte, wie unter anderem Tabak. Denn der Kampf der Siedler ums Überleben, wozu auch Kriege mit den Ureinwohnern gehörten, nahm ihnen anfangs zu viel von ihrer Zeit, sodass Profite nicht hereinkamen. Die Gesellschaft fand keine Investoren mehr und musste aufgeben. Die Krone übernahm für die Sicherheit der Siedler die Garantie. Ein Gouverneur wurde eingesetzt. Virginia wurde 1624 die erste Kronkolonie Englands, der Ursprung des Empire. Sie war das Ergebnis privaten Strebens nach leichtem Profit, verbunden mit Abenteurertum.

Die nächste Charter, eine Handelskonzession oder ein Privileg für exklusiven Handel, vergab *Elisabeth I* im Jahre 1599 an Londoner Kaufleute. Daraus entwickelte sich die private *East India Company*, die *Ost-Indien Company* (siehe hierzu separates Kapitel). Diese Charter sollte für über 150 Jahre eine private Kolonisierungs-Konzession bleiben, wofür die Gesellschaft jährlich eine Steuer, eine Gebühr, an die Krone entrichtete, denn für die Krone durften solche Vorhaben zunächst nichts kosten, im Gegenteil, sie mussten sofort etwas einbringen. Indien wurde erst 1859 Kronkolonie und danach das finanzielle Rückgrat des Empire.

Die Siedler in Nordamerika hatten eigene Ideen

Unter den ersten Siedlern, die sich nach Nordamerika einschifften, waren die *Puritaner* die bedeutendste Gruppe. Sie wollten in der neuen Welt ein von religiöser Verfolgung befreites Leben führen, Land gewinnen und selbst verwaltete Ansiedlungen gründen. Dazu gehörten auch die *Quäker,* die in Pennsylvania einen eigenen Staat stifteten. Ein *Mr. Penn*, er war *Quäker*, bereiste Europa und warb für seinen Staat im Osten der Neuen Welt, einen Staat der totalen Religionsfreiheit.

Britannien, das 1707 Schottland hinzugewann und sich fortan *Großbritannien* nannte, überließ den Siedlern großzügig ihre eigene Selbstverwaltung, erlaubte sich aber, einen Gouverneur einzusetzen, Steuern zu erheben und Warenlieferungen anzufordern. Baumwolle war das Produkt, das Britannien aus *Neuengland*, wie sich die nordamerikanischen Kolonien inzwischen nannten, importieren wollte. Im Freihandel selbstverständlich. In diese Zeit fällt die Ausbildung des Sklavenhandels und die Beschäftigung von zwangsverschleppten afrikanischen Menschen auf den Baumwollfeldern Nordamerikas und den Zuckerplantagen in der Karibik. (Siehe hierzu separates Kapitel).

Dann aber geschah das Unfassbare. Weiße Siedler in *Neuengland* rebellierten gegen die Politik Londons. Sie fühlten sich benachteiligt in der Gewährung von Rechten seitens des Mutterlandes, überfordert bezüglich der Erfüllung von Pflichten und übervorteilt, weil Importzoll z.B. auf Tee erhoben wurde. Ihr Sprecher wurde *George Washington*. Sie bekannten sich zu der Absicht, einen Kontinentalkongress zusammenzurufen und eine eigene Währung einzuführen.

Das war in den Augen der europäischen Kolonialmacht offene Putschabsicht. Es kam zum Krieg, der anfangs für die Siedler negative Entwicklung nahm. Aber mit einem Sieg bei Saratoga gelang *George Washington* mit seiner Armee die Wende. Die Rebellen bekamen sogar Unterstützung von einem mächtigen Konkurrenten Britanniens auf den Weltmeeren: Frankreich. Dessen Admiral *Françoise de Grasse* errang am 5. September 1781 den entscheidenden Sieg in der letzten Schlacht dieses Krieges, den Fall Yorktowns. *George Washington* bedankte sich bei *Grasse*, er wäre der Entscheider des *Unabhängigkeitskrieges* gewesen. Aber schon vorher, in 1776, hatte *Neuengland* in Philadelphia seine Eigenstaatlichkeit erklärt und den Dollar als amerikanische Währung eingeführt.

Ein bitterer Schock für den Sieg und Glory gewohnten König *George III* in London, der ihm so tief in den Knochen saß, dass er zurücktreten wollte. Er konnte die Abtrennung der Kolonie Neuengland in Amerika nicht akzeptieren. Eine Opposition im Parlament jedoch verhinderte schließlich die Weiterführung des Kampfes. Der Grund: die hohe Staatsverschuldung, der nicht ersetzbare Blutzoll und die immensen Kriegskosten. Im Februar 1782 stimmte das Parlament endgültig gegen die Weiterführung der Auseinandersetzung. Britannien war quasi Geschädigter seiner eigenen Freizügigkeit gegenüber den Kolonien in *Neuengland* geworden.

Sollte diese Niederlage Britanniens ein Beispiel werden für künftige Auseinandersetzungen und Misserfolge? Man hatte eine Schlacht verloren, für *George III* das Ende der Geschichte, aber nicht für die Kaufleute, die ihr Augenmerk auf andere Regionen des Globus richteten. Die Geschichte des *Britischen Empire* nahm ihren Fortgang, vielfältig und facettenreich, kreativ sowie mit dem nötigen Willen zum Erfolg. Und etwas, das für alle Unternehmungen Britanniens auf dem Globus galt, stand den Kaufleuten auf der Stirn geschrieben: "Wir wollen den Freihandel". Klingt neuzeitlich. Aber der Wille allein genügte nicht. Manchmal war die unbesiegbare *Navy* das Werkzeug zur Durchsetzung dieses Prinzips. - Gelegentlich kam es auch zu Protest im Mutterland Britannien gegen die mörderische Seite der Kolonisierung, der allerdings fast nur aus den Reihen jener herrschenden Elite kam, die sich Reste religiöser und humanitärer Gefühle erhalten hatten. Aber auch diese Kreise partizipierten generell von den Kolonien und den Produkten, die von dort kamen. Britannien wurde mächtiger, war allen europäischen Staaten überlegen, wirtschaftlich wie militärisch auf See. Aber die Konkurrenz des europäischen Festlandes nahm die Verfolgung auf.

Literatur

Markus Rühling: Ein Synonym für Neoliberalismus? Zu Geschichte und Inhalt des 'Washington

Konsensus'. In: Zeitschrift für Entwicklungspolitik, Nr. 7, 2004

J. Nordmann: Der lange Marsch zum Neoliberalismus. VSA, Hamburg 2005

Rainer Traub: Aufbruch von Europas Rand, Spiegel Geschichte, Nr 1, 2013, Das Britische Empire

Hermann Wellenreuther: Von Chaos und Krieg zu Ordnung und Frieden: Der Amerikanischen Revolution erster Teil 1775-1783. Lit Verlag, Münster 2006

Helmut Pemsel: Weltgeschichte der Seefahrt, Band 4 und 6, Biografisches Lexikon von, Wien 2005

Wolf-Ulrich Cropp: Goldrausch in der Karibik - Auf den Spuren von Sir Francis Drake. Delius Klasing Verlag, Bielefeld 2000

Sklavenhandel -
ein wirtschaftlicher Wachstumsfaktor

Handel, schon seit Urzeiten das Treibmittel für die Verbreitung von Waren und Kenntnissen über Länder und Kontinente hinweg, machte erfinderisch, und die Händler waren die trickreichen Akteure dafür. Denn die Aussicht auf Gewinn war ihnen Motiv für Aufwand und Mühen von Fernreisen, die aber finanziert werden mussten. Schiffskapitäne wollten bezahlt werden, Zölle versperrten Passagen, Lastenträger oder Plantagearbeiter hielten die Hand auf, und nicht zuletzt Bestechung fremder Herrscher oder gar von Piraten machte ihre Waren teuer und vielleicht gelegentlich unverkäuflich. Es wundert daher nicht, dass die Händler schon früh darüber nachdachten, wie die Gesamtkosten gesenkt werden konnten.

Zu einem besonders schandhaftern "Kostensenkungsfaktor" entwickelte sich der atlantische Menschenhandel von Sklaven in die Karibik und nach Nordamerika. Mit dem bekannten Beispiel des orientalischen Sklavenhandels vor Augen, glaubten die europäischen seefahrenden Nationen es genau so gut zu können. Anfang des 16 Jahrhunderts kauften europäische Kaufleute arabischen Sklavenhändlern deren Beute ab und verbrachten die Menschen auf speziellen Schiffen in die Länder des Zuckerrohranbaus: Südamerika, Karibik und das südliche Nordamerika.

Für die arabischen Händler wurde das schnell zu einem großen Geschäft, denn die europäischen Aufkäufer nahmen alles, was sie bekommen konnten. Die Beute der arabischen Händler waren zunächst Menschen,

Sklaven an Deck eines Schiffes

die in ethnischen Kriegen gefangen wurden. Der Sklavenhandel "rettete" zunächst die meisten Gefangenen vor dem Tod, denn die Sieger von Auseinandersetzungen im Orient, töteten gewöhnlich "nutzlose" Geiseln.

Es war der Zucker, durch Sklavenarbeit aus Zuckerrohr gewonnen, der als Handelsgut aus den karibischen Kolonien nach England gelangte und dort nach und nach von einem teuren Luxus- zu einem Massenkonsumgut wurde. Das *Vereinigte Königreich* besaß um 1800 die wichtigsten Zucker produzierenden karibischen Kolonien: Jamaika, Trinidad, Tobago, Barbados, erobert von der britischen Kriegsmarine. Als Frankreich Haiti durch einen Sklavenaufstand verlor, gehörte Britannien fast der gesamte Zuckerhandel der Region.

Mitte des 18. Jahrhunderts lag der Import von Zucker aus den britischen Kolonien in der Karibik bei 28.000 Tonnen. Zucker hatte für die britische Inselwirtschaft entscheidende Bedeutung erlangt. Es war zum Treibmittel für die englische Konjunktur schlechthin geworden.

Als die Zuckerrohrplantagen wuchsen und die lokale Landwirtschaft in den Kolonien verdrängten und vernichteten, nahm auch deren Bedarf an Arbeitssklaven zu. Bis in das 18. Jahrhundert wuchs der Anteil der Sklaven überdimensional, und 1790 hatten die Inseln Britisch Westindien, Jamaika, Barbados und Trinidad eine Sklavenbevölkerung von fast 550.000 Menschen. Bis 1800 wurden von britischen Sklavenhändlern 1,7 Millionen afrikanische Menschen in die karibischen Kolonien verschleppt. Neben dem Zuckerrohranbau wurden die Sklaven in Baumwoll-, Kaffee- sowie Tabakplantagen eingesetzt.

Die Sklavenhändler wussten genau um ihre menschenverachtenden Praktiken. Deshalb beugten sie humanitären Anwandlungen im Mutterland vor. Man argumentierte damit, der Sklavenhandel sei alternativlos, denn die Konkurrenz zwischen den seefahrenden Mächten verhindere eine Abschaffung der Sklaverei in den britischen Kolonien. Aber sie konnten sorglos bleiben, denn dieser Zustand wurde von breiten Bevölkerungskreisen und der *Anglikanischen Kirche* als durchaus akzeptabel und legitim angesehen, während nur wenige, wie die Religionsgemeinschaft der *Quäker,* protestierten. Sie kannten das Elend, wussten, unter welchen Bedingungen die Sklaven gehalten wurden, Sklaven, die ein Brandzeichen trugen wie die nordamerikanischen Büffel. Rechtlose, die von scharfen Hunden bewacht wurden und Aufsehern, die bei geringsten Schwächeanzeichen erbarmungslos mit der Peitsche auf sie einschlugen. Der Arbeitstag in den Plantagen dauerte dreizehn Stunden. Von morgens um sechs bis abends um neunzehn Uhr ernteten die Erbarmungswürdigen mit dem Buschmesser die Stauden, trugen die schweren Bündel. Selbst Kinder wurden eingespannt und junge Sklavinnen galten den weißen Herren als sexuelles Freiwild.

Unter diesen Bedingungen starben den Herren ihre Erntearbeiter unter den Händen weg. Aber das kümmerte die Gebieter der Plantagen wenig, denn es war billiger, sich "Frischfleisch" zu besorgen. Umstände zu schaffen, die eine Fortpflanzung der Unglücklichen ermöglicht hätte, kam ihnen nicht in den Sinn, denn die Transportsegler brachten unaufhörlich Nachschub. Es waren Zehntausende von Sklavenfrachtern, die den Atlantik überquerten und in der Karibik anlandeten. Schon bei der Überfahrt starb jeder Fünfte der unter Deck an Ketten und auf engstem Raum und unter unbeschreiblichen hygienischen Zuständen eingepferchten Menschenfracht. Und für diejenigen, die überlebten, war der Schrecken nicht überstanden. Rasiert und eingeölt wurden sie auf den Märkten wie Vieh versteigert.

Die Religionsgemeinschaft der *Quäker* in Nordamerika wusste Näheres über diese skandalösen Zustände, hatte Kenntnisse über die Hintergründe des Zuckerbooms - und verschwieg sie nicht. Aber selber als unbedeutende Minderheit in England verfolgt, oder von der Gesellschaft ausgeschlossen, suchten ihre Mitglieder Gleichgesinnte und neue Mitglieder. Sie reisten viel, jene *Quäker* aus Pennsylvania in der Neuen Welt, um für ein Leben in Religionsfreiheit ohne Verfolgungen und Verunglimpfungen in Nordamerika zu werben.

Der Gründer des Staates Pennsylvania, *Mr. Penn*, nannte seinen Entwurf das "heilige Experiment", den einzigen existierenden Staat, in dem es von Anfang an volle Religionsfreiheit gab. So kamen mit den reisenden *Quäkern* auch die Kenntnisse über die Zustände auf den Sklavenplantagen nach Britannien. Aber ihre Berichte und Predigten blieben wirkungslos, bis zu dem Moment, als ein Anhänger der *Anglikanischen Kirche* davon erfuhr: *Thomas Clarkson*.

Der erst 25-jährige *Thomas Clarkson* studierte in Cambridge anglikanische Theologie. Per Zufall und als Diakon nahm er 1785 an einem von seinem Professor *Peter Packard* veranstalteten Rhetorikwettbewerb teil. Das Thema: Ist es rechtens, andere gegen ihren Willen zu versklaven? *Packard* hatte kurz vorher von einem Massaker erfahren, war völlig geschockt und empört darüber, was der Kapitän des Sklavenfrachters *Zong* angerichtet hatte. Das Schiff gehörte einem Liverpooler Reeder. Der Kapitän ließ 1781 einhundertzweiunddreißig geschwächte oder erkrankte Sklaven über Bord werfen, um die Versicherungssumme zu kassieren. Es kam daraufhin lediglich zu einem Betrugsverfahren. *Thomas Clarkson* hörte von seinem Professor davon und beschloss, den Skandal aufzudecken. Er begann zu recherchieren, fragte in Häfen Seeleute und Offiziere aus, die mit dem Sklavenhandel eigene Erfahrungen gemacht hatten und hatte das Glück, Zugang zu Notizen eines gerade verstorbenen Sklavenhändlers zu bekommen. Am Ende seiner Erkundungen kannte er sich selbst nicht mehr. *Clarkson* war zutiefst betroffen und beschloss dafür zu wirken, diesem Schrecken ein Ende zu bereiten.

Er begann aufzuklären und erweiterte seine Rhetorikarbeit zu einem Buch, reiste Vorträge haltend durchs Land, sammelte Unterschriften, die er als Petitionen im Parlament einreichte, verfasste Dossiers mit Augenzeugenberichten, eidesstattlichen Attesten. Unermüdlich arbeitete er gegen den Mainstream an. Und er fand Mitstreiter. Die paar Aufrechten, elf *Quäker* und der *Anglikaner Thomas Clarkson* – sie nannten sich *Gesellschaft zur Abschaffung der Sklaverei* – hatten es mit mächtigen Gegnern zu tun, denn weite Teile der Regierungselite verdiente an diesem Unglück. Viele Parlamentarier waren Eigner von Plantagen, auf denen Sklaven arbeiteten. Höhnisch meinte der Abgeordnete *Gladstone*, dass wohl der Sklavenhandel nicht sehr ästhetisch sei, aber das Geschäft des Hammelschlächters sei das auch nicht. Dennoch sei ein Hammelkotlett nicht zu verachten.

Diese Gruppe *Quäker*, der Drucker *James Philips*, in dessen Druckerei man sich versammelte, *Granville Sharp*, Sohn eines Theologen und Schriftstellers, ein Menschenfreund sowie juristischer Autodidakt und *Thomas Clarkson* schworen sich, alles in ihrer Kraft Stehende zu tun, damit dieses Unheil ein Ende habe.

Granville Sharp hatte schon 1772 für einen entflohenen Sklaven, *Johnathan Strong*, vor einem Gericht mit dem Argument die Freiheit durchgesetzt, auf englischem Boden sei auch ein entflohener Sklave frei. Damit wurde *Johnathan Strong* nun frei, wie jene armseligen 5.000 in London lebenden ehemaligen Sklaven, die einst für Britannien in Nordamerika gegen die Unabhängigkeitsbewegung gekämpft hatten und denen dafür die Freiheit gegeben worden war. *Granville Sharp* fühlte sich als ihr Anwalt.

Die Gruppe um *Thomas Clarkson* beschloss, zuerst den Handel mit Sklaven anzuprangern, damit der abgeschafft würde, und den der Afrikaner *Oloudah Equiano*, ebenfalls zur Gruppe gestoßen, am eigenen Leib erlitten hatte. Dieser hatte Glück gehabt mit seinem Besitzer, der ihn gekauft hatte. *Equiano* durfte in seiner Zeit als Sklave mit auf Handelsreisen, war Diener seines Herrn, bekam Gelegenheit, selbst kleine Geschäfte zu machen. Mit seinem Ersparten kaufte er sich frei, diente noch auf Handelsschiffen als Seemann und ließ sich schließlich in London nieder. Er heiratete eine Engländerin, arbeitete als Butler und unterschied sich in seiner Lebensführung in nichts von einem Gentleman aus dem Mittelstand. *Equiano* war der Gruppe um *Thomas Clarkson* höchst willkommen, war er doch ein lebendes Beispiel dafür, nicht halb Tier, halb Mensch zu sein.

Thomas Clarkson brachte ihn dazu, seine Biografie zu schreiben, zu veröffentlichen und Lesungen zu halten, die viele Menschen anzogen. Über diesen Weg lernte *Thomas Clarkson* auch einen Abgeordneten kennen, der zu den besten Rednern im Parlament zählte und zudem mit Premierminister *Pitt* befreundet war. Es war *William Wilberforce*, Laientheologe, der es übernahm, mehrfach im Unterhaus stundenlange flammende Reden gegen den Sklavenhandel zu halten, während *Thomas Clarkson* dafür sorgte, dass massenhaft Petitionen für dessen Abschaffung in das Parlament flatterten. Jetzt endlich entstand auch ein Emblem der Bewegung. Es sollte noch mehr Briten wachrütteln. Der kniende Sklave fleht: "Bin ich nicht auch ein Mensch und Bruder"? Als nun in Paris die *Französische Revolution* ausbrach, hoffte *Thomas Clarkson* auf Beistand von dort. Vergeblich: In der französischen Nationalversammlung saßen natürlich ebenso die Plantagenbesitzer der französischen Kolonie St. Dominigue, von wo damals 30 Prozent des Weltzuckers stammten.

Dann aber überraschten *Thomas Clarkson* und seine Gruppe alarmierende Nachrichten aus dem französischen St. Domingue. In einem spontanen Sklavenaufstand entlud sich 1791 explosiv die aufgestaute Wut der Menschen. Sie rächten sich blutig an den Plantagenbesitzern, vertrieben diese. Frankreich versuchte zu retten, was es retten zu können glaubte. 1794 erklärte das Revolutionsregime in Paris alle Sklaven in französischen Kolonien für frei. Und hoffte weiter, St. Domingue zusammen mit den ehemaligen Sklaven gegen eine Invasion durch Britannien verteidigen zu können.

Thomas Clarkson und seine Gruppe standen wie gelähmt und entsetzt vor dieser Entwicklung, während Britannien auf St. Domingue versuchte,

Thomas Clarkson

verlustreich den Aufstand der Menschen zusammenzuschießen. Es gelang nicht, das Empire musste nach fünf Jahren die Insel mit empfindlichen Verlusten räumen. Selbst *Napoleon* schaffte es nicht, St. Domingue zurückzuerobern, nachdem er die Aufhebung der Sklaverei widerrufen hatte. Er ließ 50.000 seiner Soldaten dort, mehr als in Waterloo. Die Insel erklärte 1804 unter dem Namen Haiti ihre Unabhängigkeit.

Jetzt erst wirkte *Thomas Clarksons* Arbeit für die Abschaffung des Sklavenhandels auch in die herrschenden Kreise Britanniens hinein. Man hatte dort begriffen, dass die Risiken für das Geschäft mit dem Produkt Zucker größer geworden waren, was sogar den einen oder anderen Geschäftsmann dazu brachte, seine Investitionen aus dem Zuckergeschäft zurückzuziehen. Das war jedoch noch nicht die Entscheidung. Der Druck kam von der humanitären-religiösen Seite.

Diese starke Strömung spielte die größte Rolle, Westminster wirklich von der Ächtung des Sklavenhandels zu überzeugen. Das Zusammenwirken *methodistischer* Gruppen mit den *Quäkern* bewirkte, dass die Sklaverei als humanitäre Schande erachtet wurde. Diese Gruppen um *Thomas Clarkson* hatten mittlerweile eine wichtige parlamentarische Präsenz: 35-40 Sitze. Dieser zahlenmäßige Einfluss wurde durch die damalige Regierungskrise verstärkt. Bekannt als *die Heiligen*, galt diese Gruppe unter Leitung des Abgeordneten *William Wilberforce* als die entscheidende Partei im Kampf gegen die Sklaverei. Ja, diese Parlamentarier machten ihr Engagement häufig zu einer persönlichen Angelegenheit, einem sogenannten göttlich gewollten Kreuzzug.

Am 24. Februar 1807 war es endlich soweit. Beide Kammern, das Unterhaus und das Oberhaus, nahmen einen Beschluss zur Abschaffung des Sklavenhandels an. Und sofort begann der Poker Britanniens mit anderen Nationen um das allgemeine Verbot des Sklavenhandels. Man befürchtete Wettbewerbsnachteile. Noch vor dem *Wiener Kongress* 1815, in dessen Schlussakte auf britischen Druck die Sklaverei geächtet wurde, verhandelte London bilateral mit anderen seefahrenden Nationen über das allgemeine Verbot der Sklaverei und um das Recht, ein Verbot polizeilich überwachen zu können. Die *USA* folgten, Dänemark, Niederlande, Schweden schlossen sich an. Spanien, Portugal erst nach längeren, zähen Verhandlungen. Die beiden Länder waren verschuldet bei Großbritannien, und handelten finanziellen Ausgleich aus. Brasilien, das nach Erlangung der Selbstständigkeit weiter

Sklavenhandel betrieb, wurde von der *British Navy* gezwungen, den Sklavenhandel aufzugeben. Frankreich folgte nun 1815 formal dem Gebot des *Wiener Kongresses.* Es lehnte aber eine Kontrolle für die Einhaltung durch England ab. So entwickelte sich ein Sklaven-Schwarzmarkt. Erst 1848 kam der französische Sklavenhandel vollständig zum Erliegen.

Am 1. August 1838, nach weiteren Kämpfen und Aufständen in den Kolonien, schaffte das Britische Parlament endgültig auch die Sklaverei ab, nachdem es den Sklavenhandel schon 1807 untersagt hatte. Hochbetagt erlebte *Thomas Clarkson* seinen Sieg noch. Als er wenige Tage später starb, zogen die *Quäker* an seinem Grab ihre Hüte. Das war ein Ausdruck ihrer besonderen Achtung für *Thomas Clarkson*, denn *Quäker* ziehen vor einem Menschen, sei er noch so hoch gestellt, niemals ihren Hut. Das tun sie nur vor Gott.

Literatur

Jochen Meissner: Ulrich Mücke, Klaus Weber, Schwarzes Amerika. Eine Geschichte der Sklaverei. Beck, München 2008

Rainer Traub: Sieg der Empörung, Spiegel Geschichte, Nr 1, 2013, Das Britische Empire

Thomas Taylor: A biographical sketch of Thomas Clarkson. J. Rickeby 1839

Die britische Ostindien Company

Die britischen ehrenwerten Kaufleute in London hatten sich im Herbst 1599 vor den verschlossenen Türen des *Stahlhofs*, dem alten Sitz der *Hanse* in London, versammelt. Es gab viel zu bereden, denn der Handel mit der *Hanse* hatte in England an Bedeutung verloren, weil Königin *Elisabeth I* am 15. Januar 1598 die Ausweisung der hansischen Kaufleute verfügt hatte. Der *Stahlhof* stand nun leer, die Kaufleute fanden den Umstand bedauerlich, denn sie sahen, wie ihre Geschäfte schrumpften. Und seit den kriegerischen Auseinandersetzungen um die Tuchexporte zwischen England und dem deutschen Kaiser, wurde es still im Hafen an der Themse. Es musste etwas geschehen. Aber was?

Man kann sich recht gut vorstellen, wie turbulent es auf solch einer

Versammlung zugegangen sein mußte. Klagen konnten sie alle gut, und wer es am lautesten konnte, dem ging es am schlechtesten - und die kontinentale Konkurrenz hatte schon alle interessanten Handelsrouten besetzt. Die Portugiesen, die Spanier, die Holländer, die Franzosen und die Dänen waren schon zum Ende des 16. Jahrhunderts unterwegs in den fernen Osten, nach Indonesien, nach Indien oder China. Daher blickten die ehrenwerten Kaufleute in London neidvoll zu ihren Konkurrenten auf dem Festland, weil sie nicht dabei waren. Das durfte nicht so bleiben, und man meinte, da sei noch Platz für einen weiteren Mitbewerber. Einige Kaufleute beschlossen, eine Gesellschaft zu gründen, die bei Königin *Elisabeth I* ein Handelsprivileg (Charter, Konzession) für den pazifischen Raum zwischen Afrika und Südamerika beantragen sollte. Denn man wusste, die Königin brauchte Einnahmen. Der Hof kostete und Geld auszugeben war nicht im Sinne ihrer Majestät. *Elisabeth I* gewährte schließlich den Kaufleuten gegen eine Gebühr die Charter, eine exklusive Konzession für Britannien, am 31.12.1600 und sie sollte bis zum 1. Januar 1884 gültig bleiben. Die Geschichte der *Ostindien Company* begann. Eine Geschichte, die mit Blut und dem Pulver von Kanonen geschrieben wurde.

Schon 1608 konnte die rasch gegründete Gesellschaft im Golf von Bengalen, östlich des Subkontinentes, ihr erstes bewaffnetes Handelskontor errichten. Und bald ging die Streiterei mit der Konkurrenz los. Im Jahr 1612 vertrieb die kleine Firmenflotte die Portugiesen vor dem westindischen Surat. Bei Scharmützeln mit Handelskonkurrenten blieb es aber nicht. Die Briten wollten es besser machen und erkundeten Möglichkeiten, dauerhafte Niederlassungen an der Ostflanke des Indischen Festlandes zu etablieren. Eine freundschaftliche diplomatische Offensive, mit dem Ziel, ein Handelsabkommen mit dem islamischen Großmogul (Kaiser) abzuschließen, wurde gestartet. Absicht war es, für die *Ostindien Company* das exklusive Recht zu bekommen, Handelsniederlassungen im ostindischen Raum gründen zu dürfen. Im Gegenzug versprach man dem Großmogul, ihn mit Luxusgütern aus Europa zu beliefern. Die Mission war erfolgreich, und schon 1620 konnte die Firma 10.000 Tonnen an Waren auf eine zweijährige Reise zum Mutterland schicken. Das ursprüngliche Handelsprivileg mutierte fast von alleine. Die in Aussicht stehenden Gewinne lockerten die Hemmungen, man wurde wagemutiger, die Bereitschaft wuchs, die Söldnertruppe zu vergrößern. So konnte die Gesellschaft schon 1647 über 23 Stützpunkte verfügen. Gehandelt wurde u.a. mit Gewürzen, Baumwolle, Tee, Salpeter. Das Letztere war besonders begehrt, weil daraus Schießpulver hergestellt wurde, das man für die Kanonen der *Navy* dringend benötigte.

Und endlich in 1670 hatte man *König Charles II* überzeugt. Die Gewinne machten es möglich. Die Gesellschaft erhielt vom König die Konzession für Raub und Ausplünderung, denn die private Gesellschaft durfte sich selbst mit Kriegs-, Gerichts- und Münzprägerechten ausstatten, wie sie eigentlich nur dem König zustanden.

Aus Sicht der Gesellschaft war das auch notwendig, wenn man in der begonnenen Geschwindigkeit weitermachen wollte, die Kolonie auszubeuten. Militärische Ressourcen konnte und wollte der König nicht stellen, ihm durfte das nichts kosten. Umgeben von anderen europäischen Handelsflotten, aber auch von zu Feinden gewordenen einheimischen Herrschern, hatte die Gesellschaft wachsenden Bedarf an militärischem Schutz. Nach der offiziellen Erlaubnis, eigene Streitkräfte aufzubauen, begann folgend die rasche Rekrutierung von Soldaten aus hauptsächlich der einheimischen Bevölkerung. Der Statthalter der Gesellschaft in Bombay nannte das "Handel mit der Waffe in der Hand". Ab jetzt gab es keinen Halt mehr. Der große Run auf satte Gewinne nahm seinen weiteren Verlauf.

Anfang des 18. Jahrhunderts war die Gesellschaft nicht mehr vom Markt in England wegzudenken. Sie hatte dort die bedeutendste Position für Importe erreicht, und ohne die Güter der *Ostindischen Company* wäre das Warenangebot, z.B. an Tee in England, unerheblich gewesen. Bis 1754 war Ruhe, die Profite flossen. Aber dann kam es zu einem Schock. Die Aktionäre der Company schreckten hoch, denn es wurden Kriegshandlungen zwischen französischen Einheiten in Indien mit der Privatarmee der *Company* gemeldet. Die Aktien der *Company* fielen - die Investoren zogen sich zurück. Drei gefühlt unendlich lange Jahre mussten die Aktionäre warten, bis endlich die *Ostindien Company* einen Sieg über die mit den Franzosen verbündeten Einheimischen vermeldete. Die Aktienkurse gingen wieder bergauf, die *Company* hatte keinen Widersacher mehr. Jetzt wurde sie noch kecker und erlaubte es sich sogar, willkürlich festgelegte Steuern in den Gebieten, die sie beherrschte, zu erheben. Gesellschafter und Angestellte der *Company* gelangten zu riesigen Vermögen in Millionenhöhe (nach heutigem Wert), mit denen sie zurückkehrten und in England ihr Raubgut anlegten. Sie schlossen sich sogar zu einer Lobby im Parlament zusammen.

Und dort, wo jemand Geld verdient, wollen es auch andere. Bisher nicht beteiligte ehrgeizige Geschäftsleute etablierten ebenfalls eigene Handelsfirmen in Indien. Es gelang ihnen sogar eine Konkurrenzgesellschaft zu gründen, die aber bald mit der alten Gesellschaft fusionieren musste. Das Übergewicht der alten Gesellschaft ermöglichte es. Jetzt wuchs der Einfluss der Lobby weiter. Ja, sie schaffte es, dass das Privileg des Monopols für die Gesellschaft verlängert wurde.

Frankreich hatte in Indien eine Schlacht verloren, glaubte aber weiter an einen möglichen Erfolg im Krieg, blickte immer noch gierig auf das Handelsvolumen, welches die *Ostindische Company* nach England verschiffte. Es kam weiter zu Gefechten um die britischen kolonialen Erwerbungen, die schließlich in 1756 in einer Kriegserklärung Britanniens an Frankreich mündeten. Der Krieg, der bis 1763 dauern sollte, ging in die Geschichte als der Siebenjährige Krieg ein, in dem Britannien an der Seite Preußens des

Wertseite X-Cash Münze - East India Company, 1808

Friedrich II stand. Allerdings nur mit kleinem Aufgebot. Es reichte aber aus, um einen Teil der französischen Kräfte zu binden. Sie konnten nicht mehr in den Kolonien eingesetzt werden.

So war Britannien in Nordamerika überlegen, besetzte Florida und verhinderte einen französischen Versuch, eine Verbindung zwischen der französischen Kolonie Louisiana im Süden und Québec in Kanada herzustellen. Die britischen Kolonien in Nordamerika kamen sich dabei näher, was bedeutungsvoll wurde für ihren späteren Unabhängigkeitskampf.

Britannien verstärkte jetzt die Verteidigung seiner Territorien auf dem ganzen Globus. Es hatte jetzt ganz Nordamerika in der Hand und in Indien wurde Kalkutta zurückerobert. Der Krieg endete mit der Niederlage der Franzosen, und im Vertrag von Paris in 1763 wurde der Einfluss Frankreichs in Indien auf wenige Enklaven begrenzt. Von ihren Besitzungen In Nordamerika verblieb Frankreich nur noch New Orleans. Spanien trat Florida ab. Auch *Napoleon* gelang es später nicht mehr, das rückgängig zu machen. Die *Ostindische Gesellschaft* besaß jetzt das absolute Monopol für den Handel, den sie jetzt, sich auf eine erfahrene Söldnerarmee von nunmehr 150.000 Soldaten stützend, weiter auszudehnen beabsichtigte.

Um 1770 begann die *ehrenwerte Gesellschaft* in London mit einem neuen Geschäftsmodell, nämlich dem Handel mit Nahrungsmitteln. Die *Company* kaufte jede erreichbare Reisernte und lagerte sie ein, um die Preise in die Höhe zu treiben. Das blieb nicht ohne Folge: Eine Hungersnot in Bengalen von bisher nicht gekanntem Umfang war das Ergebnis, denn die Menschen in den Kolonien Ostindiens konnten ihr Hauptnahrungsmittel nicht mehr bezahlen. Sie verreckten wie Vieh auf der Straße. Mütter verkauften ihre Kleinkinder gegen ein Butterbrot. In der Geschichtsschreibung wird von mehreren Millionen, etwa einem Drittel der Bengalen, berichtet. Die Broker dagegen kassierten ab. Ihre Profite erreichten Höhen um 60.000 Pfund (heutiger Wert ca. 5 Millionen Pfund) und die Gesellschaft brachte das Zwanzigfache nach London.

In England kam es, als das bekannt wurde, zu massiven Protesten und zu Panikverkäufen der Firmenaktien in einem Umfang, dass Banken kollabierten. Der Gesellschaft schmolz das Betriebskapital weg, ihre Liquidität sank, die Söldnerarmee konnte nicht mehr bezahlt werden. Ihren Bankrott aber versuchte das Parlament durch Gesetzesänderungen zu umgehen. So sollte z.B. ein Zoll für den Tee-Import in Neuengland und anderen Kolonien ihr die nötigen liquiden Mittel einbringen. Aber lokalen Händlern in Boston, Neuengland, gefiel das nicht. Sie beförderten Hunderte von Teekisten in das Hafenwasser und gaben damit das Signal für den Beginn des Befreiungskrieges und der Gründung der *USA*.

Mit Mühe und Not war die Gesellschaft gerettet. Jedoch, trotz dieser Rettung war nichts mehr so wie vorher. Der Gesellschaft wurde in 1773 ein Regulierungsgesetz auferlegt. Reformen der Verwaltung und Wirtschaftlichkeit mussten eingeführt werden. Der Landbesitz der *Company* wurde von der Krone unter Kontrolle gestellt, welches diese an die Gesellschaft zurück verpachtete. Allerdings entscheidend: die Gesellschaft konnte ihr Handelsmonopol behalten. Der *Company*-Gouverneur von Bengalen, *W. Hastings*, wurde erster Generalgouverneur von Gesamt-Indien. Jetzt lag der Gesellschaft der ganze indische Subkontinent zu Füßen.

W. Hastings, dem nun jährliche Fixkosten (die Pacht, die Verpflichtung eine Mindestmenge an Waren nach England zu exportieren) im Nacken saßen, hatte seine in früheren Jahren in Bengalen praktizierten Geschäftsmethoden nicht vergessen - und reaktivierte sie. Er zwang Bauern dazu, Opium anzubauen, welches er nach China exportierte. Dies sollte der Gesellschaft das Geld bringen, um die Pacht aufbringen zu können. Am Ende waren die *Opiumkriege* mit China die Folge.

Eine ebenso schändliche Anordnung *Hastings* war, dass er Kinder kidnappen ließ, um sie als Arbeitssklaven für Kaffee- und Zimtplantagen einzusetzen. Als das in London bekannt wurde, fiel *Hastings* in Ungnade. Ein Verfahren wurde gegen ihn eingeleitet, was allerdings zu nichts führte. *Hastings* wurde lediglich abgelöst. Die Lobby im Parlament hatte ihren Anteil dazu beigetragen und eine Anklage gegen die Gesellschaft, die der ehemalige *Company*-Aktionär *Edmond Burke* erhob, verlief dank einer (durchaus modernen) Wühlarbeit der Lobby, ebenfalls im Sande. Sie argumentierte scheinheilig mit der Wohltätigkeit der Gesellschaft, die in Bengalen auch Schulen unterstütze. Dabei vergaß man zu erwähnen, dass man für die Verwaltung des Gebietes Personal brauchte, Personal, das genau soviel bzw. so wenig wissen musste wie nötig.

Die Gesellschaft wurde danach, 1784, als Folge dieser Vorgänge mit ihren Schulden komplett unter Regierungskontrolle gestellt und dehnte, bis weit ins 19. Jahrhundert hinein, ihren Einfluss trotzdem weiter aus. Man kaufte die dänische Kolonie Tranquebar an der Südspitze des Subkontinents, erweiterte den Einfluss in China, auf den Philippinen und Java. Und die Barmittel für den Erwerb von Tee, der ins Mutterland verschifft wurde, verschaffte die *Company* sich durch den weiter wachsenden Export von Opium nach China. Diese von dem Gouverneur *Hastings* schon eingeführte Praxis war anscheinend nicht verdammungswürdig gewesen - man baute das Geschäft sogar noch aus (siehe Kapitel Opiumkriege).

Mitte des 19. Jahrhunderts erstreckte sich die Herrschaft der *Kompanie* über weite Teile Indiens mit über mehr als 300 Millionen Menschen, zusätzlich auf Burma, Singapur und Hongkong. Schließlich, im Mai 1857, kam es zu einem Aufstand von hinduistischen und muslimischen Soldaten, den Sepoy, gegen die englischen Befehlshaber, einer dünnen Schicht von Briten, wovon etwa die Hälfte Soldaten waren. Die *Sepoy* waren die einheimischen Soldaten der *Ostindien Company*, teilweise *Muslime*, teilweise *Hindus*. Der Aufstand hatte u.a. eine besonders schwerwiegende Ursache, und zwar die von der *Ostindien Company* betriebene Sozial- und Wirtschaftspolitik. Erhebliche Teile der indischen Mittelschichten wurden ihrer Landrechte, ihres gesellschaftlichen Einflusses und ihrer Arbeitsmöglichkeiten beraubt. Weiter zählten die britischen Anstrengungen, die Christianisierung Indiens voranzutreiben sowie die Annexion indischer Fürstenstaaten zu den Gründen des Aufstands.

Es kam zu Massakern an Briten, Eurasiern und indischen Christen. Britische Garnisonen verteidigten sich mit grausamen, zweifelhaften Mitteln, wobei viele Zivilisten ums Leben kam. 1859 konnten die britischen Corps den Sieg feiern. Die *Ostindien Company* aber wurde aufgelöst, und Indien bekam den Status einer Kronkolonie Großbritanniens.

Dass sich bis heute bei einigen Geschäftsleuten und deren Gefolge in der Betrachtung der *Ostindien Company* nichts geändert hat, und dass die Gesellschaft durchaus als ein nachahmenswertes Beispiel angesehen werden könnte, beweist so manche Meinungsäußerung von Managern in unserer heutigen Zeit. So sah *Rod Edington*, Ex-Topleader bei *Britsh Airways* das Gedeihen der Gesellschaft als eine Folge von "harter Arbeit, Scharfsinn und Charme". Der *Neoliberalismus,* wie wir ihn heute erleben, ist also gar nicht so neu. Alles schon mal da gewesen: Outsourcing, Fremdfinanzierung, schwarze Kassen zur Bestechung von Mittelsmännern, auch unwilligen fremden Herrschern, oder gar der eigenen Regierung, damit sie nach Bedarf blind für die rigide Interessenverfolgung ist. Die Gesellschaft war zuletzt "too big to fail" und musste gerettet werden. Auch das Modell war schon mal da und ist keine neue, heutige Erscheinung.

Literatur

George F. MacMunn: The Armies of India. Painted by Alfred Crowdy Lovett. Black, London 1911 (mehrere Nachdrucke)

Lawrence James: Raj. The Making of British India. Abacus, London 1997

Nagel, Jürgen G.: Abenteuer Fernhandel. Die Ostindienkompanien. Wissenschaftliche Buchgesellschaft, Darmstadt 2007

Nils Klawitter: Lizenz zum Plündern, Spiegel Geschichte, Nr 1, 2013, Das Britische Empire

Johann Martin Lappenberg: Urkundliche Geschichte des hansischen Stahlhofs in London, Langhoff'sche Buchdruckerei, Hamburg 1851

Opiumkriege

Am 28. August 1842 kam es im *Friedensschluss von Nanking* zu dem Diktat der Abtretung des chinesischen Hongkongs an England als Militär- und Handelsbasis auf ewige Zeit. Erst für das Jahr 1999 konnte China die Beendigung dieses Zustands erwirken, und Hongkong wurde in einem feierlichen Akt wieder Teil Chinas, heute der Volksrepublik China - allerdings als Sonderwirtschaftsgebiet. Hongkong wurde ein Tor Chinas zur Welt. Damit war endlich die letzte Nachwehe der Opiumkriege beseitigt. Was war geschehen?

Das *konfuzianische* China hielt sich von jeher abgekapselt. Hatte sich als das Reich der Mitte, der Erleuchtung empfunden, das keinerlei Austausch - kulturell oder oder kommerziell - mit anderen Nationen nötig hatte. Man war nicht daran interessiert zu missionieren, man wollte auch nicht missioniert werden. Diese Grundeinstellung wirkt teilweise bis heute noch, wenn auch nicht so offensichtlich. Der Chinese im Westen wirkt freundlich, aber unverbindlich, distanziert. Und diese Wesensart wird manchmal im Abendland mit Besorgnis quittiert, weil sie der Mentalität des westlichen Menschen unverständlich erscheinen mag.

China fühlte sich um 1800 den Barbaren, wie es alle Nicht-Chinesen nannte, basierend auf ihrer *konfuzianischen Ethik*, überlegen. Kamen aber Botschafter, dazu zählte man auch Händler fremder Zivilisationen ins Land, so nach chinesischer Ansicht nur deshalb, um die Segnungen der chinesischen Kultur zu erfahren. Deshalb war der Handel Chinas mit chinesischen Waren lediglich eine geduldete Erscheinung, ein Akt der Gnade. Der ideelle Wert war für China das Wesentliche.

Aber damals, um 1800, war diese chinesische Haltung für Seefahrernationen und Kolonialmächte eine nicht akzeptable Hürde. Und Britannien, das sich spätestens seit 1805 als dominierende Macht über die Weltmeere betrachtete (Sieg der *Navy* bei Trafalgar über Frankreich), brauchte aufgrund seiner philosophisch-politischen Staatsdoktrin die Öffnung des chinesischen Marktes für Tee, Porzellan, Seide, wovon Britannien nicht genug kriegen konnte. Schiffsladungen dieser Waren gingen nach Westen. Bezahlt wurde mit Silberdollar. Die *USA*-Währung war schon seinerzeit ein international anerkanntes Zahlungsmittel.

Bis ins 19. Jahrhundert hinein hatten Kaufleute der *Ostindien Company* in Kanton, an der Mündung des Perlflusses, eine Niederlassung einrichten dürfen, wo sie Handel treiben konnten mit den *Kohong*, der Kantoner Hanse, die das Monopol der Ein- und Ausfuhr besaß. Die Stadt war durch eine Mauer vom Umland hermetisch abgetrennt. Innen waren die großen Kontorhäuser, in denen nur privilegierte Chinesen Handel treiben durften sowie mehrheitlich die Händler der *Ostindien Company*.

Diese hatte schon unter ihrem Gouverneur *Hastings* ca. 1775 begonnen, Opium nach China zu exportieren. Fünfundzwanzig Jahre später begann die *Company* mit der Erweiterung des Opiumhandels. Man brauchte Devisen, um den Tee, das Porzellan, die Seide bezahlen zu können. Aber bis etwa 1820 wuchs auch der Import aus China, und die Handelsbilanz blieb negativ. Der *Ostindien Company* gingen die Silberdollars aus. Und um dieses Negativsaldo endlich auszugleichen, steigerte die *Company* den Handel von Opium nach China noch einmal, das dort leicht verkauft werden konnte.

Obwohl der chinesische Kaiser die offizielle Einfuhr von Opium verboten hatte, gelangte dennoch aus Bengalen immer mehr davon nach China. Und die Tendenz war weiterhin steigend. Bis 1837 verfünffachte sich die umgeschlagene Menge dieses Rauschmittels. Auf chinesischer Seite verfielen Millionen Menschen dem Gift, in der Verwaltung zersetzte sich die

Moral. Der Kaiser musste reagieren, bemühte sich über eine Reihe von Jahren, um diesen schädlichen Handel einzudämmen - vergeblich. Die Kaufleute ersannen immer neue Wege, um das Opium nach China und ins Land zu bringen.

Endlich, 1838 fand der Kaiser einen Beamten, *Lin Zexu,* den er mit der Bekämpfung des Opiumhandels beauftragte. Der versuchte es zunächst mit Aufklärung und Druck: Zwischenhändler wurden festgesetzt, Opium wurde konfisziert, Pfeifen beschlagnahmt. Am 24. März erhielt *Lin Zexu* einen Befehl vom Kaiser, alle ausländischen Händler in Kanton, die sich in den Faktoreien aufhielten, zu internieren. Freilassung wurde nur gewährt, wenn sie alle Kisten mit Opium, es waren 22.000, herausgegeben worden waren. *Lin Zexu* ließ danach die Kisten verbrennen.

In England wusste die Bevölkerung nichts von diesen Vorgängen. Sie wurde seitens der informierten Elite im Unklaren gehalten. Im Krämerladen, wo man seinen Tee kaufte, hörte es die Verdrehungen vom Kabinett und der Presse über gelegentliche Meldungen, die hereinkamen. Wie heute noch. Man geht zum Discounter oder sogar in die bestimmten Mode-Ketten, um sich einzukleiden mit Textilien, die in Bengalen, Taiwan oder Mali in Massen und billigst, von Frauen in Tag- und Nachtarbeit und unter unwürdigsten Bedingungen, genäht werden. Und wenn dann mal eine Fabrik zusammenbricht, ist man empört - und geht weiter zum gleichen Discounter. Die Preise machen es möglich - Preise, die unter gnadenlosem Konkurrenzdruck stehen. Es gibt ja nicht nur einen Discounter, und der Kampf der Händler untereinander fällt zurück auf die Frauen an den Nähmaschinen. Im Effekt macht es eigentlich keinen Unterschied, welchen Tod die Menschen in Asien starben und sterben: ob an einer Überdosis Opium, oder von einem einstürzenden Fabrikdach.

Nach diesem Akt der chinesischen Notwehr, forderte die *Ostindien-Company* Genugtuung. Das Parlament schickte ohne Kriegserklärung Kanonenboote nach Kanton, und der Kommandant *George Elliot* ließ, 1840 angekommen, schießen. China hatte ihm den Zugang zum Hafen verweigert. Nachdem bereits einige Dschunken untergegangen waren, befahl er, Hongkong zu besetzen - als Operationsbasis. Und in die Mündungen des Perlflusses, des Jangtsekiang und des Baihai positionierte er Kriegsschiffe zur Bewachung.

Anfang 1841 kam es dann zu einem Abkommen mit dem chinesischen

Provinzgouverneur, mit dem die Chinesen Hongkong abtraten und ein Kriegskontribut über 6 Millionen Silberdollar zahlen wollten. Das gefiel weder dem chinesischen Kaiser noch dem Premierminister *Palmerston* in London. Der schickte einen neuen Krieger, *Henry Pottinger*, mit dem Auftrag nach Kanton, den Krieg fortzusetzen. *George Elliot* war abgesetzt. Ende August eroberte *Pottingers* Flotte wichtige Wasserwege ins Innere Chinas und später, im Sommer 1842, Shanghai und Zhenjiang. Am 29. August 1842 endete der Krieg mit dem *Vertrag von Nanking*, in dem sich China verpflichtete, in Häfen, u.a. in Shanghai, unbeschränkten Handel zu dulden, Hongkong abzutreten sowie eine Entschädigungszahlung an England in zweistelliger Millionenhöhe zu leisten.

Dieser Krieg war ursächlich der Anfang vom Ende der Macht des historischen Chinas und dem Niedergang zu einem Lieferanten von Rohstoffen, z.B. Seide oder Tee für Britannien. Diese Rolle sollte China bis ins 20. Jahrhundert hinein behalten, bis zu einem Zeitpunkt, als es endlich unter Führung von *Mao Zedong* und seinen Nachfolgern zu einem technischen und wirtschaftlichen Aufstieg fand, der alle erlittene Schmach zu ahnden scheint. Denn vergessen hat China die Entwürdigung seiner nationalen Identität durch Britannien nicht, welches den Opiumkrieg im Verbund mit Frankreich und den *USA* zu einem zweiten und dritten Mal nach China trug, sogar bis Peking vordrang und den Kaiserpalast plünderte und zerstörte.

Literatur

Runhild Böhm: Englands Opiumkriege in China. Universität, Tübingen 2000

John K. Fairbank: Geschichte des modernen China 1800–1985 ("The great chinese revolution"). Dtv, München 1991

Wolfram Eberhard: Geschichte Chinas. Von den Anfängen bis zur Gegenwart. Neuaufl. Kröner, Stuttgart 1980

Lord Horatio Nelson

Horatio Nelson wurde im September 1758 in Norfolk als Sohn des *Reverend Edmund Nelson* und *Catherine Suckling*, Großnichte des *1. Earl of Oxford*, des ersten britischen Premierministers, geboren. Seine Mutter starb, als er neun Jahre war und hinterließ ihn im Kreise seiner sieben Geschwister, deren Erziehung der Vater alleine übernahm. Aber lange dauerte das nicht mehr. Sein Onkel mütterlicherseits, *Maurice Suckling*, ein Kommandant der *HMS Reasonable* holte ihn, als er 12 Jahre war und ließ ihn als Midshipman (Seekadett) in die Heuerrolle eintragen. Sein Onkel protegierte ihn, denn Midshipman wurde man erst nach einer zweijährigen Ausbildung, und zum anderen war die Eintrittsgrenze zur Navy 15 Jahre. Mit dieser doppelten Regelwidrigkeit fing die Karriere des *Horatio Nelson* an. Aber das blieb nicht die einzige Unkorrektheit in seinem Leben.

Bald bot sich für ihn die nächste Gelegenheit, Eigensinn zu zeigen. Sein Onkel *Suckling* zeigte Familiensinn, und der sorgte dafür, dass Horatio eine Heuer bei *Lord Mulgrave* auf der *HMS Carcass* bekam. Er sollte eine Arktisexpedition begleiten. Für den fünfzehn Jahre jungen Kadetten *Nelson* war das die einzigartige Gelegenheit, auf Eisbärenjagd zu gehen. Er träumte nämlich davon, ein Fell mit nach Hause zu bringen, das vor dem Kamin liegen sollte. Als er während der Wache einen Eisbären sichtete, juckte es ihn. Er verließ das Schiff mit einer Muskete in der Hand. Der angelegte Schuss zündete aber nicht, das Pulver war feucht geworden. Zu seinem Glück brach das Eis zwischen ihm und dem Tier, was ihn rettete.

Mut hatte er damit bewiesen, aber auch Ahnungslosigkeit. Jetzt hatte Horatio noch ein Problem, nämlich die Ignorierung eines Befehls, die er erklären musste. Zu seinem Glück konnte der Kapitän seinen Midshipman nicht sofort nach Hause schicken, und ihm blieb Zeit, die Scharte auszubügeln. Aber der Makel haftete jetzt an ihm: gelegentlicher Ungehorsam. Es sollte das Markenzeichen seiner Laufbahn werden.

Schon auf seiner Karibikreise lernte er seine Schwäche kennen, seekrank zu werden. Die ignorierte er sein Leben lang. Von der Arktisexpedition zurückgekehrt, hielt sein Onkel *Suckling* wieder seine Hand über seinen Neffen und sorgte dafür, dass er auf der Fregatte *Dolphin* anheuern konnte. Es ging Richtung Indien. Zwischen Rotem Meer und der Straße von Malakka fuhr man auf und ab. Gesundheitliches Pech, was sein zweites Markenzeichen wurde, warf ihn aufs Krankenbett: Malaria. Man entließ ihn in die Heimat, wo er sich auskurierte.

1776, mit achtzehn Jahren schon, bekam er eine Leutnant-Vertretung. Im Jahr der *Unabhängigkeitserklärung* der *USA* war Nordamerika sein Ziel. Es blieb für ihn nur bei der Begleitung von Konvois. Ein Jahr später machte er seine Offiziersprüfung als zweiter Leutnant und bekam sofort danach wieder einen Einsatz in der Karibik. Die Fregatte *Lowestoffe* wurde sein Schiff. Damit gelang ihm seine erste Kaperaktion.

Die Region blieb für die nächsten Jahre sein Operationsgebiet. Er war gerade 20 Jahre alt geworden, als der Flottenkommandant *Peter Parker* ihn auf sein Flaggschiff holte. Dort wurde er zunächst Leutnant, kurze Zeit später Kommandeur. Und als Britannien den Verlust der Kolonien in Nordamerika wettmachen und neue Gebiete in Mittel- und Südamerika hinzugewinnen wollte, bekam er einen Erkundungsauftrag. Die Admiralität brauchte über Nicaragua und die Festung El Castillo Informationen. *Nelson* machte aus seinem Auftrag eine eigenmächtige Aktion, ging an Land in den Urwald, um einen Stützpunkt anzulegen.

Er scheiterte und holte sich obendrein die Ruhr. Er musste zurück nach England und ging nach Bath, um sich auszukurieren. Diese Eigenmächtigkeit hätte das Ende seine Karriere bedeuten können. Es waren zwei Faktoren, die ihn davor bewahrten: England brauchte Seeoffiziere und seine inzwischen bekannt gewordene Tapferkeit.

Nach seiner Genesung trieb es ihn wieder auf die Schiffsplanken, übernahm in 1781 mit der *Albemarie* Missionen nach New York und in die Karibik, um in den noch nicht beendeten Kampf Britanniens gegen die um ihre Unabhängigkeit ringenden amerikanischen Siedler einzugreifen. Dazu war es aber zu spät. Frankreich hatte sich eingemischt und den abtrünnigen Provinzen an der Ostküste Amerikas durch einen Sieg zur Unabhängigkeit verholfen.

Damit aber war der Interessenkonflikt noch nicht beendet. Die Französische Kriegsmarine hatte Blut geleckt, wollte mehr. Im April 1782 machten Truppentransporter und 30 Kriegsschiffe in Martinique die Leinen los und nahmen Kurs auf britische Kolonien in der Karibik. Sie sollten für Frankreich erobert werden. Die *Royal Navy* mit Admiral *Hood* hatte derweil aus London Direktive bekommen, weiteres Unheil zu verhindern, aber nicht mehr gegen die inzwischen unabhängigen nordamerikanischen Siedler vorzugehen. *Nelson*, der unter Admiral *Hoods* Kommando stand, konnte bei den Isles des Saintes die französische Linie durchbrechen. Kopflos und ohne Führung flüchtete der Rest der feindlichen Flotte.

Dieser Sieg war bedeutsam, denn die Briten wollten ihre karibischen Kolonien mit den lukrativen Zuckerrohrplantagen behalten. Dort erarbeiten

Sklaven in profitablen Unternehmen die finanziellen Mittel, die für den Unterhalt der Flotte notwendig waren. Und *Nelson*, der mittlerweile kühne und charismatische Kommandeur, hatte gelernt, wie man mit unterlegenen Mitteln Siege erfechten konnte.

1783 schlossen Frankreich und Britannien Frieden. Kriegsmissionen standen zunächst nicht mehr auf der Tagesordnung. *Nelson* bekam ein Kommando auf der *Boreas*, um einen Handelsboykott gegen die nordamerikanischen Siedler durchzusetzen. Die Direktive aus London strikt befolgend - tat er genau das Falsche. Vor Antigua in der Karibik handelte er sich Ärger ein. Nun trieben die englischen Kolonisten in der Karibik eifrig Warenaustausch mit dem amerikanischen Festland, was die britischen Autoritäten in der Karibik duldeten, denn sie verdienten ja daran. *Nelson* unterdrückte den Warenaustausch, indem er nun amerikanische Handelsschiffe vor Nevis beschlagnahmte. Die Eigner verklagten ihn daraufhin, was die Händler in der Karibik unterstützten. Das fesselte ihn acht Monate an Bord der *Boreas*, um einer Verhaftung zu entgehen. Erst das politische Eingreifen Londons bewahrte ihn vor gerichtlicher Verfolgung.

Mit seiner jungen Frau *Frances Nisbet*, die er während seiner Mission in der Karibik geheiratet hatte, kehrte er 1787 nach England zurück. Dort nahm er vorläufig Abschied als Seeoffizier, lebte fünf Jahre auf Halbsold mit seiner Frau in der ehemaligen Pfarrei seines Vaters bei Burnham Thorpe. Man bot ihm vorübergehend kein Kommando mehr an, weil die Admiralität ihm seine letzte Ungeschicklichkeit in der Karibik nachtrug.

Erst als im Februar 1793 das revolutionäre Frankreich Großbritannien den Krieg erklärte, hielt es *Nelson* nicht mehr in seinem Pfarrhaus aus. Er bewarb sich trotz der Ignoranz der Admiralität um ein neues Kommando - und hatte Glück. Die *Agamemnon*, mit 64 Kanonen an Bord, wurde ihm zugewiesen. Dieses Schiff sollte sein Schicksalsschiff werden, denn die damit gewonnenen Seeschlachten begründeten seinen Ruhm.

Er wurde ins Mittelmeer beordert, um Toulon, den französischen Kriegshafen, zu blockieren. Statt dessen nahm sein Verband, der unter dem Kommando des 1. Viscount *Hood* stand, den Hafen ein. *Hood* schickte *Nelson* daraufhin zum Verbündeten Königreich Neapel, um Truppenverstärkung zu holen. Dort kam es zu einer für *Nelson* schicksalhaften Begegnung. Er lernte *Lady Hamilton* kennen, Gattin des britischen Botschafters. Fortan stand er in Briefkontakt mit ihr.

Nach einer Zwischenstation mit kleineren Gefechten bei Tunis wurde er ein Jahr später nach Korsika geschickt, denn Toulon war von Frankreich zurückerobert worden. Bei Calvi auf Korsika kam es zum Landgefecht. Aus Mangel an Feuerkraft ließ er die Kanonen des Schiffes an Land bringen. Im folgenden Schlachtgetümmel erlitt er seine erste Verletzung. Umherfliegende Splitter trafen sein rechtes Auge und er verlor dort seine Sehkraft. Das Tragen einer Augenklappe lehnte er zeitlebens ab.

Nelson blieb danach im Mittelmeer, das an strategischer Bedeutung gewonnen hatte, denn Spanien war an der Seite Frankreichs in den Krieg eingetreten. Daselbst erstritt er in vier Seeschlachten seinen ersten großen Ruhm. Im Februar 1797, bei Kap St. Vincent, vor der Küste Portugals, übersah er den Befehl seines Admirals, *John Jervis*, das Gefecht zu vermeiden. Er kreuzte die schnelleren Spanier, die aufstoppen mussten. *Jervis* konnte damit eingreifen und das Gefecht für sich entscheiden. Inzwischen zum Konteradmiral der blauen Flagge aufgestiegen, erhielt *Nelson* die Auszeichnung *Knight of the Bath*. Sein Kommandeur *John Jervis* wurde mit dem Titel *Lord St. Vincent* geehrt.

Schon bald musste er in die nächste Auseinandersetzung starten, die ihm eine weitere schwere Verletzung bescheren sollte. Vor St. Cruz auf Teneriffa führte er im Juli 1797 einen Landgang an, um den Hafen der Spanier zu erobern. Eine Kugel zerschmetterte ihm den rechten Arm, den der Schiffsarzt ohne Narkose sofort amputierte. Nelson hatte die Nase voll und wollte seinen Dienst quittieren. Da er immer noch wegen des Sieges bei St. Vincent gefeiert wurde, blieb er.

Der Krieg mit Frankreich zog sich in die Länge, Pausen gab es kaum. Die Admiralität hegte begründeten Verdacht, dass *Napoleon* eine Invasion der Inseln plante. Man gab *Nelson* folgende Direktive: "Sie haben mit Ihrem Geschwader auf jede nur mögliche Weise festzustellen, wofür die starken französischen Kräfte in Toulon, Marseille und Genua bestimmt sind."

Nelson suchte im Mai 1798 vor Toulon eine ideale Position zum Ankern. Am Tag darauf aber kam ein schwerer Sturm auf, die Flotte wurde auseinandergetrieben, sein Flaggschiff wurde beschädigt.

Nach der Reparatur suchte er den vereinbarten Treffpunkt auf, konnte seine Flotte, außer drei Fregatten, wieder versammeln. Ohne Kenntnis, in welche Richtung die Franzosen gesegelt waren, verließ er sich auf sein Gefühl und steuerte Richtung Osten. Nach den Stationen in Neapel und

Malta, nahm er Kurs auf Alexandria. In der Nacht vom 22. Juni muss er an der französischen Armada vorbei gesegelt sein. Er kam vor den Franzosen in Alexandria an. Enttäuscht wendete *Nelson* und suchte im östlichen Mittelmeer, an der Südküste der Türkei. Nichts! Er fängt Handelsschiffe ab, und fragt nach. Wieder kehrt er um, gibt den Kurs vor: zurück nach Alexandria. Die Franzosen waren inzwischen dort eingetroffen.

Während seiner langen Jagd von der Südküste Spaniens aus, kreuz und quer durchs Mittelmeer, konnte er sich gedanklich vorbereiten, wie er *Napoleon*, den er den "Korsischen Schurken" nannte, treffen konnte. Er arbeitete daran, seine Kapitäne und Mannschaften optimal auf Einsätze vorzubereiten, erklärte Notwendigkeiten, begegnete ihnen einfühlsam mit seiner Autorität, respektierte und diskutierte Meinungen. Seine Kapitäne wie seine Mannschaften verehrten ihn deswegen. Diese Art seiner Dienstauffassung wurde berühmt unter der Bezeichnung *Nelson Touch*, ein Begriff, den Nelson selbst geprägt hatte. Es war ein abgewandeltes Zitat aus seinem Lieblingsstück von Sheakspeare, *Henry V*. Er entwickelte dafür sogar ein spezielles Flaggensignal für die in Linie fahrenden Schiffe. Offensichtlich war es die – heute würden wir sagen – demokratische Art seiner Einsatzplanung oder Teamwork und die sich daraus ergebende taktische Kriegsführung. Andere Geschichtsschreiber interpretierten den *Nelson Touch* sexistisch, da er *Lady Hamilton* in mehreren Briefen darüber schrieb. Er meinte: "The *Nelson Touch* warrants never to fail (garantiert mir, alles richtig zu machen)", woraus einige einen "Touch of Nelson in the night" machten. Das war es sicher nicht. Solche Reden kamen zweifellos aus den gleichen Kreisen in der Admiralität, die ihn neidvoll diskriminierten, u.a. wegen seiner Beziehung zu *Lady Hamilton*.

Als *Nelson* endlich am späten Nachmittag des 1. August 1798 vor Abukir die Masten der Flotte Frankreichs sichtete – *Napoleon* war schon an Land – stand der Wind günstig für die Briten. Aus Nordwesten kommend, stieß *Nelson* in den vor der Küste in Linie ankernden französischen Verband, hinterlief ihn und nahm die Franzosen von zwei Seiten unter Beschuss. Die *L'Orient*, das Flaggschiff der französischen Flotte, explodierte nach mehreren Treffern. Das bedeutete die Niederlage der Franzosen. *Napoleon* war jetzt vom Nachschub abgeschnitten, denn mit dieser Niederlage wurde seine geplante Invasion Britanniens unmöglich. Er selbst musste auf kostspieligen Umwegen nach Frankreich zurückkehren.

Nach diesem Erfolg überschüttete man *Nelson* mit Ehrungen und Lob-preisungen. Der britische König ernannte ihn zum *Baron Nelson of the Nile*, der osmanische Sultan, der die Hoheit über Ägypten inne hatte, verlieh *Nelson* den neu geschaffenen *Orden des halben Mondes*. Und in der bri-tischen Öffentlichkeit wurde er gefeiert. *Emma Hamilton* schrieb ihm: "Wir sind alle *Nelson*-verrückt." In diesem Taumel des Sieges und der Gefühle sollten *Emma* und *Nelson* noch gemeinsam baden.

Als nächstes Ziel nach der Schlacht bei Abukir visierte *Nelson* Neapel an. Er würde dort die nächsten Monate leben, denn die Schiffe mussten repariert werden. *Nelson* schrieb von Alexandria aus an *Lady Hamilton*: "Meine Teure, Sie werden nun bald das Wrack des *Horatio Nelson* besichtigen können. Darf ich auf ein nachsichtiges Urteil hoffen?" Und er erhielt die Antwort: "Hätte ich die Macht, gäbe ich Ihnen den Titel *Herzog Nelson, Marquis vom Nil, Graf Alexander, Viscount der Pyramiden, Baron Krokodil* und *Prinz Victory*, auf dass Sie der Nachwelt auf jede Art erhalten bleiben."

Er ließ die Anker lichten, das Ziel hieß Neapel. Er war zwar nicht über-zeugt von der Leistungsfähigkeit der Werften dort, aber er wollte Lady *Emma Hamilton* sehen. Die sank ihm beim Empfang in die Arme, und die Menschen feierten ihn frenetisch, wie man heute Popstars umjubelt. Und *Emma* pflegte seine Verwundung auf der Stirn, las ihm jeden Wunsch von den Augen ab.

In den nächsten Wochen verschluckte ihn das Leben am Hof - und *Em-mas* Umgarnungen. Er schien sich bewusst zu sein, dass ihm die Kontrolle über sein Leben entglitt, er wollte weg. Aber Befehle aus London hielten ihn dort. Er sollte die Küsten des Königreichs Neapel und Sizilien sowie Malta sichern. Das gelang ihm mehr schlecht als recht. Sein Versuch, Österreich bei der Eroberung des Kirchenstaates zu unterstützen, misslang. Die Franzosen drangen ein und eroberten Neapel. *Nelson* musste nach Palermo fliehen, mit *Emma* und der Königsfamilie an Bord. Seine Verhältnis zu *Emma* war inzwischen zu einer Liebesbeziehung geworden. Lord *Hamilton*, weit über 70 Jahre alt, schien das recht zu sein. Offenbar war ihm bewusst, dass er seiner erst 30 Jahre jungen *Emma* außer einem Leben in Luxus nicht mehr geben konnte, und er gab sich zufrieden darüber, dass sie sich einen Liebha-ber gesucht hatte, den er sogar verehren konnte. Innerlich akzeptiert hatte er es offenbar aber nicht. Sein Testament lässt diese Vermutung zu. Und *Nelson*, inzwischen liebestrunken, überließ die Blockade von Malta einem seiner

Unterführer. Er hatte beschlossen, in Palermo zu bleiben, und in London tauchten erste Gerüchte über die Dreiecksbeziehung *Nelson-Emma-Lord Hamilton* auf. In den Augen der Admiralität war er zu einer fragwürdigen Figur geworden, und sie lieferte der englischen Presse Kommentare, die ihn zum Opfer von Hohn und Spott machten.

Als *Nelsons* Kommandant *Thomas Troubridge* mit vier Linienschiffen von einer Blockade aus Alexandria nach Palermo zurückkehrte, schickte ihn *Nelson* sofort zur Blockade nach Neapel weiter. Dort brachen nach Ankunft der Kanonenboote gleich Progrome aus und die Royalisten gewannen wieder die Oberhand über die Republikaner. Es kam zu unnötiger Gefangennahme und Verurteilung zum Tode von angeblichen Republikanern. *Nelson* war daran nicht unbeteiligt, was ihm in London verübelt wurde, ja, man war dort empört über diese Eigenmächtigkeit *Nelsons*. Und gab entsprechende Befehle aus. *Nelsons* Vorgesetzter *Admiral Keith* wurde beauftragt einzugreifen. Der schickte *Nelson* von Bord seines Flaggschiffes bei den Balearen die Depesche, unnötige Grausamkeiten zu vermeiden. Außerdem sollte *Nelson* persönlich bei Menorca erscheinen, da er selbst einer französisch-spanischen Armada nach Westen folgen müsse.

Nelson aber war nicht mehr er selbst. Er antwortete, dass er es für besser halte, das Königreich Neapel vor den Franzosen zu retten als das Gegenteil zu tun. Das war offene Befehlsverweigerung. Zu seinem Glück erreichte Admiral *Keith* die Nachricht nicht mehr, und *Nelson* kam mit einem Verweis aus Whitehall davon, da er sich doch noch kurz vor Menorca sehen ließ. Jeder andere wäre deswegen vor ein Kriegsgericht gestellt worden. *Nelson* schien das völlig egal zu sein. Die Liason mit *Lady Hamilton* hatte ihn offenbar verändert.

Der sonst so geniale und kühl kalkulierende Seekrieger war weich wie Butter seiner *Emma* gegenüber. Ihr gab er in allem nach und ihn packte eine schier unerträgliche Sehnsucht nach ihr, wenn er auch nur wenige Tage von ihr getrennt sein musste. Seine engeren Freunde redeten auf ihn ein, sie schämten sich seiner und fragten, warum er sein Wohlbefinden, seinen Seelenfrieden so aufs Spiel setze. *Nelson* ignorierte das. Inzwischen hatte sein Freund und Gönner *Lord Jervis St. Vincent* die Altersgrenze erreicht, und er gab das Mittelmeer-Oberkommando an die Admiralität in Whitehall zurück. Die ernannte Admiral *Keith* zu dessen Nachfolger. *Nelson* war gekränkt, fühlte sich übergangen. Ausgerechnet *Keith*, der von Menorca aus die französische Armada hatte in den Ärmelkanal hatte entkommen lassen.

Keith kam sofort zu einer Inspektion nach Palermo und war not amused, nannte *Nelson* eitel, eingeschnürt in seine Schärpen, Orden und Glitzerkram. *Keith* nahm ihn mit nach Malta zur Blockade. Er gehorchte sogar, aber nicht lange, und bald verließ er seinen Posten und kehrte nach Palermo zurück. Er belagere lieber seine Herzdame, hieß es in seiner Umgebung.

Hamilton wurde von seinem Botschafterposten Anfang 1800 abberufen. Das passte *Nelson* gut, denn er hatte sich entschlossen, seine Demission einzureichen und träumte schon davon, mit *Sir Hamilton* und *Emma* gemeinsam nach England zurückzukehren. Aber vorher sollte er doch zunächst Malta erobern. Er startete mit den *Hamiltons* an Bord. Es dauerte aber noch bis Anfang 1800, bis die Franzosen bereit waren, die Insel zu übergeben. *Nelson* kehrte sofort von dieser Expedition zurück und fand endlich die zusagende Antwort auf sein Rücktrittsgesuch vor. Der Ton allerdings war nicht schmeichelhaft, denn die Admiralität in Whitehall kannte inzwischen seine Sünden.

Emma freute sich mittlerweile auch auf London, wollte aber im Gegensatz zu *Nelson* über Land reisen. *Nelson*, der *Emma* nicht alleine reisen lassen wollte, fügte sich ihrem Willen, versprach der Königin *Maria Carolina von Neapel*, sie mit ihren Kindern nach Wien, ihrem Elternhaus, zu begleiten. Die Landreise begann die Gruppe mit Dolmetscher, Dienern und Dienstmädchen sowie *Emmas* persönlichen Zofe *Fatima* in Livorno. Höchste Zeit, denn *Bonaparte* war wieder in Italien eingefallen, rückte vor und stand mit seiner Armee schon bei Lucca. Nur wenige Kilometer südlich französischer Militäreinheiten entging die Gruppe knapp einer Gefangennahme und erreichte Ancona, wo man nach Triest einschiffte. Diese mühevolle Reise quer durch Europa wurde für *Nelson* ein Triumphzug, denn überall, wo er Rast machte, schlug ihm Jubel und Beifall entgegen, in Serbien, in Wien und später in Böhmen, Sachsen, Brandenburg, Mecklenburg bis Hamburg.

Emma dagegen traf gelegentlich der Zorn der zufälligen Gastgeber auf der Reise. In Dresden, das Nelson ebenso entgegen jubelte wie Wien oder die Stationen in Italien, war man Gast bei *Lord Elliot*, dem britischen Gesandten beim Kurfürsten *F. August III. Lady Melesina*, Frau des Bruders von *Lord Elliot*, gewohnt, in Gesellschaften die erste Geige zu spielen, notierte am 3. Oktober 1800 in ihr Tagebuch: "Sie ist frech, vorlaut, ungehobelt, anmaßend und eingebildet. Sie hat einen mächtigen Körperbau, scheußliche Füße, aber eine gute Figur. Sie ergreift von Lord *Nelson* total Besitz, er ist ihr willfähriger Gefangener."

Von Hamburg aus ließ *Nelson dann* nach Yarmouth segeln, einem Hafen, der in *Nelsons* Heimatregion Norfolk liegt. *Emma* war im siebten Monat schwanger, litt bei der Überfahrt, denn die Nordsee war stürmisch und rau. *Nelson* war endlich wieder in seinem Element, und er brachte den Lotsen von Yarmouth dazu, das Schiff bei niedriger Tide über die Sandbank knirschen zu lassen. Endlich an Land waren seine Worte an die Menschen, die ihn begrüßten: "Ich bin aus Norfolk und stolz darauf!" Und gewann damit sofort die Sympathien der einfachen Leute aus dem Volk. Er badete mal wieder in der Menschenmenge, die ihn bejubelte. Der Hof dagegen ließ ihn spüren, dass er gesellschaftlich versagt habe. Der Empfang beim König, als er sich bei einer Audienz zurückmeldete, verlief beleidigend. *George III* ignorierte ihn quasi, sprach nur drei Worte mit ihm, drehte sich dann um und widmete sich lange und ausgiebig einem subalternen Offizier.

Und die Begegnung mit seiner Frau *Francis* verlief frostig. *Nelson* versuchte zu vermitteln, hoffte, die beiden Frauen könnten sich anfreunden. Vergeblich. Schlussendlich trennte er sich von *Francis*, sicherte ihr eine Leibrente zu. *Emma*, die an Erfolg gewöhnte *Lady Hamilton*, die auf ihrer Reise durch Europa an der Seite *Nelsons* jeden gesellschaftlichen Anlass bereicherte, meistens Lob und nur wenig neidvolle Kritik geerntet hatte, wurde geschnitten, bekam keine Einladungen mehr. Der Briefkontakt mit der Königin von Neapel, die jetzt in Wien war, brach ab.

Im Januar 1801 bekam *Emma* heimlich Zwillinge, von denen eines sofort starb. Das überlebende Mädchen nannte sie *Horatia*. Sie gab das Kind zu einer Amme und gab sich als Vormund des Kindes aus, Nelson als Adoptivvater, der darunter litt. Diese Geheimniskrämerei sollte sich später rächen, denn nach seinem Tode anerkannten seine Verwandten das Kind nicht als legitim, was das Kind von jedem Erbrecht ausschloss. Das Paar verließ London und mietete ein Haus im Hafen von Queensborough. Die folgenden vier Jahre wurden trotzdem glückliche Jahre für sie. Sie widmete sich ganz ihm. Ihre Zeit war erfüllt von gegenseitiger Zärtlichkeit. Trotz *Nelsons* Foolness wollte die hohe Admiralität nicht auf *Nelsons* geniale Dienste verzichten. Man betrachtete ihn ganz offenbar als einen nützlichen Idioten. Und *Nelson* konnte nicht anders. Er brauchte salzige Luft - an Bord eines Schiffes - und hoffte, bald wieder ein Kommando zu bekommen. Er fühlte sich wieder genesen.

Man beförderte ihn noch einmal und schickte ihn 1801 in dänische Gewässer vor Kopenhagen. Er sollte die bewaffnete Neutralität Schwedens, Russlands und Dänemarks ausschalten, die den britischen Handelsansprüchen im Wege stand. Es kam im Sund zu einer Begegnung mit dänischen Einheiten, die sehr geschickt operierten. Als für die britische Flotte die Gefechtssituation unübersichtlich wurde, ignorierte er wieder einmal den Befehl seines Oberbefehlshabers *Parker*, der befohlen hatte, die Kampfhandlungen zu beenden. Eine List sollte ihm helfen, und er bot den Dänen eine ehrliche Kapitulation an, ohne Übergabe der Schiffe. Für ihn unerwartet, akzeptierte der Gegner. Damit war der Seeweg für britische Handelsschiffe in die Ostsee wieder frei. Seine Befehlsverweigerung akzeptierte die Admiralität wohlwollend und belohnte ihn mit einem weiteren Baron-Titel.

Eine wohlverdiente Pause für ihn gab es wiederum nicht. *Napoleon* drohte erneut mit einer Invasion der Britischen Inseln, woraufhin *Nelson* in den Ärmelkanal geschickt wurde. Er sollte die französische Flotte vernichten. Sein Eingreifen blieb aber ergebnislos, was jedoch dazu führte, dass im Oktober des gleichen Jahres ein Waffenstillstand zwischen Frankreich und Großbritannien ausgehandelt wurde. Im März 1802 kam es schließlich zum *Frieden von Amiens*.

War jetzt endlich Ruhe? Konnte *Nelson* nun seine angegriffene Gesundheit pflegen? Leider nein! Er und *Emma* mussten sich um den sterbenden *Sir William Hamilton* kümmern. Am 6.4.1803 verschied er und hinterließ *Emma* nur eine winzige Rente sowie einige Gemälde. Damit wurde allen Beteiligten endgültig klar, dass *Sir Hamilton* die Liason *Emmas* mit *Nelson* niemals wirklich akzeptiert hatte, wenn er auch so getan hatte, sie gleichgültig hinzunehmen.

Kurze Zeit später stand *Nelson* wieder für zwei Jahre auf dem Quarterdeck seinen Posten, wo er den Überblick hatte und von wo er Kommandos gab. Sein Schiff war, wie schon im Ärmelkanal, die *Victory*. Das Mittelmeer war sein Ziel, denn der französische Kriegshafen Toulon sollte wieder blockiert werden. Aber auch diese Aktion blieb ohne greifbares Ergebnis und deshalb nutzte *Nelson* die so geschenkte Ruhepause, um sich in England gesundheitlich zu kurieren.

Auch diese Zeit war für ihn zu kurz, denn schon wenige Monate später wurde er zurück auf die *Victory* beordert und im September 1805 lagen seine Schiffe durch einen glücklichen Umstand der vereinigten französisch-spanischen Kriegsflotte vor Andalusien gegenüber, die unter dem Kommando des glücklosen Vizeadmirals *Villeneuve* operierte. *Napoleon* wollte ihn ablösen, was *Villeneuve* zugetragen wurde. Dieser dachte, er könne seiner Ablösung entgehen und befahl seinen Kapitänen, die Anker in Cadiz, wo die Flotte auf ihren Einsatz wartete, zu lichten. Der Verband verließ geschlossen den schützenden Hafen. Vor *Trafalgar* an der andalusischen Küste trafen die beiden Flotten aufeinander.

Nelson hatte vorher und zum wiederholten Male seine Kapitäne zum *Nelson Touch*, zur Einsatzplanung, gerufen. Er hatte sich eine neue spezielle taktische Variante ausgedacht, denn die feindliche Flotte war seinem Verband überlegen, deren Schiffe größer waren und mehr Feuerkraft besaßen. *Nelson* setzte auf die Schnelligkeit seiner kleineren Schiffe – und seinem taktischen Manöver. Er wollte die Front der gegnerischen Schiffe in drei Abschnitte zerteilen, indem zwei dichte Schiffskolonnen im Abstand von einigen 100 Metern hindurch preschen sollten. An den Schnittstellen wäre dann die *Royal Navy* dem Gegner an Zahl überlegen. Nelsons Kapitäne waren begeistert von seiner Planung und sie gelobten, dass sie nichts von dieser Vorgehensweise abbringen würde.

Als Nelsons Flotte in zwei Kolonnen bei schwachem Wind auf die sich in Linie formierten französisch-spanische Allianz zusegelte, glaubten diese, ein leichtes Spiel zu haben. Sie schossen sofort Breitseiten, ohne dass die Briten antworten konnten. Zu deren Glück war die Dünung hoch und ein genaues Zielen der französischen Kanoniere war nicht möglich. Als erstes erreichte die *Royal Sovereign* die feindliche Linie und ihr gelang ein erster Abschuss. Die *Santa Ana* der Spanier wurde schwer getroffen. In dem jetzt entstehenden Gewühl, teilweise Mann gegen Mann, kam es darauf an, gegnerische Schiffe zu erobern. Denn Schiffe waren zu kostbar, um auf den Grund geschickt zu werden. Inzwischen war die *Victory* mit *Nelson* in die Linien der Franzosen hineingestoßen und wurde gleich von der französischen *Redoutable* attakiert. Eine Kanonenkugel zerschmetterte die Ruderanlage der *Victory* die daraufhin manövrierunfähig wurde. Ein Musketier in den Masten der *Redoutable* hatte *Nelson*, der auf Deck gegangen war, aufgelauert und traf ihn an der Schulter. Auch seine Wirbelsäule wurde verletzt. *Nelson* fiel in eine Blutlache. Der Kapitän der *Victory*, der vor *Nelson* stand, stürzte herbei: "Ich hoffe Sie sind nicht schwer verletzt", worauf er stöhnte: "Ich glaube, jetzt haben sie es geschafft."

Nelson wurde ins Schiffslazarett gebracht, wo er sich den Verlauf der Schlacht berichten ließ. Am Ende, als der Sieg der *Royal Navy* feststand, kam Kapitän *Hardy* noch einmal zu ihm. *Nelson* verabschiedete sich bei ihm vom Leben mit den Worten: "Kümmert Euch um meine arme *Lady Hamilton* ... Gott sei Dank, habe ich meine Pflicht erfüllt."

Kapitän *Hardy* ließ *Nelsons* Leiche in einem vollen Brandyfass aufbewahren und brachte ihn nach London. *König Georg III* ordnete ein Staatsbegräbnis an. Am 9. Januar 1806 wurde sein Sarg mit einem unendlich langen Trauerzug zur St Paul´s Cathedral überführt, wo *Nelson* in der Krypta seine letzte Ruhe fand. England trauerte, und um dem Ausdruck zu geben, trug man schwarze Schals und Hüte mit seinem Namen.

Diese Trauer war einhellig und klassenneutral. Sie erfasste alle Volksschichten ohne Unterschied. Jeder sah in ihm auf seine Art ein Vorbild, einen Helden der Nation, dem Ehre, Ruhm und Dank gebühre. Das Volk der Briten verstand, begriff ihn als eine Art Vorbildnatur, die meinte, was sie sagte. Sie vermittelte praktisch ein Wir-Gefühl, ein Gefühl, das es jedem ermöglichte, die gemeinsame Sache in den Mittelpunkt zu stellen.

Nelson scheint selbst an die solidarische Einheit der Nation Britanniens geglaubt zu haben, denn seine letzten Worte: "Ich habe meine Pflicht getan" kann diese Deutung zulassen. Es ist nicht überliefert, wem gegenüber er seine Pflicht erfüllt zu haben glaubte. Hätte er die Krone und die durch sie repräsentierte Herrschaft gemeint, wären seine Worte sicher anders gewesen. Er musste vor seinem Tod auf dem Sterbebett vielleicht darüber nachgedacht haben.

Mit *Nelsons* Sieg bei Trafalgar begann das "Britische Jahrhundert". *Napoleon* war es endgültig verwehrt, eine Invasion der Britischen Inseln zu wagen, Spanien erholte sich nicht mehr und verlor in den nächsten Jahrzehnten seine südamerikanischen Kolonien.

Britannien konnte jetzt steigende Handelserträge und somit steigende Steuereinnahmen verbuchen und den Krieg bezahlen, den es im Verbund mit der europäischen Koalition zwischen Preußen, Habsburg, Russland und anderen gegen *Napoleon* führte. Jetzt erst war es möglich, *Napoleon* das Waterloo zu bescheren.

Mehr als einhundert Jahre gab es auf den Weltmeeren für Britannien keinen Konkurrenten mehr. Bilateraler Freihandel zwischen den Kolonien

Britanniens und dem Mutterland trieb die Binnenkonjunktur Englands an, Kapitalexport von London in die Kolonien schuf die Basis für die Produktion von Gütern, die im Mutterland gebraucht wurden, die Landbevölkerung in den Kolonien aber verarmen ließ. Das weltumspannende koloniale System Britanniens entstand.

Amerika war zwar verloren, Kanada jedoch verblieb. Und im weiteren Verlauf der Geschichte einverleibte Britannien sich Australien und Neuseeland sowie weite Teile Afrikas und Asiens wie Hongkong und Singapur, Indien. In diesen Jahren entwickelte sich Englisch zur Weltsprache.

Ob diese imperiale Entwicklung, die Britannien vorantrieb, im Sinne des "kleinen" großen *Nelson* war, steht dahin. An Körpergröße war er dem Korsen nicht unterlegen. *Nelson* und *Napoleon* standen sich im wahrsten Sinne des Wortes auf Augenhöhe gegenüber. In Punkto demokratischer Praxis war *Nelson* allerdings ein Gigant im Vergleich zu dem Krieger *Napoleon*.

Nelson sah man als als ein Kind des Volkes an, das sein Land liebte. Aber auch die Menschen fremder Länder waren ihm nicht gleichgültig. Die Art, wie er in der ihm geneigten Menschenmenge, wo auch immer in Europa, badete, lässt keinen anderen Schluss zu. So ist er zwar in seiner aktiven Zeit als Kommandant auf seinen Schiffen den Vorgaben, die er aus London bekam, gefolgt und hat damit auch imperiale Politik möglich gemacht. Das sagt jedoch nichts über ihn als Menschen. Sein berühmt gewordener *Nelson Touch* zeichnet von ihm das Bild, dass er Demokrat, dass er einfühlsam war und Respekt hatte vor unterschiedlichen menschlichen Eigenarten und dem nichts mehr verhasst war als auf Hierarchien sich stützende schiere Macht und Anpassung. Das hat er mit seiner Liebesbeziehung zu *Lady Hamilton*, von der er nicht abließ, die aber in den Augen der Admiralität in London nicht standesgemäß war, überdeutlich klar gemacht.

Verehrung im britischen Volk genießt *Nelson* bis heute, im Gegensatz zu Helden mancher Perioden in der britischer Geschichte, wie die ehrenwerte *Ostindien Company*, die man am liebsten vergessen würde. Sein Schiff, die *Victory*, blieb erhalten, wurde restauriert und liegt im *Royal Navy Museumshafen* von Portsmouth. Hunderttausende von Besuchern haben das Schiff bis heute ehrfurchtsvoll besichtigt und des Helden gedacht. Und es gibt keinen internationalen oder britischen Touristen in London, der nicht einmal am *Trafalgar Square* stand und über Geschichte, menschliches Leid und Ruhm nachgedacht hat - und über die Instrumentalisierung vorgeblich höherer Interessen durch die herrschende Elite für deren ureigenen Machtgelüste. Wie groß die innere Zerrissenheit der höfischen Klasse Londons in ihrer Beziehung *Nelson* gegenüber war, zeigt die Tatsache, dass die *Nelson-Gedenksäule* erst 1867 eingeweiht wurde.

Literatur

Friedrich Wilhelm Pohl: Lord Nelson, Ein Triumphzug durch Europa. Kohler Verlagsges., Hamburg

Michael Sontheimer: Die Herren der Meere, Spiegel Geschichte, Nr 1, 2013, Das Britische Empire

Die Kaiserin von Indien

Prinzessin *Alexandrina Victoria of Kent* wurde am 24. Mai 1819 im Kensington Palace geboren. Ihre Taufpaten waren der Prinzregent *Georg*, der russische Zar *Alexander I*, *Victorias* Tante väterlicherseits, Königin *Charlotte Auguste von Württemberg* sowie die Großmutter mütterlicherseits, *Auguste von Sachsen-Coburg-Saalfeld*.

Sie stieg nach einigen familiären tragischen Ereignissen in der Thronfolge auf den ersten Platz und wurde am 20. Juni 1837 im Alter von gerade 18 Jahren Königin von England. Zur Krönung am 28. Juni 1838 in der Westminster Abby kamen vierhunderttausend Besucher nach London, was die Hoffnungen vieler Briten in die neue Königin offenbarte, denn sie folgte zwei recht unpopulären Vorgängern. Veränderungen am demokratischen Profil des Landes wurden bei dieser Gelegenheit deutlich offenbar, als sogar Mitglieder des *House of Commons* (Unterhaus) erstmalig an der Zeremonie einer Krönung teilnahmen.

Victoria, von ihrer Mutter unter strenger Zucht gehegt, machte sich danach bald frei von dominierenden Einflüssen ihrer Erzieher, zog vom Kensington Palace dann in den Buckingham Palace und versicherte sich der Hilfe von Premierminister Lord *Melbourne*, dem sie ihr volles Vertrauen schenkte. Sie hatte mit dieser Wahl den richtigen Mann gefunden, denn der lenkte die junge unbeholfene Monarchin vorsichtig, gefühlvoll und half ihr, fehlende Erfahrung zu gewinnen. Als ihr Mentor beriet er sie politisch wie privat, führte sie zu Erfolgen, was ihr anfänglich fehlendes Selbstvertrauen

aufbaute. Denn als repräsentative Monarchin hatte sie den Ministern gegenüber keine Befehlsgewalt, sie konnte keine eigene Meinung äußern, was sie lernen musste. Sie erfuhr, was es bedeutet, Repräsentantin des Landes zu sein und begriff, ausschließlich darauf zu bauen, die Stärken und Schwächen ihrer Minister herauszufinden, um sie auf diesem Weg zu lenken. Diese Fähigkeiten sollten in den folgenden Jahren für sie wertvoll werden. Aber ohne Fehlentscheidungen am Hof überstand sie ihre ersten Amtsjahre denn doch nicht, wodurch ihr Ansehen in der Öffentlichkeit ein paar Schrammen erhielt.

Man kann sich vorstellen, dass die jugendliche, erst 20-jährige *Victoria* nach diesen ersten Holprigkeiten froh war, endlich zu heiraten, endlich einen geliebten und schützenden Mann an ihrer Seite zu haben. Sie hatte ihren Cousin mütterlicherseits, Prinz *Albert von Sachsen-Coburg und Gotha* schon als 17-jährige, noch vor ihrer Thronbesteigung kennengelernt und war spontan von ihm bezaubert. Während seines zweiten Besuchs im Oktober 1839, hielt *Albert* um die Hand von *Victoria* an. Zur Hochzeit trug *Victoria* ein weißes Brautkleid, was ein bis dahin unbekannter Brauch war und der sich bald danach allgemein entfaltete.

Ihre Ehe, die nur 21 Jahre währte, war glücklich. Sie lebte an der Seite *Alberts* einen Tagtraum, überließ ihm alle Entscheidungen, sowohl privat wie auch politisch. Das war sicherlich auch der Tatsache geschuldet, dass sie in den ersten fünf Ehejahren fünf Kinder bekam. Er wurde praktisch der Privatsekretär Ihrer Majestät, führte den Haushalt. Und er managte ihr Verhältnis zu dem neuen Premier *Peel*, als die Ära *Melbourne* zu Ende ging. Trotz ihrer knappen Zeit, die sie fast nur mit den Kindern verbrachte, wuchs sie immer mehr in ihre Rolle, was sicherlich auch ihrem Gatten Prinz *Albert* zu verdanken war.

Es folgte das Revolutionsjahr 1848, das auch Britannien nicht verschonte. Verbreitete Arbeitslosigkeit und Armut herrschte auf der ganzen Insel. Die *Chartisten*, eine Reformbewegung innerhalb der Arbeiterschaft erhielt Auftrieb, und sie wiederholten ihre Forderungen mit einer millionenfach unterschriebenen Petition. Dazu gehörte die Zulassung von Gewerkschaften, Arbeitszeitverkürzung mit der Einführung des 10-Stunden-Arbeitstages mit besseren Arbeitsbedingungen, Erweiterung des Wahlrechts und Aufhebung der Kornzölle, die nach den *Napoleonischen Kriegen* eingeführt worden waren. Es kam zu einer Demonstration auf dem Kensington Common. *Viktoria* war erschreckt. Nicht über den Zustand der Sozialpolitik in Britannien sondern über eingebildete Gefahren für ihre leibliche Existenz.

Sie war nicht herzlos und wusste die sozialen Konflikte bei ihrem Gatten in guten Händen. Dort, wo sie Elend persönlich mitbekam, zeigte sie sich hilfsbereit. Das war aber selten, denn die Klassen unterhalb des Bürgertums waren ihr fremd. Erst später als Witwe mahnte sie sozialpolitische Maßnahmen an, wahrscheinlich in Erinnerung daran, was ihr christlich tiefgläubiger verstorbener Mann getan hätte.

Sie überlebte sieben Attentate ohne wesentlichen leiblichen Schaden. Fünf davon fielen in die unruhige Zeit von 1840 bis 1850. Die Gerichte attestierten den Tätern geistige Umnachtung, um politische Motive auszuschließen. Es lag nicht im Interesse der herrschenden Klasse, die Brisanz sozialer Konflikte zu bestätigen.

In diese Zeit fiel auch die im britischen Irland ausgebrochene Kartoffelfäule und die damit verbundene Hungersnot, der damals Millionen Menschen zum Opfer fielen. Entweder starben sie, oder sie wanderten aus, vor allem nach den *USA*. Die Kartoffelfäule, verursacht durch einen aus den *USA* eingeschleppten Pilz und begünstigt durch extrem schlechtes Wetter mit sehr viel Niederschlägen, entwickelte sich tragisch, da die britischen Großgrundbesitzer in Irland in Monokulturen anbauten. Prinz *Albert* legte in *Victorias* Namen ein Memorandum vor, in dem er vorschlug, die Häfen für Kornimport zu öffnen. Die Abgeordneten der *Tories* lehnten das ab. Sie waren den Lordschaften verbunden, die wesentlich im Besitz der großen Landwirtschaften waren.

Victoria konnte danach ihr Mitgefühl nur privat äußern und spendete der britischen Gesellschaft zur Erleichterung der größten Not in den abgelegenen Gemeinden von Irland und Schottland 2.000 Pfund. Auf einer ersten Rundreise *Victorias* durch Irland schlug ihr Sympathie und Zuneigung entgegen. Diese Chance der Aussöhnung nutzten die Minister nicht. Spätere Besuche *Victorias* in Irland kamen nicht mehr an den Erfolg der ersten Reise heran. Die Stimmung kühlte ab und behielt diese Tendenz bis zum Austritt Irlands 1947 aus dem *Commonwealth*.

Die Beteiligung Britanniens am Krimkrieg (1853-1856) bedauerte sie, und mit ihrer Autorität erreichte sie es, dass ihre fürsorglichen Ratschläge, die Sicherheit der britischen Truppen betreffend, vom Kabinett teilweise übernommen wurden. Verbesserungen, die das Lazarettwesen und die Befehlsstruktur berührten, gingen auf ihre Initiative zurück.

1851 war ein großes Jahr für Prinz *Albert*. Er hatte die *Great Exhibition* (erste Weltausstellung) im Hyde Park veranlasst, zu der erstmalig internationale Aussteller und über sechs Millionen Besucher kamen. Bei vielen Gelegenheiten präsentierte er sich, mit *Victoria* am Arm in der Öffentlichkeit, denn er sah in dieser Pose die Möglichkeit, positiv Stimmung zu machen, um damit die Monarchie zu festigen.

Als *Albert* 1861 starb, gerade 42 Jahre jung, legte *Victoria* für den Rest ihres Lebens Trauerkleidung an und zog sich jahrelang von ihren öffentlichen Verpflichtungen zurück, so auch bei Parlamentseröffnungen. Die Öffentlichkeit nahm sie kaum noch wahr, im Volk wurde sie unpopulär. Diese neue Realität erkannte sie erst nach einigen Jahren, als sie immer wieder ihre Lehrzeit bei *Lord Melbourne* und ihre Gesellenjahre bei Prinz *Albert* gedanklich reflektierte. In dieser Phase gewann sie die Selbstsicherheit für ihr Amt zurück. Ja, sie lernte es sogar, ihren jeweiligen Premierminister mit der Ankündigung unter Druck zu setzen, sie wolle abdanken, sollte er ihrem politischen Willen nicht folgen.

Unterstützt wurde *Victorias* Wiedereintritt in die aktive Arbeit als Regentin durch den Zuspruch, gelegentlich auch schlichter und offener Kritik, von ihrem etwas rauhbeinigen schottischen Hochlanddiener *John Brown*. Der traf bei ihr anscheinend immer den richtigen Ton. Sie schätzte ihn aber als diskret und zuverlässig. *John Brown* hatte guten Anteil an *Victorias* seelischer Stabilisierung. Kein Wunder also, dass man in ihm einen heimlichen Geliebten der Königin sah, denn sie beteuerte immer wieder ihre Zuneigung zu ihm. Als er 1883 starb, gestand *Victoria* ihrer ältesten Tochter gegenüber, *Brown* habe sie in den langen 18 Jahren seiner Dienstzeit nicht einen Tag im Stich gelassen.

In *Victorias* Regentschaft fiel die Liquidierung der *Ostindien Company* und Umwandlung der indischen Kolonien in eine Kronkolonie. 1858 unterschrieb sie die Gesetze, aber erst Ende der 60er Jahre des 19. Jahrhunderts begann sie, sich intensiv mit Indien zu beschäftigen und erkannte, dass diese Kolonie zur Hauptstütze des Empire werden würde. Sie schickte sogar ihren wegen unstandesgemäßer Verbindungen ins Gerede geratenen Sohn und Thronfolger *Albert Eduard* zu einem Staatsbesuch nach Indien. Sie begann sogar, sich eine Sammlung indischer Kostbarkeiten zuzulegen und versuchte, bei einem indischen Diener Hindu zu lernen.

1876 wurde sie auf eigenes Betreiben *Kaiserin von Indien*. Sie forderte diesen Titel vom Parlament und bekam Unterstützung vom gerade amtierenden Premier *Disraeli*. Sie sah sich in der Nachfolge der *Ostindien Company*, die bis zuletzt den Subkontinent im Namen des Großmoguls (Rang eines Kaisers) regiert hatte.

Gerade mal 1.000 britische Beamte, mit einem Generalgouverneur, der sich Vizekönig nennen durfte, kontrollierten den Subkontinent. Dieser war nach dem Prinzip "teile und herrsche" zu zwei Dritteln in Bereiche mit direktem britischen Einfluss und zu einem Drittel in Zonen mit indischer Oberhoheit eingeteilt.

Entgegen kam der britischen Indienpolitik das hinduistische Kastenwesen, das von großen Teilen der Bevölkerung fatalistisch hingenommen wurde - und immer noch wird. Leicht hatten es die Vertreter der Krone mit kleinen reichen und tonangebenden Minderheiten. Diese waren schnell zu korrumpieren. Einer anderen kleinen gebildeten Gruppe, den *Parsen*, überließen die Briten den Aufbau von Bombay. Daraus erwuchs Indiens erste kosmopolitische Stadt.

In den von Britannien nicht kontrollierten Bereichen gab es noch das märchenhafte, prächtige Indien. Es waren fast 600 Fürstentümer, Princely States. Den Potentaten dieser Gebiete garantierten die Briten gegen Tributzahlungen und Anerkennung der britischen Oberhoheit das Recht auf eigene Staatlichkeit, feudale Privilegien. Diese sollten bis 1947 als Indien die Selbstständigkeit erlangte, erhalten bleiben.

Jene indischen Herrscher waren für Reformen nicht zu haben. Unter ihnen gab es Gestalten, für deren Leben die Bezeichnung unmoralisch schmeichelhaft wäre. Es waren gelangweilte Potentaten, die unermessliche Reichtümer verprassten: in Glücksspielen, mit Kurtisanen, mit schier unübersehbarem Haremsgefolge, mit Pferden oder teuren Autokarossen. Eine Jagdpartie folgte der vorhergehenden, zu denen auch die weißen Sahibs eingeladen waren. Heute unter Artenschutz gestellte Tiere wurden dabei zu Tausenden abgeschlachtet. Ihre zunehmende Dekadenz bezahlten diese Herrscher mit politischer Ohnmacht.

Für Britannien war Indien Lieferant von Rohstoffen und Absatzmarkt englischer Waren zugleich. Monokulturen, angelegt auf dem Subkontinent, in der Landwirtschaft oder im gewerblichen Bereich, führten zur Ausbeutung und Arbeitslosigkeit vor Ort. Geschützt war dieses System durch Abschottung nach außen und rigide Zollpolitik. Zugleich erhob Britannien in Indien Steuern, die doppelt so hoch lagen wie in England. Man sah das als Beitrag Indiens für die Kosten der Armee, die für Inder selbst verschlossen blieb. Selbst *Lord Curzon*, der Vizekönig von Indien und Generalgouverneur, gestand in einem Moment der Erkenntnis ein, dass Britanniens Reichtum ein Ergebnis der Ausbeutung Indiens war. Das war auch nicht mehr zu übersehen, denn Hungersnöte in Indien forderten Millionen von Toten.

Vor und während der Zeit der Regentschaft von *Queen Victoria* ereigneten sich eine Reihe von Missernten auf dem Subkontinent. Teilweise waren sie hervorgerufen durch Wettereinflüsse (Monsun) oder durch dessen Kombination mit Monokulturen. Die *Ostindien Company* hatte es unterlassen, geeignete Maßnahmen dagegen zu treffen. Erst *Victoria* ließ in der Zeit ihrer Regentschaft als *Kaiserin von Indien* Kommissionen einsetzen, die die Ursachen untersuchen sollte, um danach Gegenmaßnahmen einzuleiten. Großflächige Bewässerungssysteme wurden angelegt, um einem Ausfall des Monsunregens entgegenwirken zu können. *Victorias* Mitgefühl für ihr Kronjuwel Indien reichte aber nicht aus.

Immer wieder verschafften sich Privatunternehmen ausbeuterische Vorteile im Kaiserreich Indien. Alle Güter, die in Britannien gebraucht werden konnten, sicherten sie sich, ohne Rücksicht auf deren eventuellen Bedarf in der Kolonie. Es waren alle Bodenschätze, über Edelmetalle bis hin zu Mineralien, dabei aber auch Farbstoffe für Textilien, Jute, Baumwolle und natürlich Tee. Aber auch Nahrungsmittel wie Reis kauften die Händler, ohne an den Ernährungsnotstand der Einheimischen zu denken. Britannien wurde reich. Dem stand der ausgebeutete Subkontinent gegenüber.

Aber die Ausbeutung ging den britischen Kaufleuten noch nicht schnell genug. Man ließ ein Netz von Straßen und Eisenbahnlinien anlegen oder erweitern, um Güter schnellst möglich zu Hafenstädten zu befördern. Die Maßnahme hatte endlich aber auch einen positiven Effekt: damit konnten Hilfsgüter schnell in Hungersnotgebiete verbracht werden. Allein die Hungerkatastrophen von 1876 und 1878 forderten fünf Millionen Tote.

Die britischen Beamten führten derweil ein Herrenleben, isoliert und unter sich in Clubs, bei britischen Gebräuchen. Inder durften allenfalls als Diener diese erlauchten Kreise betreten. Später, in den Jahren nach 1869, kamen auch die Ehefrauen der Beamten mit nach Indien. Die Passage durch den Suez-Kanal hatte die Reisezeit auf erträgliche vier Wochen verkürzt, ganze

Familien siedelten über auf den Subkontinent. Deren Kinder wurden in die Heimat auf Internate geschickt, wo sie eine eigene Identität entwickelten, eine Überlegenheitsattitüde, die letzten Endes im Rassismus endete. Dieser Dünkel scheint bis heute in bestimmten Kreisen Britanniens noch nicht überwunden zu sein, denn so lange ist es nicht her, dass 1947 Indien Eigenständigkeit erlangte und die früheren Verwalter nach Hause schickte. Kinder oder Enkel in damaligen Jahren heimgekehrter Beamter tragen diesen Wunsch nach "Splended Isolation" und damit einhergehendem Primatengefühl scheinbar noch mit sich herum.

1887 feierte *Victoria* ihr goldenes Thronjubiläum, das landesweit begangen wurde. Sie war zu einer Übermutter des Empire geworden, die Achtung und Zuneigung genoss. Sie verkörperte das Land mit seinen Errungenschaften, der industriellen Revolution, dem Reichtum, der auch niedere Klassen erreicht hatte.

Sorgen machte *Victoria* sich nur um ihre Familie. Der mit ihrer Tochter *Vicky* verheiratete preußische Kronprinz *Friedrich* war schwer erkrankt. Mit dieser Ehe hatte sie und ihr Gatte *Albert* einst gehofft, dass es gelänge, das britische Modell der Monarchie nach Preußen zu exportieren, um eine britisch-preußische Allianz entstehen zu lassen. Besonders bedrückte sie ihre Befürchtung, dass *Vickys* Sohn, Prinz *Wilhelm* (der spätere *Wilhelm II*) ein früher Amtsantritt beschert werde. Sie hielt ihn für unreif, der auch noch die bedauerlichen Charakterzüge eines Hohenzollern geerbt habe, und der sich zu leicht von dem verhassten *Bismarck* beeinflussen lassen würde. Sie sollte mit ihren Ahnungen Recht behalten. 1914 stand Preußendeutschland im Krieg mit Großbritannien. Zwei Monarchien, die miteinander direkt verwandt waren, schickten ihre Soldaten gegeneinander in mörderische Schlachten.

Das diamantene Thronjubiläum folgte im Jahr 1897. *Victorias* Beliebtheit hatte noch einmal zugenommen, und so wagte sie es, mit ihrer Kutsche durch ganz London, auch südlich der Themse, in die ärmeren Bezirke zu fahren. Die Menschen jubelten ihr zu. Britannien wuchs noch immer, das Land war zur mächtigsten Nation auf dem Globus geworden und schien unantastbar zu sein. *Victoria* starb am 22. Januar 1901 in Gegenwart ihres Enkels, des preußischen Kaisers *Wilhelm II*. Was sie ihm möglicherweise als ihr Vermächtnis mit auf seinen Lebensweg gegeben hatte, kann man sich denken. War es so, dann hat *Wilhelm II* sich nicht daran gehalten. Die

Geschichte ging einen anderen Weg als jenen, den *Victoria* sich gewünscht haben dürfte. Auf ihren Wunsch hin legte man in ihren Sarg eine Sammlung ihrer Lieblingsstücke, so auch ihren Brautschleier. Ihre Beisetzung fand im Mausoleum von Frogmore bei Windsor statt. Das hatte sie 1861 für ihren verstorbenen Gatten errichten lassen. *Victoria* hatte, als sie starb, über drei Generationen hinweg die Krone getragen, und für viele ihrer Landeskinder war das Empire ohne sie nicht vorstellbar. In den Köpfen der Briten hatte sich eine Prägung für ihr Zeitalter gebildet: "Viktorianisch", gleichbedeutend mit dem Synonym "gute alte Zeit".

Die *Industrielle Revolution*, die sich in *Victorias* Amtszeit entwickelt hatte, führte zu extremen Umbrüchen. Es war laut geworden. Zu Beginn ihrer Regierungszeit stand die Dampfmaschine noch ganz am Anfang ihres Siegeszuges, es gab keine Eisenbahn, keine knatternden Autos, auch keinen Telegraphen. Am Ende stampften in allen Fabriken die Dampfmaschinen, auf den Werften verbanden knallend laute Niethämmer dicke Eisenplatten zu Schiffsrümpfen.

Diese Veränderungsprozesse mussten gemeistert werden, und Britannien gelang das offenbar besser als anderen europäischen Nationen. Der britische Adel hatte begriffen, dass gewaltsame Revolutionen nur durch kategorischen Reformwillen zu vermeiden war.

Die Stellung des Premierministers löste sich langsam aus der Abhängigkeit als Diener der Krone, wurde nach und nach zum Mehrheitsvertreter im Unterhaus, der nur dort um das Vertrauen ringen musste. Das Parteienspektrum änderte sich. Die *Tories* (die Konservativen) wuchsen in ihre heutigen Bedeutung hinein, die *Liberalen* verloren, und in 1900 entstand die *Labor-Party*. Das Wahlrecht der relativen Mehrheit wurde etabliert, was dazu führen sollte, dass es nach jeder Wahl immer eine regierungsfähige Zahl Abgeordneter irgendeiner Partei im Unterhaus gab.

Der Rahmen für diese Veränderungen im sogenannten *Viktorianischen Zeitalter* waren die feudalen, höfischen Traditionen, die den Menschen die Orientierung gaben, um in der komplizierter werdenden Welt ein Leben zu führen. Die festlichen Zeremonien wurden aufwändiger, wobei *Victoria* ein bescheidenes Leben führte, wie von Anfang an. Ihre Macht nahm in ihrer Amtszeit ab, ihre Beliebtheit aber nahm zu. Dadurch gewann sie, trotz ihrer schmaler gewordenen Möglichkeit der direkten Einflussnahme auf Regierungsgeschäfte, politische Wirkungskraft zurück.

Ihr Leben lang hielt sie Verbindung zu den Höfen Europas, um Konflikte, die unvermeidlich waren, beherrschbar zu halten. Um ihrer Handlungsfreiheit willen ging sie aber keine Bündnisse ein, hielt fest an ihrer "Splended Isolation". Diese Attitüde ihrer Politik ist britisch-historisch und war keine Neuigkeit für *Victoria*. Sie hat sie bewahrt und weitergegeben an *Winston Churchill* und nachfolgende britische Politiker (dazu im Schlusskapitel).

Noch einmal kam es, im Jahr 1911, zu einer pompösen Kaiserkrönung in Dehli. *George V*, Enkel von *Victoria*, wurde Herrscher des Subkontinents. Hunderttausende waren auf den Straßen und versuchten den Monarchen zu sehen, der auf einem Pferd, zwischen den vielen Elefanten der Maharadschas reitend, quasi unsichtbar blieb. Es war die letzte großartige Präsentation Britanniens in Indien.

Literatur

Ella Mensch: Königin Viktoria von Großbritannien und Irland. Ein Zeit- und Lebensbild. Dargestellt nach schriftlichen und mündlichen Quellen. Hermann Seemann Nachf., Berlin 1908

Stanley Weintraub: Queen Victoria. Benziger Verlag, Solothurn und Düsseldorf 1994

Herbert Tingsten: Königin Viktoria und ihre Zeit. Diederichs, München 1997

Jürgen Lotz: Victoria. Rowohlt Verlag, Reinbek 2000

Friedrich Wilhelm Hackländer: Krieg und Frieden. Krabbe, Stuttgart 1859, Band 2: London 1851, Weltausstellung

Olav Ihlau: Das Juwel der Krone, Spiegel Geschichte, Nr 1, 2013, Das Britische Empire

Industrielle Revolution, Kinderarbeit und Freihandel

Wer kennt nicht die Geschichten über aufständische Weberei- und Spinnereiarbeiter aus vergangenen Jahrhunderten, die den aufkommenden Maschinen die Schuld am eigenen Elend gaben? Und die Berichte über die gnadenlose Reaktion der Adelsherrschaft und der Fabrikbesitzer, die die revoltierenden Arbeiter zu Zuchthaus, Festungshaft oder Peitschenhieben oder gar zum Tode verurteilen ließen. Der *Schlesische Weberaufstand* ist der bekannteste jener Revolten, deren Hintergrund nicht politischer Natur war, sondern eher als Hungerrebellion anzusehen ist. So geschehen auch in England, in der Grafschaft Yorkshire, im April 1812, als im Schutz der Nacht vermummte Textilarbeiter versuchten, die neuen dampfbetriebenen Webstühle zu vernichten. Ihnen blühte das gleiche Los wie ihren Klassengenossen in Schlesien, Jahrzehnte nach ihnen.

Als die ersten brauchbaren, von *James Watt* konstruierten, stationären Dampfmaschinen Anfang oder Mitte des 18. Jahrhunderts in England, z.B. in Whiskybrennereien, eingesetzt wurden, kündigten sie eine Umwälzung an, welche als die *Industrielle Revolution* bekannt wurde.

Sie führten zu Fortschritten in der Produktivität, die bis dato unbekannt waren. Trotz wachsender Bevölkerung erwirtschafteten sie einen Zuwachs an Kaufkraft, der wiederum die allgemeine Lebensqualität verbesserte und einen neuen, deutlich anhaltenden Wirtschaftsaufschwung einleitete. Auf lange Sicht begünstigte diese Entwicklung einen Ausweg aus periodisch wiederkehrender Verarmung weiter Volksschichten durch klimatische oder andere Einflüsse.

Vor allem in der Mitte und im Norden Englands sowie in Schottland entfaltete sich mit den ersten Dampfmaschinen ein fruchtbarer und produktiver Schwung, der immer neue Anstöße zu weiterer Entwicklung generierte. Erst ungefähr fünfzig Jahre später konnte auf dem Kontinent und in Nordamerika eine ähnliche Entwicklung beginnen.

Seit etwa dem Jahr 1750 nahm in England die Anzahl der Erfindungen zu, die eine neuartige Nutzung von mechanisch erzeugter Energie ermöglichten. Insbesondere im wichtigen Textilgewerbe kamen diese zur Geltung, weil drei Grundvoraussetzungen erfüllt wurden: Die Übertragung von Handarbeit auf Maschinen, Energieerzeugung durch Dampfmaschinen und der massenhafte Einsatz mineralischer Rohstoffe wie Kohle und Eisen.

Die Antwort auf die Frage, warum ausgerechnet die Industriealisierung in England ihren Anfang nahm, muss sicher im Kontext mit der Insellage von Britannien und seiner langen Geschichte beantwortet werden. England war ein relativ großes einheitliches Wirtschaftsgebiet mit gewachsenem Großgrundbesitz, was zu einer weniger arbeitsintensiven Nahrungsmittelproduktion führte, im Gegensatz zu einer Unzahl kleinbäuerlicher Betriebe auf dem Kontinent, in denen ein rationeller Einsatz von Arbeitskraft weniger möglich war als in den Latifundien der Landlords.

Die historisch bedingte Privatisierung jeglichen Gemeindelandes wie auch der Prozess einer Absorbierung von kleinbäuerlichen Betrieben durch Landlordschaften, dauerte in Britannien schon zweihundert Jahre und hatte noch vor Beginn der *Industriellen Revolution* den Lebensstandard über den Resteuropas gehoben. Das führte aber dazu, dass kleinere Bauern unter diesen Bedingungen ihren Lebensunterhalt nicht mehr erarbeiten konnten. Sie wanderten aus oder zogen in die Städte. So entstand dort ein Arbeitskräfteüberschuss, ein Heer von Landarbeitern, das Landproletariat, das nun schnell in industrielle Entwicklungen eingebunden werden konnte.

Ein weiterer Faktor war die leicht zu erschließenden Kohlevorkommen. Whisky-Brennereien wie auch andere, vornehmlich textile, Produktionsbereiche konnten leicht von Wasserkraft auf Dampfmaschinen umrüsten und wurden damit unabhängig, konnten quasi überall produzieren, auch außerhalb von Standorten, wo keine Wasserkraft zur Verfügung stand.

Und nicht zuletzt bewirkte eine partiell verbreitete, profitorientierte Unternehmermentalität, dass besonders in einigen religiösen Milieus die Bereitschaft zu Investitionen zunahm. Und die fanden zunächst auf einem eng begrenzten Gebiet statt: In der Baumwollindustrie, die von 1780 bis 1790 auf ein jährliches Wachstum von mehr als 12 Prozent kam. Diese Größenordnung wurde danach nie mehr erreicht. Die Haupthandelsströme verlagerten sich vom Mittelmeer und der Ostsee auf den Atlantik. Nach 1750 stieg das britische Außenhandelsvolumen unverhältnismäßig, wobei Baumwolle sowohl für die Exporte wie für die Importe den größten Anteil hatte. Um 1800 lag der Anteil der Baumwolltextilexporte bei der Hälfte des Gesamtvolumens, die Importe an Rohbaumwolle umfassten 20 Prozent.

So entstand auf dem Königsweg der Industriellen Revolution, der Verarbeitung von Baumwolle, ein wechselseitig wirkender Prozess von Angebot und Nachfrage. Aus Nordamerika und der Karibik importiert, trieb die Baumwolle die Entwicklung einer Textilindustrie voran, die wiederum das Aufkommen der Feinmechanik und Werkzeugmacherei begünstigte und dessen Erfindungen in England direkt industriell verwertet wurden.

Das daraus resultierende Angebot an Textilien und dessen Verkauf auf dem Binnenmarkt oder in die Kolonien hinein, förderte einen kontinuierlichen industriellen Aufschwung. Der Dualismus, die auf Baumwolle gestützte Textilindustrie und der koloniale kostengünstige Anbau der Baumwolle, möglich gemacht durch Sklavenhandel und -arbeit, war letzten Endes die Voraussetzung dafür, dass Britannien Pionier der *Industriellen Revolution* wurde. Aber zunächst konzentrierte sich die auf Baumwolle basierte Textil-industrie auf ein eng begrenztes Gebiet um Manchester herum, wo es durch den Zuzug von Arbeitskräften zu außergewöhnlichem Bevölkerungsan-stieg kam. Das sollte sich in späteren Zeiten als nachteilig erweisen. Viele Betriebe schlossen wieder, als die kontinentale Konkurrenz aufkam und mächtiger wurde. Die Slums entstanden, verwahrloste, von Kriminalität beherrschte Stadtviertel. Aber noch war es nicht soweit. Die Unternehmer, die den Anfang nicht verpasst hatten, wurden mit geringen Investitionen schnell sehr reich. Ja, es war sogar ein risikofreies Geschäft, denn auch mit geliehenem Geld wagten beherzte Männer die Gründung von Firmen, die schon nach kurzer Zeit ihre Kredite wieder zurückzahlen konnten.

Der Export, speziell nach Indien, war ein wichtiges Standbein der Tex-tilindustrie um Manchester herum, so manche Firmen exportierten aus-schließlich. In den Jahren von 1820 bis 1840 stieg die Ausfuhr nach Indien in Höhen, die als Umkehr des Warenflusses bezeichnet werden konnte. Seit Jahrhunderten importierte Britannien aus Asien mehr als es exportierte. Dieses Verhältnis kehrte sich jetzt um und führte in Britannien zu steigen-dem Wohlstand und zunehmender Arbeit.

Kinderarbeit gab es schon vor Beginn der *Industriellen Revolution*, z.B. in der Landwirtschaft. Neu war nur die massenhafte Beschäftigung von Kindern in Textilfabriken. Bis zum allgemeinen Verbot von Kinderarbeit in 1842, hol-te man sie auch in die Kohleminen. Der überwiegende Anteil jedoch fand sich in der Textilienherstellung, insbesondere in der Baumwollspinnerei.

Kinder mussten unter den Spinnmaschinen die herabfallenden Fasern fortschaffen. Dabei waren sie, in der Enge unter den bewegten Maschinen, erheblichen Gefahren ausgesetzt. Während dem Vorlauf der technischen Geräte, bei denen der Vorfaden durch Drehen gesponnen wurde, krochen sie unter die ausgespannten Fäden und fegten die ölverschmierten Baum-wollfasern zusammen. Das musste schnell gehen, denn nach wenigen Se-kunden fuhr die Spulenreihe zurück und wickelte den gesponnen Faden auf. Man kann sich vorstellen, was passierte, wenn sie es nicht schafften.

Für diese Tätigkeit setzte man Kinder ein, die in einem Armen- oder Waisenhaus lebten. Sie waren von ihren Eltern, die den Unterhalt und die Ausbildung ihrer Kinder nicht mehr finanzieren konnten, dorthin gegeben worden. Als Gegenleistung bekamen die Eltern Geld. Damit war das Schick-sal der Kinder besiegelt, denn die Betreiber der Waisenhäuser schickten ihre

Schützlinge sehr gerne in die Spinnereien.

Schon 1802 gab es erste Beschränkungen durch ein Kinderschutzgesetz, was die Unternehmer aber unterliefen. Jetzt behauptete man scheinheilig, die Kinder aus den Waisenhäusern bekämen eine Ausbildung gegen Unterkunft und Verpflegung. Die Ausbildung war aber in der Regel die beschriebene Fabrikarbeit, nicht selten in zwei Schichten, rund um die Uhr. Neben dem Fegen unter den Maschinen mussten sie auch gerissene Fäden zusammenknüpfen, ebenfalls in Eiltempo. Kindersklaverei wurde diese Art der Ausbildung von Waisen genannt. Die Baumwollfabriken standen bald in dem Ruf, Kerker zu sein.

Mit Hilfe dieser billigen Kinderarbeit wurde harte Konkurrenz gemacht und jene Gewerbetreibenden, die versuchten, ohne Kinderarbeit auszukommen, kamen gegen eine derartige Preisfindung im Wettbewerb nicht an und mussten aufgeben. Diese niederkonkurrierten Unternehmer schürten die Auflehnung gegen die Kinderarbeit. Die Empörten fanden sich aber auch in der entstehenden bürgerlichen Aufklärungsbewegung, in ersten Zellen einer gewerkschaftlichen Bewegung und nicht zuletzt bei einigen religiösen Gemeinschaften wie den *Quäkern*. Diese Welle des Protestes führte dazu, dass die schlimmsten Auswüchse allmählich nach 1800 abnahmen. Das war aber noch nicht das Ende der Kinderarbeit. Erst 1833 wurde ein neues Fabrikgesetz verabschiedet, dass die Arbeitszeit von Kindern und Jugendlichen festschrieb. Für Jugendliche zwischen vierzehn und achtzehn Jahren wurde die Arbeitszeit auf zwölf Stunden und jene von Kindern zwischen neun und dreizehn Jahren auf neun Stunden begrenzt. Aber erst eine wirksame Kontrolle der Textilfabriken durch unabhängige Fabrikinspektoren führte dazu, dass die Kinderarbeit allmählich zurückgedrängt wurde.

Manchesterliberalismus

Die bereits schon erwähnte Exportoffensive der Textilindustrie konnte sich verlässlich auf die starke *Royal Navy* stützen, die eroberte Handelswege schützte oder neue eröffnete. Die Regierung in London setzte jeweils, wenn es um die Gewinninteressen der britischen Textilindustrie ging, mit

Hilfe ihrer hoch überlegenen *Navy* ihr Freihandelsdiktat durch. Man nannte es *Kanonenbootpolitik*.

Klingt modern. Die Kriege in den Ländern der heutigen Ölindustrie, verdeckt angezettelt von westlichen Industriestaaten, sprechen die gleiche Sprache. Die andere Seite der Medaille von ungehinderter Ausfuhr textiler Produkte zeigte einen stark steigenden Arbeitskräftebedarf im Raum der Stadt Manchester. Im Jahr 1833 arbeiteten dort über 1,5 Millionen Menschen in der Textil- und deren Zulieferindustrie. Ein Reserveheer für eine spätere industrielle Entwicklung. Um etwa 1830 expandierte die bereits bestehende Kohle- und Erzförderung, die in der Folge zu Hüttenwerken mit Hochöfen und Kokereien sowie Eisengießereien und Walzwerken führten. Dies war die zweite, die spätere Phase der *Industriellen Revolution.*

Großbritannien, wie auch ganz Westeuropa, hatte gerade eine Reihe von Jahren stark gestiegener Kornpreise hinter sich. Auch die Ernten für Hafer waren mager ausgefallen, so dass es zu einem Pferdesterben infolge Futtermittelknappheit gekommen war. Grund dieser Misere waren die *Jahre ohne Sommer* und schlechter Ernten. Der Ausbruch des indonesischen Vulkans *Tambora* im April 1815 führte zu einer weltweiten Klimaveränderung, denn Staubpartikel in der Luft hatten sich global ausgebreitet. Sie reduzierten die Sonneneinstrahlung, mit der Folge von nahezu winterlichen Temperaturen im Sommer. Besonders der nordamerikanische Kontinent sowie Westeuropa waren betroffen, wo es zu schweren Unwettern und Dauerregen kam. Missernten in Folge blieben nicht aus.

In dieser Zeit, etwa 1817 bis 1825, arbeiteten britische Erfinder, Tüftler und Ingenieure verstärkt an Alternativen für das Pferd als Transportmittel. Das Ur-Fahrrad, *Draisine* genannt, wurde in Mannheim erfunden. Das löste aber nicht das Problem des Transports von schweren Gütern. In Britannien gingen die Erfinder weiter. Sie führten die Schiene als Verkehrsweg ein, und damit hatte das Pferd als Lastentransporter ausgedient.

Mit Dampflokomotiven endlich bewegte man Waren, sowohl beschleunigt als auch kostengünstig von Ort zu Ort. Massengüter wie Erze und Kohle konnten nun über Land und nicht nur mit dem langsamen Schiff ihr Ziel erreichen. Und Kleinproduktionsstätten, anfangs Spinnereibetriebe, wandelten sich in Fabriken, von wo die Waren preiswerter als vorher auf die Märkte kamen.

Mit der fortschreitenden *Industriellen Revolution* entstand auch eine

Canada

Newfoundland   Ireland

Minorca

Thirteen Colonies   Gibraltar—□

□ <u>Bermuda</u>

Florida
← Bahamas

Barbados   Gambia
British Honduras   ↓ Trinidad &
Mosquito Coast   ← Tobago

Sierra Leone
                                         Gold C
British   <u>Ascension Is.</u>□
Guiana

<u>St Helena</u>
□ <u>Pitcairn</u>
Soutl

<u>Tristan da Cunha</u> □

<u>Cayman Is.</u>   <u>Turks & Caicos Is.</u>   <u>Falkland Islands</u>
                    <u>Br. Virgin Is.</u>
                         <u>Anguilla</u>
                                                                    <u>South Georgia &</u>
St. Kitts & Nevis   → Antigua & Barbuda
            <u>Montserrat</u> → Dominica
Jamaica   Grenada   → St. Lucia
                    → St. Vincent & the Grenadines   <u>British Antarctic Territory</u>

Politökonomie, die sich *Manchesterliberalismus* nannte. "Freihandel über alles" war ihr Credo. Es waren die Jahre, als sich die *Conservative Party* aus der lockeren Gruppierung, der *Tory Party*, bildete. Seitdem werden die Konservativen *Tories* genannt. In diese Partei trug ein Textilfabrikant, *Richard Cobden,* die Diskussion um den Freihandel. Er wendete sich gegen den Importzoll Britanniens und Irlands von Korn. Grassierende Hungersnöte, so

The British Empire *(rot unterstrichen:*
restliche Kolonien heute)

Palestine
Kuwait
Iraq
Transjordan
Bahrain
Qatar
Trucial States
Oman
Aden
Socotra

n Is.
Cyprus/Akrotiri & Dhekelia
Weihai

Egypt
India
Burma
Hong Kong

Sudan
Br. Somaliland
Solomon Is.
oons
Brunei
British North Borneo
ganda
Maldives
Ceylon
Malaya
Sarawak
Gilbert Is.
Kenya
Papua New
Guinea
Nauru
Ellis Is.
nganyika
Zanzibar
Seychelles
Singapore
Fiji
desia
Nyasaland
New
Hebrides
.Rhodesia
Mauritius
Western
Samoa
Bechuanaland
Australia
Tonga

Br. Indian Ocean Territory
ca
Swaziland
New Zealand
Basutoland

Is.

jene auch in Irland, wären gelindert worden, wenn Korn, z.B. aus Frankreich, im Freihandel hätte importiert werden können, so argumentierte *Cobden*.

Cobden stand nicht alleine im Kampf um die Liberalisierung des Handels. *John Bright*, ein Politiker und Parlamentarier, wurde sein wichtigster Verbündeter. *Bright* vertrat die Mittelschichten - er gehörte einer Gruppierung an, die sich *die Radikalen* nannte und die 1859 mit anderen Parlamentariern die *Liberale Partei* aus der Taufe hoben.

Die beiden Männer *Cobden* und *Bright* gründeten 1839 eine von der Textilindustrie geförderte wie schlagkräftige Initiative, die sich vornahm, die Kornzölle abzuschaffen.

Die Initiative warb öffentlich und wirksam für die Öffnung der Häfen für Korn, unterstützt durch etliche Millionen Unterschriften und Tausenden von Petitionen. Dabei verfolgte sie eine Doppelstrategie. Den Arbeitern versprachen sie, die Abschaffung der Kornzölle führe zur niedrigeren Brotpreisen, den Industriellen erklärte sie, dass dadurch die Löhne sinken würden und im Effekt der Außenhandel zunähme. Das Argument beruhte auf der Annahme, dass die Löhne stets zu einem den Lebensunterhalt gerade noch ausreichenden Niveau tendieren. Diese Hypothese scheint auch heute noch Gläubige zu finden.

Zuletzt kamen die *Tories* nicht umhin, nachzugeben. Sie mussten im Mai 1846 die *Corn-Laws,* die seit 1815 bestehenden und blockierenden Kornzölle, die ausschließlich die Profitinteressen der Großgrundbesitzer schützen sollten, abschaffen. Ein erster ganz großer Erfolg für die *Manchesterliberalen*, der die *Konservativen* spaltete und zur Jahrhundertwende sogar dazu führte, dass *Winston Churchill* von den *Tories* zu den *Liberalen* wechselte. Auch damals schon waren die *Tories* kein einheitlicher Block - und sind es bis heute nicht. Aber vielleicht ist das gerade die Stärke der Briten.

Es war aber nicht nur die Anstrengung von *Cobdons* Initiative, die damals zu diesem Ergebnis geführt hatte. Die allgemeine Stimmung schlug um, und das war eine Folge noch stärkeren Drucks. Erste protestierende Zellen des anwachsenden Proletariats standen nun Großgrundbesitzern gegenüber. Verbündete fanden die Arbeiter selbst bei den neuen Eliten, den Textilindustriellen Manchesters. Missernten mit Hungersnot endlich führten zu guter Letzt zum Meinungsumschwung auch bei den *Tories*, denn man beklagte 250.000 Hungertote in England.

Die für Britannien positiven Effekte dieses Vorgangs wirkten vorbildhaft. Nach und nach wurde eine Handelsbeschränkung nach der anderen abgeschafft und stets mit gutem Ergebnis, vor allem für die Volksmassen, deren Kaufkraft wuchs, die Lebensqualität verbesserte sich. *Cobden* setzte man in Manchester sogar ein Denkmal als *Champion of the Poor.* 1860 wurde zwischen England und Frankreich ein bilaterales Freihandelsabkommen vereinbart: es wurde als der *Cobden Vertrag* bekannt. Demgemäß fielen in

Britannien 371 Zölle zwischen den beiden Ländern und es wurde in weiten Bereichen des Warenverkehrs Freihandel eingeführt. Man könnte glauben, dass es schon damals zwischen den beiden Ländern zu einer Mini-*EWG* gekommen wäre.

Der Freihandel bescherte dem in voller industrieller Entwicklung befindlichen Britannien wirtschaftliche Vorteile gegenüber weniger entwickelten Ländern innerhalb des *Empire*. Die im Mutterland erzeugten Produkte genossen durch den Freihandel eine gewisse monopolähnliche Stellung, die durch die *Navy* abgesichert wurde. Dieser militärische und machtpolitische Aspekt schien die Freihandelsdoktinäre *Cobden, Bright* und andere nicht zu stören. Im Gegenteil. Sie sahen darin den einzig gangbaren Weg in die sichere Zukunft. Staatliche Unterstützungsprogramme betrachteten sie als den falschen Weg.

.

Literatur

Christoph Buchheim: Industrielle Revolutionen. Langfristige Wirtschaftsentwicklung in Großbritannien, Europa und Übersee, München 1994, S. 45ff.; zit. n. Pierenkemper 1996, S. 162f

Toni Pierenkemper: Umstrittene Revolutionen. Die Industrialisierung im 19. Jahrhundert. Fischer, Frankfurt am Main 1996

Akoš Paulinyi: Industrielle Revolution. Vom Ursprung der modernen Technik. Reinbek 1989

Detmar Doering: Mythos und Manchestertum - Ein Versuch über Richard Cobden und die Freihandelsbewegung (PDF-Datei; 265 kB)

Donald Read: Cobden and Bright. A Victorian Political Partnership. Edward Arnold Ltd., London 1967

Britannien im Weltkrieg I

Queen Victoria hatte ihrem Enkel, *Kaiser Wilhelm II* vom preußischen Deutschland im Jahr 1901, kurz vor ihrem Tod, beschworen. Sie empfahl, Deutschland und Großbritannien sollten Frieden halten und gemeinsam in Europa eine Ordnungsmacht darstellen, für ein Gleichgewicht wirtschaftlicher und militärischer Stärke eintreten - Britannien zur See, Deutschland entsprechend zu Land.

Wilhelm II nahm das wohl an, denn nach der Beerdigung von *Queen*

Victoria im Januar 1901, schlug er ihrem Sohn und Nachfolger auf den Thron in London, König *Edward VII*, vor: "Wir beide sollten eine deutsch-englische Allianz bilden: Du, um über die Meere zu wachen, während wir für das Land verantwortlich sind ..."

Mit dieser etwas naiven Vorstellung verglich *Wilhelm II* Äpfel mit Birnen. Er übersah, dass seine Machtfülle gegenüber der relativen Machtlosigkeit der konstitutionellen Monarchie Englands ein anderes Gewicht hatte. Er dachte auch nicht an die politische Doktrin Londons, die auf dem Kontinent keine Hegemonialmacht (zur See) dulden wollte. Das würde Konkurrenz im Welthandel bedeuten und Unruhe bringen.

Der Wunsch von *Queen Victoria*, den *Wilhelm II* sich kurzfristig zu eigen gemacht hatte, besaß eine Vorgeschichte. In Südafrika schossen erstmalig wieder, 1899-1902, seit den Napoleonischen Kriegen, in einem großen internationalen Konflikt wieder Weiße auf Weiße aufeinander: Der *zweite Burenkrieg* in Südafrika, ein Wetterleuchten für Weltkrieg I (siehe auch Kapitel: Nationale Befreiungen der Kolonien).

Ein Jahrzehnt vor den Ereignissen am Kap der Guten Hoffnung, im November 1884, hatte Reichskanzler *von Bismarck* in Berlin eine *internationale europäische Kongo-Konferenz* einberufen, die bis zum 26. Februar 1885 dauerte. Sein Anliegen, die Interessen der europäischen Mächte in Afrika friedlich zu regeln. Seine scheinheilige Begründung: "Wir bringen den Eingeborenen die europäische Zivilisation."

Es ging um den freien Zugang auf allen Schifffahrtswegen. Der koloniale Handel sollte damit in diesen Gebieten für alle imperialen Mächte möglich sein. Im gleichen Jahr noch, nach Bismarcks Konferenz, einverleibte sich das *Deutsche Reich* Südwest-Afrika (Namibia) und Ostafrika als Kolonien. Doch auch andere europäische Staaten wie Frankreich, Italien, Portugal, Spanien und Belgien rangelten mittlerweile um Besitz auf dem schwarzen Kontinent. König *Leopold II* von Belgien beanspruchte in Zentralafrika am Kongo ein Gebiet in der Größe Westeuropas, ein Vorhaben, was ihm letztlich mit Unterstützung Englands und Deutschlands auf der oben zitierten *Berliner Konferenz* gelang. Man sah das Gebiet lieber bei dem kleinen Belgien als bei Frankreich oder Spanien. *Leopold II* wurde gestattet, eine privat finanzierte Vereinigung, die *Association Internationale du Congo*, zu gründen, mit der er vorgab, für Handel und Forschung zu sorgen und den Sklavenhandel arabischer Banden in Zentralafrika zu bekämpfen sowie den Kongo-Freistaat zu gründen, was am 1. Juli 1885 geschah.

Seine Worte sollten verschleiern, dass es ihm um privatwirtschaftliche Vorteile ging. Kupfer und Kautschuk waren die Objekte seiner Gier. Er berief dubiose Gestalten als Verwalter in seine Kolonie, ließ mehrere Tausend Männer zwangsrekrutieren und daraus eine Terrortruppe formen. Diese sollte die von den Dörfern abverlangten Mengen an Kautschuk erzwingen. Den Menschen, die sich widersetzten, hackte man eine Hand ab. Als das durch einen Engländer, *Edmund Morel*, bekannt wurde - er startete eine öffentliche Kampagne gegen diese Brutalität - zwang das endlich *Leopold II*, seine Kolonie an den Belgischen Staat zu verkaufen. Es dauerte aber mehr als 20 Jahre, bis diese verbrecherischen Machenschaften schließlich dann ein Ende fanden.

Man traf sich also mehrere Male in Berlin, um das gemeinsame Vorhaben, die afrikanischen Kolonien auszubeuten, abzustimmen. Freihandel war wieder das Thema und freie Schifffahrt auf den zentralafrikanischen Strömen. Die Grenzen legte man später fest - in bilateralen Verhandlungen. Und das Vorgehen gegen die Sklaverei blieb weiterhin den einzelnen Kolonialmächten überlassen, es kam daher nicht zu einer internationalen Übereinkunft.

Der Schriftsteller und Romanautor polnischer Herkunft, *Joseph Conrad,* seit 1886 britischer Staatsbürger, bezeichnete den allgemeinen Wettlauf um Besitz in Afrika als verkommene, beutegierige Balgerei. Die Balgerei hatte ihren Grund. Man machte das nicht zum Spaß. Die europäische erwachende Industrie brauchte die Rohstoffe Afrikas, z.B. Kupfer, Gold, Diamanten aber auch Baumwolle etc.. Und man hatte sich mit der friedlichen Aufteilung noch ein paar Jahre Zeit bis 1914 erkauft.

Britannien hatte die Initiative zunächst entspannt betrachtet, man verhielt sich zurückhaltend. Schon im Besitz weiter Gebiete in Afrika, glaubte man, es reiche aus, Stellungen zu halten und man hoffte, dass britische Auswanderer-Siedler dann in die eigenen Kolonien gingen. Sie würden so dem Land erhalten bleiben. Die allermeisten Aussiedler der vergangenen Jahrhunderte gingen aber in die *USA*. Es waren relativ wenige Aussiedler aus Britannien, die nach Afrika gingen. Und die im 18. Jahrhundert nach Afrika ausgewanderten witterten Geld im Sklavenhandel. Diese britischen Aussiedler verteilten sich auf die Küstenbereiche in Ostafrika, aber auch in Nigeria und an der Goldküste. Deren wenige Nachkommen waren im 19.

Jahrhundert, zu Beginn des 20 Jahrhunderts, noch da, besaßen Plantagen. Und der innerafrikanische Sklavenhandel, von Arabern betrieben, versorgte sie mit Arbeitern für die Landwirtschaft.

Mittlerweile war der Kontinent Afrika unter den europäischen Mächten aufgeteilt, wobei Britannien aufgrund älterer Tropenerfahrungen Vorteile hatte. Es besaß schon Häfen und stützte sich in britisch beanspruchten Gebieten auf lokale Herrschaftsstrukturen, und man behandelte die Einheimischen behutsamer als ihre deutschen, belgischen oder französischen Konkurrenten. Das zahlte sich aus. Britannien musste im afrikanischen Busch relativ wenige Rebellionen niederschlagen. Auch Differenzen mit den konkurrierenden europäischen Mächten suchte man man diplomatisch zu lösen. Das war die bestimmende politische Richtschnur Britanniens: defensiv, Gleichgewichte suchend, aber zäh in Verhandlungen. Man hielt fest an der Doktrin: Britannien die erste Macht zur See, Deutschland möge Hegemon auf Land in Europa sein.

Und das war ein Zustand, den der inzwischen vom Paulus zum Saulus gewendete *Wilhelm II* sowie die imperialen Industrie-Eliten im *Deutschen Reich* nach den ersten zehn Jahren des 20. Jahrhunderts als die entscheidende Behinderung empfanden, für Aufstieg, den weltweiten Handel und Wandel. So betrachtete man im *Deutschen Reich* neidisch auch die Erfolge britischer Kolonialpolitik. *Wilhelms II* außenpolitische Äußerungen wurden immer aggressiver. Sein Tenor: "Das Gleichgewicht der Kräfte in Europa bin ich." Und in der Juli-Krise des Jahres 1914 verlor er gänzlich seine Beherrschung. Von seinem Biograph *John C.G. Röhl* sind Bemerkungen überliefert wie: "Dieses verhasste, verlogene, gewissenlose Krämervolk mit seiner pharisäischen Friedensheuchelei eines Kräftegleichgewichtes in Europa, das nichts anderes bedeutet als die Ausspielung aller Europäischen Staaten zu Englands Gunsten gegen uns." Und Röhl folgerte daraus, dass die Empörung des Kaisers über Großbritanniens Festhalten an einem Gleichgewicht der Kräfte in Europa den Krieg näher brachte. Das mag sicher zu kurz gegriffen sein, vielleicht verständlicherweise, denn *Röhl* war der Biograph Kaiser *Wilhelms II*. Die entnervte Politik *Napoleons* gegenüber Britannien, einhundert Jahre vorher, scheint *Wilhelm II* sich offenbar zu eigen gemacht zu haben. Auch *Napoleon* nannte die Engländer einmal wutentbrannt "Ladenschwengel". Er kam an die Insel nicht heran.

In Britannien wartete man ab, blieb gelassen. Lord *Arthur Balfour*, spä-

Sir Winston Churchill

terer Initiator des *Commonwealth*, schrieb 1912: "[...] Ein Angriffskrieg gegen Deutschland ist für England völlig undenkbar. [...] Die Engländer sind explizit aus reinem Selbsterhaltungstrieb genötigt, nicht nur das Anwachsen ausländischer Flotten zur Kenntnis zu nehmen, sondern auch mit Sorge die Beweggründe jener zu wägen, die diese Flotten bauen." - *Friedrich Naumann*, liberaler Politiker im Kaiserdeutschland, weissagte dagegen schon zu Anfang des Jahrhunderts: "Entweder man beugt sich der britischen Übergewalt [...] oder man kämpft. Unsere Kinder werden kämpfen. Wenn irgendetwas sicher scheint, so ist es der zukünftige Weltkrieg [...]."

Naumann war nicht kriegslüstern. Er war Realist, er sah, dass die Handelswege auf der Welt aufgeteilt waren, der Zugriff auf Rohstoffe, die die wachsende kaiserdeutsche Industrie dringend benötigte - und zwar im Freihandel - durch andere europäische Nationen schon belegt war. Die spärlichen deutschen Kolonien halfen da nicht weiter. Der Löwenanteil der Warenströme fiel auf Großbritannien, gefolgt in weitem Abstand von Frankreich. Naumann sah, dass eine Neuaufteilung der Welt für die deutsche Industrie notwendig wurde, und er sagte voraus, dass dies nur gewaltsam ginge - freiwillig würde keiner etwas abgeben. Die deutschen Waren drängten auf den erweiterten europäischen und Weltmarkt. Der Begriff *Made in Germany* entstand in dieser Zeit. Der deutsche Binnenmarkt war schon zu klein geworden. Schutzzölle anderer europäischer Staaten wären da hinderlich gewesen. *Globalisierung* der Märkte stand auf der Tagesordnung - so wie heute.

Ein anderer - zur damaliger Zeit - liberaler Politiker und Realist war Parlamentarier und Innenminister in London, der junge *Winston Churchill*. Der Agadir-Vorfall war gerade überstanden - ein deutsches Kanonenboot war, angeblich zum Schutz von Wirtschaftsinteressen gegenüber Frankreich, vor Marokko erschienen - da ahnte *Churchill* schon das kommende Unheil. Er wurde nun umtriebig, überschüttete den Premierminister *Asquith* mit Memoranden, weil er fühlte, dass sich das Blatt wendete, dass alles auf den Krieg zulief. Ab diesem Zeitpunkt dominierte ihn der Gedanke an Notwendigkeiten. Vorbei für ihn die Zeit als Advokat für Abrüstung. Er beugte sich dem Zwang der Lage, ließ sich beherrschen von Überlegungen zu möglichen Verbesserungen der Verteidigung. Und Premier *Asquith* hörte ihm zu, hatte sogar eine neue Berufung für *Churchill*: das Marineministerium. Frisches Blut auf dieser Position war dringend notwendig geworden.

In seiner neuen Eigenschaft als Marineminister hielt *Churchill* sofort eine Rede in Glasgow. Und sagte nichts anderes, als das, was vorher Lord *Arthur Balfour* schon geäußert hatte, fügte aber hinzu: "Es besteht ein Unterschied zwischen der Flottenmacht Großbritanniens und der Flottenmacht des befreundeten *Deutschen Reichs*. Die britische Flotte ist für uns eine Notwendigkeit, während die deutsche Flotte für Deutschland von einigen Gesichtspunkten betrachtet eher eine Art Luxus ist." Er meinte also: entbehrlich!

In Deutschland wurde er dafür (teilweise noch bis heute) als Deutschenhasser apostrophiert, was er niemals war und auch im Weltkrieg II nicht wurde. Als neuer Marineminister zeigte er sein Organisationstalent, führte ein Führungs- und Beratungsgremium ein, den Admiralsstab. *Churchill* kümmerte sich um moderne Bewaffnung der Schiffe, ließ die Befeuerung der Schlachtschiffe von Kohle auf Öl umstellen, wodurch die Geschwindigkeit der Schiffe erhöht werden konnte, sorgte für Ölnachschub aus dem Iran.

Sein Lieblingsprojekt wurde die Marine-Luftwaffe. Vernarrt in technische Neuerungen, nahm er sogar selbst Flugstunden, nur um zu wissen, wie es einem Pilot bei Flügen über See ergeht. Er besuchte jede Werft, ging an Bord der Kriegsschiffe, ließ sich Funktion und Wirkung der Bewaffnung erklären, sah sich jeden Marinestützpunkt an, ob im Mittelmeer oder an der Nordseeküste.

Am 24. Juli 1914, während einer Kabinettssitzung über Nord-Irland und Fragen der Grenze, bekommt Außenminister *Gray* ein Dokument gereicht. Es ist das Ultimatum Österreichs an Serbien. *Churchill* erfasste die Situation mit der für ihn typischen sprachlichen Eindringlichkeit: "Jene Dörfer [...] versanken augenblicklich zurück in Nordirlands sturmgepeitschte graue Nebelschleier. Ein fahles Licht fiel auf Europas Landkarte [...]." (Zitat aus seinen Memoiren). Die Möglichkeit und nun die Wirklichkeit des Krieges, die ihn nicht mehr überraschte, hatte er in seinem Kopf schon lange akzeptiert, im Gegensatz zu Zauderern im Kabinett. Das Licht der Gewissheit musste nun jedem Zögerer aufgehen.

Churchills erste Order an die Flotte war, die Häfen Südenglands zu verlassen und sich nach Norden ins schottische Scapa Flow zu begeben. Dafür erntete er massive Kritik, denn im Kabinett gab es immer noch Minister, die abwarten wollten, die glaubten, der Run der Lemminge ins Verderben würde unerwartet doch noch kehrt machen. Am 3. August trat das ein, was er vorausgesehen hatte. Der Krieg nahm seinen Anfang. Wilhelm II ließ in das neutrale Belgien einmarschieren, für das England Garantiemacht war, Beistand im Falle einer Verletzung der Grenzen zugesichert hatte. London schickte ein Ultimatum nach Berlin, die Kampfhandlungen sofort zu beenden und sich zurückzuziehen. Schon vor einer Antwort aus Berlin hatte *Churchill* die Mobilisierung der Flotte befohlen, ohne Deckung seitens des Kabinetts und ohne königliche Proklamation. So kam es dann: Am 4. August erklärte Britannien *Kaiserdeutschland* den Krieg. Im Kabinett gab es jetzt kaum noch Widerstand gegen seine Vorbereitungen, die er ohne Erschütterung, Verzweiflung oder Unsicherheit betrieb. Seine intuitive Voraussicht hatte ihm geholfen, sich rechtzeitig auf den Ernstfall einzustellen (Sinngemäß aus: *Politicans and the War 1914 – 1916 / 1928*, Memoiren des Kabinettmitgliedes *Lord Beaverbrook*).

Landkrieg

In den ersten beiden Kriegsjahren hatte die britische Kriegsflotte nicht die Bedeutung, die sie in den Gemütern gespielt hatte. Bis auf einige Ausnahmen: Der deutschstämmige Flottenchef der *Navy, Louis Battenberg* (der spätere *Mountbatten*), nahm die Verantwortung auf sich dafür, dass zwei britische Kreuzer von deutschen Torpedos versenkt wurden und deckte damit *Churchill* vor der Presse. In den Dardanellen konnte ein deutsches Schlachtschiff sich dem Versuch entziehen, abgefangen zu werden und nach Konstantinopel entkommen. Das *Osmanische Reich* stand auf der Seite Deutschlands.

Auch im Südatlantik oder vor der Chilenischen Pazifikküste gab es Scharmützel, aber nichts deutlich Entscheidendes. Selbst die *Battle of Jutland* (Skagerrak) im Juni 1916 wurde kein Trafalgar, eher ein Patt. Die *Deutsche Reichsflotte* konnte sich durch geschickte Manöver den taktischen Fallen der unter dem Befehl von *John Jellicoe* stehenden und überlegenen *Royal Navy* entziehen, die sich daraufhin zurückzog. *Jellicoe* hatte schon die *HMS Queen Mary* durch Torpedotreffer verloren. Er wollte weitere Verluste durch diese Kampftechnik vermeiden.

Der Kanal aber gehörte der britischen Kriegsflotte. Hier gab es keine See-offensive der Deutschen. Die in Belgien operierenden deutschen Landkräfte konnten daher nicht flankiert oder seeseitig mit Nachschub versorgt werden. *Churchill* erfasste, wie sich der Krieg entwickelte, sah, dass die Marine anfangs relativ bedeutungslos blieb. Sein Blick auf die Kriegsschauplätze im Westen verführte ihn zu der Voraussage eines deutschen Vorstoßes zur Marne und zu der Feststellung, dass Antwerpen den Deutschen nicht in Hände fallen dürfe. Ende August 1914 war das zum Greifen nahe. Die rechte Flanke der belgischen Einheiten war zusammengebrochen. *Asquith* (Premierminister) schickte *Churchill*, der sich impulsiv angeboten hatte, nach Antwerpen zu gehen, um die Moral des belgischen Widerstandes auf-zubauen. *Churchill* blieb sein Leben lang ein Reisender, auch im Weltkrieg II, ein Reisender zwischen den Fronten.

Engagiert übernahm er am 3. Oktober 1914 diese Berufung an - und scheiterte. Die französische Verstärkung blieb aus, die britischen Kräfte wa-ren zu schwach. Am 10. Oktober zogen die Deutschen in Antwerpen ein. Eine Woche hatte Churchill gewonnen. Nicht viel, aber es reichte aus, um die wichtigen Nachschubhäfen Calais und Dünkirchen zu sichern. Diese Häfen blieben den ganzen Krieg über in britischen Händen und waren in Folge von hoher Bedeutung für den britischen Nachschub.

Churchills Ansehen bekam im Kabinett einen ersten Kratzer. Ein zweiter sollte folgen. Er hatte die Westfront kennengelernt, sah, dass die britischen Soldaten - an der Nordflanke der Front - im Stellungskampf "Stacheldraht kauten", wie er sich drastisch ausdrückte. Er schlug vor, diese Front durch den Aufbau eines dritten Kriegsschauplatzes zu entlasten. Im Januar 1915 beantragte er beim Kriegsminister, einen Durchbruch nach Konstantinopel bei Gallipoli durch die Dardanellen, die das *Osmanische Reich* vermint hatte, zu wagen. Seine Idee wurde akzeptiert und so schickte man die *Navy*. Die Minen konnten nicht alle geräumt werden, und fünf britische Kriegsschiffe und ein französisches gingen unter oder wurden schwer beschädigt. Die Admiralität beschloss daraufhin den Rückzug und dies entgegen *Churchills* Empfehlung.

Das Kriegsministerium übernahm das Kommando, *Churchill* wurde ein-fach übergangen, er hatte keine Eingriffsmöglichkeit mehr. Das Vorhaben, jetzt als amphibisches Unternehmen angegangen, scheiterte. Ihm wurde die Schuld dafür angelastet, obwohl er für den Landgang nicht verantwortlich war. Man schickte ihn in die Wüste, trotz seiner guten Absicht, mit der Eröffnung einer Front im Süden die englischen Soldaten an der Westfront zu entlasten.

Er blieb also Parlamentarier ohne Geschäftsbereich. In dieser Lage, ohne die Möglichkeit, seine Energie abzureagieren, meldete er sich zum Dienst in die gefährlichen Schützengräben an der Westfront, um Erkenntnisse zu gewinnen – und bekam als Oberstleutnant das Kommando eines Bataillons schottischer Gewehrschützen, das in der Schlacht von Loos, Ende September 1915, schwer dezimiert worden war. Die britische Offensive bei Loos – man wollte einen Frontdurchbruch erreichen – wurde schlecht vorbereitet. Die Soldaten liefen beim Vorrücken in dichtes, zähes Stacheldrahtgestrüpp, mit der Folge, dass sie, fast wehrlos, reihenweise abgeschossen wurden.

Britischer Panzer Mark I, am 25.9.1916

Feldmarschall *French*, für die Fehlplanung verantwortlich, wurde durch *Douglas Haig* abgelöst. Der aber war jedoch keinen Deut besser, denn unter seinem Kommando fielen in den fürchterlichen Schlachten an der Somme am 1. Juli 1916 noch mehr Männer.

Britische Feldkommandeure, zu denen Anfang 1916 auch *Churchill* gehörte, hatten gegen diese Art Angriffe Bedenken vorgebracht, die aber vom britischen Kriegsminister *Lord Kitchener* mit dem Argument beiseite gewischt worden waren: "Man sei auch bereit, notfalls schwerste Verluste hinzunehmen."

Der 1. Juli 1916 - die Schlacht an der Somme - wurde der verlustreichste Tag Britanniens in allen seinen Kriegen. Die Nordirische *Ulster Division* verlor über die Hälfte ihrer Soldaten. Der Tag hat heute noch Bedeutung als

Gedenktag für den Opfergang der Nordiren für das *Vereinigte Königreich*. Insgesamt verlor Britannien 450.000 Soldaten in den Schlachten bei Loos und an der Somme.

Churchill blieb ein halbes Jahr in den Gräben in Flandern und Frankreich, wo er die Soldaten im Handumdrehen für sich gewinnen konnte. Sein Organisationstalent half ihm dabei. Und er holte sich Rat bei ihnen und begründete dann seine Entscheidungen. Gewissermaßen ein *Lord Nelson* der Schützengräben. Und er zeigte Mut, ohne Furcht vor dem Tod. An seinen Cousin, den 9. Herzog *von Marlborough*, schrieb er: "Ich liebe das Soldatenleben [...] und wenn ich an der Spitze meines Bataillons getötet werde, wird das ein ehrenvolles und würdiges Finale [...]."

Als sein Bataillon von einem anderem im selben Regiment übernommen wird, entscheidet er sich für eine Rückkehr nach London. Er war von seinem Wahlkreis wiedergewählt worden. Die Politik und das Parlament wurde erneut sein Arbeitsfeld, jetzt als heftiger Gegner der Kriegsstrategie der Generalität um *Robertson* und *Haig*. Im Unterhaus trägt er ein erschütterndes Fazit seiner Monate in den Gräben vor. Offene Worte, die man im Parlament in London noch nie gehört hatte: "Die Männer in den Gräben erleben die härteste Prüfung, die je einem Mensch abverlangt wurde. Und ich sage mir jeden Tag, wir sitzen hier, beim Dinner oder gehen nach Hause,

Britische Infanterie, Schlacht an der Somme, Weltkrieg I

während dort jeden Tag tausend und mehr Engländer, Menschen unserer Nation, in blutige Bündel verwandelt, in hastig aufgeworfene Gräber oder Feldlazarette geschleppt werden. Und diesen trostlosen Prozess von Verschwendung und Schlachterei nennt man Abnutzung." Heute hieße es: Kollateralschäden!

Der zögerliche Premier *Asquith* wurde zum Ende 1916 schließlich durch *Lloyd George* abgelöst. Ein tatkräftiger Mann mit Organisationstalent. Er holte *Churchill* im Frühjahr 1917 ins Kabinett zurück und übertrug ihm das Rüstungsministerium, verantwortlich für die koordinierte Beschaffung von Kampfmitteln. In diese Phase fällt auch *Churchills* Entscheidung über den endgültigen Einsatz von Tanks (Panzern) im Landkrieg. Der *Observer* schrieb prophetisch über ihn: "Er hat den Mut eines Löwen. [...] Die Stunde seines Triumpfes wird kommen."

Britanniens Krieg zur See

Britanniens Blockade gegen *Kaiserdeutschland* auf der Nordsee wirkte. Versorgungsschiffe konnten die deutschen Häfen nicht mehr oder nur ausnahmsweise erreichen, während von der Atlantikseite Waren aus den *USA* nahezu ungehindert in England anlanden konnten. Aber eine neue Gefahr war heraufgezogen. Das *Deutsche Reich* hatte erstmalig U-Boote kriegstauglich gemacht. Damit hoffte die Heeresleitung in Berlin, die britische Blockade brechen zu können. Man beabsichtigte, Handelsschiffe mit Ziel England von U-Booten aus mit Torpedos zu versenken und England damit ebenfalls vom Nachschub abzuschneiden.

Die See um England, die Nordsee, die Irische See bis zur Normandie wurden Kriegsgebiet. Aber noch hatte das Kriegsministerium in London eine Atempause, denn das *Deutsche Reich* besaß nicht genügend U-Boote für diese taktische Variante des Seekrieges. Dennoch kam es zu ersten Verlusten von Handelsschiffen. Ein internationaler Protest neutraler Staaten bewirkte sogar, dass nunmehr Schiffe aus neutralen Staaten nicht angegriffen werden durften.

Am 7. Mai 1916 wurde das britische Passagierschiff *Lusitania* von einem

U-Boot südwestlich von Irland versenkt. Das Schiff kam aus New York und hatte 200 amerikanische Staatsbürger an Bord. An Bord waren aber auch Munition und Explosivstoffe, was von deutscher Seite als Vorwand für die Versenkung diente. Nach dem Protest der *USA* stimmte *Wilhelm II* dem Reichskanzler zu, keine großen Fahrgastdampfer mehr versenken zu lassen. Es kam dennoch zu einem zweiten Vorfall, bei dem amerikanische Staatsbürger ums Leben kamen. Der Dampfer *Arabic* wurde von einem deutschen U-Boot versenkt. Britannien verlor bis zum Frühjahr 1917 226 Schiffe im U-Boot-Krieg.

Der *USA*-Präsident *Woodrow Wilson* war nun in einer Zwickmühle. Die Menschen in den *USA* waren noch mehrheitlich gegen einen Eintritt der *USA* in den Krieg. Er selbst befand sich, einen Standpunkt suchend, im Notenaustausch mit Premier *Asquith*, der ihm die Kriegsziele Britanniens und seiner Verbündeten bekannt gab. Durch eine Indiskretion landete das auch beim *Berliner Tageblatt*. Die Veröffentlichung löste bei *Wilhelm II* einen trotzigen Schock aus.

Wilson bot daraufhin seine Vermittlung an, was *Wilhelm II* in totaler Verkennung der Kräfteverhältnisse aber verklausuliert ablehnte. Am 6. April 1917, zu diesem Zeitpunkt war *Churchill* als Rüstungsminister wieder Kabinettsmitglied, erklärten die *USA* dem *Deutschen Reich* den Krieg. *Wilhelm II* hatte schon kurz vorher, am 1. Februar, den uneingeschränkten U-Bootkrieg proklamiert.

In *Churchills* Zeit als Rüstungsminister fiel eine englische Neuerung in der Bekämpfung von U-Booten: das *Hydrophon*, ein passiv Sonar, mit dem Unterwassergeräusche von U-Booten aufgespürt werden konnten. Ein deutsches U-Boot vor Scapa Flow wurde damit entdeckt und vernichtet. Der Krieg mit dem U-Boot wurde risikoreicher für ihre deutschen Besatzungen. Und in der Tat ging danach die Zahl der versenkten Frachtschiffe drastisch zurück - trotz des reichsdeutschen uneingeschränkten U-Bootkrieges.

Eine weitere Hilfe war, dass die *USA*, nachdem sie in den Krieg eingetreten waren, einen Minengürtel von über 70.000 Minen von Schottland quer durch die Nordsee bis nach Norwegen legten.

Hintergrund der Politik der USA

In Berlin war 1897 ein *Alfred von Tirpitz* im Marineamt Staatssekretär. Und dort, wahrscheinlich beeinflusst durch die aufstrebende reichsdeutsche Großindustrie, unterstützte er den beschleunigten Bau schwerer Schlachtschiffe, die Englands Hegemonie auf See streitig machen sollten. *Tirpitz'* Hypothese war, dass dann die reichsdeutsche Außenpolitik erfolgreicher würde, mit dem Effekt, dass sich die industriellen Eliten ihrer Stärke bewusst würden, um eine bürgerliche Parlamentarisierung, wie in England schon vorhanden, zu verhindern. Die gemeinsamen Interessen der Eliten sollten so zur Basis für die Politik des *Deutschen Reiches* werden. Die unter dem Begriff *Tirpitz-Plan* verfolgte Politik *Kaiserdeutschlands* sollte sich auch gegen die Bedrohung durch die *Sozialdemokratie* richten. *Tirpitz* war der Meinung, dass der Arbeiter für eine wirtschaftlich und außenpolitisch starke *Monarchie* gewonnen werden könnte.

Das schien, wenn für die deutsche Masseneuphorie vor dem Beginn der Kampfhandlungen und des ersten Kriegsjahres eine Erklärung abgegeben werden soll, auch in weiten Teilen gelungen zu sein. Während des Krieges übernahm die Oberste Heeresleitung des *Deutschen Reiches*, zuletzt unter *Hindenburg* und *Ludendorf,* immer mehr die Macht im Reich, in dem Maße, wie *Wilhelm II* von politischen und militärischen Entscheidungen ausgeschlossen wurde. Nur die Entscheidung über den uneingeschränkten U-Boot-Krieg schob man ihm zu. Das führte letzten Endes zum Eintritt der *USA* in den Krieg. Reichskanzler *Ludendorf* hatte ab 1917 quasi unbeschränkte Macht, auf die *Wilhelm II* keinen Einfluss mehr hatte. Die Oberste Heeresleitung vollzog sozusagen eine stille Diktatur, die durch die Schwäche des Kaisers bedingt war, der auf den Verlauf des Krieges in den letzten zwei Jahren kaum noch Einfluss nahm. Das kann als ein Nebeneffekt des im *Tirpitz-Plan* beabsichtigten "Bewusst werden der gemeinsamen Interessen der deutschen Hochfinanz und der Großindustrie" angesehen werden.

In den *USA* war die Politik schon vor dem Krieg der Meinung, dass der *Tirpitz-Plan* amerikanischen Interessen, insbesondere der *Monroe-Doktrin,* zuwider lief. Verkürzt besagte dieser *US*-amerikanische Anspruch, dass es zwei weltpolitische Sphären gäbe (Amerika als Ganzes und Europa), die sich gegenseitig respektieren und sich nicht in Konflikte der anderen Seite einmischen sollten. Ferner forderte die Doktrin das Ende jeder Ko-

Unterzeichnung der Unabhängigkeitserklärung der Vereinigten Staaten

lonialisierung. Die *USA* würden eingreifen, sollten sich europäische Mächte nicht daran halten.

Gegenüber dem *Deutschen Reich* entwickelten Politiker der *USA* am Anfang des 20. Jahrhunderts tiefes Misstrauen, speziell gegenüber dem deutschen Überlegenheitsanspruch. Die durch U-Boote versenkten Schiffe mit amerikanischen Bürgern verstärkten antideutsche Stimmungen. Die Ablehnung eines Vermittlungsangebotes an die deutsche *Reichsregierung* registrierte der *US*-Präsident *Wilson* ungläubig und dann enttäuscht. Am 3. Februar 1917 brach *Wilson* deshalb die diplomatischen Beziehungen zu Berlin ab. Am 1. März kam es zu einer folgenreichen deutschen Depesche an Mexiko, in der Berlin Mexiko für den Kriegsfall das Bündnis anbot sowie finanzielle Unterstützung, wenn Mexiko "in Texas, Neu-Mexiko, Arizona früher verlorenes Gebiet zurückerobert." (Das mexikanisch-amerikanische Verhältnis war zu dieser Zeit noch sehr durch die *Mexikanische Expedition* der *USA* getrübt). Nach Bekanntgabe dieser Depesche kippte sofort die Stimmung in der amerikanischen Bevölkerung. Es folgte die Kriegserklärung an *Reichsdeutschland*. Jetzt hatte eine neue Macht die Weltbühne betreten. Britannien wurde damit in die zweite Reihe gewiesen.

Nach dem Krieg

Zurück zu England. Voraussehend, schon im Jahre 1901, hatte *Churchill* die Lage nach einem zukünftigen Krieg wie folgt eingeschätzt: "Mit dem Ruin des Besiegten und der kaum weniger verhängnisvollen Erschöpfung der Sieger"... das waren seine prophetischen Worte, siebzehn Jahre vor dem Ende der Katastrophe *Weltkrieg I*. Und so war es gekommen. Aber noch eine andere Entwicklung machte ihm Kopfzerbrechen, denn im Osten Europas hatte sich die politische Landschaft grundlegend verändert: Mit der *Oktoberrevolution* in Russland war ein neues politisches Gewicht entstanden, dessen Bedeutung und Lebensdauer man in Britannien noch nicht einschätzen konnte - man aber fürchtete.

Churchill schrieb später in seinen Erinnerungen *Nach dem Kriege*, 1930 in Deutsch erschienen: "[...] am Abend des Waffenstillstandes war ich [...]

beim Premier *Lloyd George* [...] Meine Stimmung war geteilt zwischen der Sorge um die Zukunft (Britanniens) und dem Wusch, dem gefällten Gegner zu helfen. Das Gespräch berührte [...] die Unmöglichkeit, Europa ohne ihre (Deutschlands) Hilfe wieder aufzubauen. [...] Damals glaubten wir, dass sie (die Deutschen) in den scheußlichen Abgrund gleiten würden, der bereits Russland verschlungen hatte."

Die Kriegserregung legte sich in England, man lehnte sich zurück, gab sich einem "nie wieder Krieg" hin. Und *Churchill* argumentierte für einen neuen Frieden mit Deutschland, dem seiner Meinung nach im *Versailler Vertrag* zuviel aufgebürdet worden war. Er beobachtete die Entwicklung in der jungen *Weimarer Republik* Deutschland sehr aufmerksam: Die Orientierungslosigkeit der aus dem Krieg zurückgekehrten Soldaten, die wilden Träume von der Rückkehr zur *Monarchie* und Rache. Er schrieb 1924 dazu: "Lasst uns nicht einen Augenblick lang glauben, die Gefahr einer neuen Explosion in Europa sei vorbei." Eine zeitlose Erkenntnis.

1949, nach *Weltkrieg II*, nach der neuen Explosion in Europa, trat dieser Mann in Straßburg vor den am 5. Mai 1949 gegründeten *Europarat*[1] und schlug die Schaffung der *Vereinigten Staaten von Europa* vor: "Es ist notwendig, der europäischen Völkerfamilie eine Struktur zu geben, unter der sie in Frieden, Sicherheit und Freiheit leben kann [...]." In einem ersten Schritt sollten Frankreich und Deutschland sich partnerschaftlich verbünden. Erste Ideen dazu entwickelte er schon 1930. 1949 endlich, so hoffte er, gab es eine Bereitschaft der europäischen Völker, dieser Konzeption Leben einzuhauchen. Sein Kalkül ging aber weiter: Das weltpolitische Gewicht der *Vereinigten Staaten von Europa* würde auf diese Weise gestärkt.

Für die Nachkriegsrolle Großbritanniens aber hatte der spätere *Nobelpreisträger* (Literatur) von 1953 bereits eine Vorstellung. Sie sollte nicht in die europäischen Strukturen eingebunden sein: "Wir haben unsere eigenen Träume." Im Klartext: Wir sind bei Europa, aber nicht von ihm. Wir sind verbunden, aber nicht eingeschlossen.

Ihm schwebte offensichtlich die weitere Ausbildung des *Commonwealth* zu einem Staatenbund mit London als politischem und kulturellem Zentrum vor - und nicht zuletzt die Hoffnung, den Weltmachtstatus Englands in die nächsten Jahrzehnte hinüberzuretten.

Literatur

Hans Hilscher: Gierig nach Beute, Spiegel Geschichte, Nr 1, 2013, Das Britische Empire

John C.G. Röhl: Wilhelm II., Band 3: Der Weg in den Abgrund, 1900–1941. 2008

Thomas Kielinger: Winston Churchill, eine Biographie. C.H. Beck, 2014

David Stevenson: 1914-1918: Der Erste Weltkrieg. Mannheim 2010,

Hirschfeld u.a. (Hrsg.): Enzyklopädie Erster Weltkrieg. 2009

Ullrich: Die nervöse Großmacht 1871-1918, Aufstieg und Untergang des deutschen Kaiserreichs. 2010

Fußnote: (1) "Der Europarat hat die Aufgabe, einen engeren Zusammenschluss unter seinen Mitgliedern zu verwirklichen." (Satzung des Europarates, Artikel 1)

Nationale Befreiungen der britischen Kolonien
Kronkolonie Britisch-Indien

Es war für Britannien ein absolut herber Verlust, der Schritt Indiens, das bedeutendste aller Besitztümer Englands, sich 1947 aus dem Kolonialimperium zu verabschieden. Noch 1945 wies der konservative und in diesem Sinne agierende Patriot *Winston Churchill* nach *Weltkrieg II* den Gedanken zurück, Indien die Selbstbestimmung zu gewähren. Aber schon 1947, unter *Clement Attlee, Labour,* wendete sich das Blatt. Chaos in der Britischen Verwaltung in Indien und der gewaltlose zivile Ungehorsam der Massen auf dem Subkontinent führte dazu, dass Indien den kolonialen Status abgeben konnte - und im Anschluss in den *Commonwealth of Nations* eintrat.

Als die britischen Kaufleute Anfang des 17. Jahrhunderts Indien, vom Osten des Subkontinents kommend, das Land Stück um Stück in Besitz nahmen, da war die Blütezeit des einflussreichsten Königreichs in Indien, des hinduistischen *Chola-Reichs* bereits Vergangenheit. Der *Islam* war in Indien eingedrungen, neue Reiche waren entstanden und vergangen, bis 1526 das *Reich der Großmoguln* in Nord- und Zentralindien entstand. Es wurde zum Höhepunkt der *Islamischen Kultur* in Indien.

Die *Großmoguln* brachten einen wichtigen Fortschritt in die Verwaltung: Sie bemühten sich, den Staat zu säkularisieren, von politischem Standpunkt aus zu regieren. Das brachte Stabilität, Frieden und wirtschaftliche Entwicklung. Die Handwerksbetriebe spezialisierten sich, der Staat gab Kredite -

durchaus vergleichbar mit europäischen Entwicklungsmustern.

Die von Osten, aus Bengalen kommenden Briten fanden also ähnliche Strukturen wie in Europa vor, was ihnen die Verständigung mit den *Moguln* in Zentralindien sehr erleichtert haben muss. Die *Ostindien Company* (siehe separates Kapitel) herrschte bald über weite Teile und konnte nach und nach eine aus Einheimischen bestehende Beamtenschaft ausbilden. Söhne der indischen Herrscherelite studierten sogar in England, wurden Anwälte oder Wirtschaftsfachleute. Einige dieser indischen Akademiker brachten bald eigene Ideen und nationales Gedankengut mit in die Heimat.

Bis jedoch diese Gruppe Einfluss gewann, verging aber einige Zeit. Inzwischen zog Britannien aus Indien ein so hohes Steueraufkommen, dass es seine Kriege und seinen Militärhaushalt damit bezahlen konnte. Sich dieses Vorteils sehr bewusst, behandelte Britannien seine Kronkolonie entsprechend mit Vorsicht, ja, erließ stabilisierende Direktiven: Ein Pächterschutzgesetz bewahrte Kleinpächter vor Überschuldung und Ausbeutung durch Grundherren, und der zügige Ausbau der Verkehrswege sowie der Kommunikationsträger wurde erweitert oder in Angriff genommen. Ein Eisenbahnsystem gehörte dazu wie auch wichtige unendlich viele Straßen, um z.B. den Tee aus den Plantagen zu den Häfen fahren zu können. Für die heutige wirtschaftliche Entwicklung Indiens von unschätzbarem Nutzen. Voraussetzung dafür war eine zentralstaatliche Einigung des Subkontinents, der vorher in viele und zerstrittene Fürstentümer unterteilt war. So wurde Indien an den Weltmarkt angeschlossen. Dazu waren einheimische Techniker, Wirtschaftsfachleute und Anwälte nötig, deren Anzahl mittlerweile so gewachsen war, dass sie politische Mitsprachen einforderten. Zeitlich etwa Mitte des 19. Jahrhunderts. Bis zum Ende des *Weltkriegs I* gelangen ihnen Reformen innerhalb des Kolonialstatus. So entstand eine eigene indische Identität, die, gepaart mit der aus ihrer Religion stammenden Toleranz und ihrem Sanftmut, einen ganz besonderen Volkscharakter abgab. Aber - ihre natürliche Freundlichkeit hatte sie leider in eine Falle geführt. Denn sie ließen die Briten freiwillig ins Land und wurden so durch die Hintertür eine Kolonie, was die Inder noch heute kränkt.

Indien hatte schon während der Zeit als Britannien seine nordamerikanischen Kolonien verlor, hervorragende Bedeutung für das Mutterland. Indische Baumwolle ersetzte den Verlust der Lieferungen aus Nordamerika. Im *Weltkrieg I* übernahm Indien Teile der britischen Stahl- und Textilproduktion und schickte dafür Soldaten der *Sikhs* auf die Schlachtfelder Vorderasiens, nicht ohne eine Million Männer zu verlieren. Im *Weltkrieg II* wurde Britannien sogar zum Schuldner seiner eigenen Kolonie. Die enormen Lieferungen aus Indien in den Jahren 1939-1945 wurden angeschrieben, und obendrein gingen diesmal zwei Millionen Inder für Britannien in den Krieg und in den Tod.

Das alles blieb nicht ohne Folgen für Britannien. Die im Mutterland ausgebildeten indischen Anwälte erhoben etwa 1918 rigoros die Forderung nach nationaler Freiheit. Einer der prominentesten von ihnen war *Mohandas Karamchand (Mahatma) Gandhi*. Er war 1869 in Indien geboren worden, hatte in London studiert und als Anwalt in der Kolonie Südafrika gearbeitet. Dort war er mutig und gewaltlos gegen die dortige Benachteiligung seiner indischen Landsleute in Südafrika aufgetreten. Aber schon bald zog es ihn wieder nach Indien zurück. Seine Philosophie war einfach: Die Köpfe und Herzen der Menschen zu gewinnen, zu überzeugen, den Weg der zivilen Nichtzusammenarbeit mit den Kolonialbehörden zu gehen. Diese reagierten oft ratlos oder auch eben typisch britisch: abwarten oder zu verhandeln ist oft besser als zu schießen. Dies ließ so manches politische Vorhaben von *Ghandi* scheitern. Aber in der Summe war er erfolgreich, wurde bekannt und trat in den im Jahr 1885 gegründeten *Indischen Nationalkongress* ein, übernahm schon 1920 den Vorsitz. Dort lernte er *Jawaharlal Nehru*, kennen, mit dem ihn bald Freundschaft verband. Denn auch *Nehru* suchte Ausgleich und Versöhnung - nicht nur mit Britannien sondern ganz besonders in Indien zwischen *Muslimen* und *Hindus*.

Auch mit seinem gesteigerten Einfluss als Präsident des *Nationalkongresses* blieb *Ghandi* bei seiner "Strategie der Gewaltlosigkeit". Ein gewalttätiger Aufstand gegen die Kolonialherren mit vielleicht tausenden oder gar mehr Toten kam für ihn nicht in Frage. Deshalb entwickelte er immer neue, originelle Ideen, Widerstand zu zeigen. Der legendäre *Salzmarsch* von 1930 gehörte dazu. Bis dato waren Inder gezwungen, Salz bei konzessionierten Händlern überteuert zu kaufen. *Ghandi* propagierte, es wie er zu machen, indem er an die Küste Gujarats, einem Bundesstaat im westlichen Indien, selbst Salz aus dem Meerwasser gewann. Er wurde verhaftet und tausende seiner Anhänger, die es wie er machten. Seine Absicht war es gewesen, die Verwaltungen mit Arbeit zu überlasten, die Gefängnisse füllen zu lassen, dass kein Platz mehr vorhanden war.

Nehru und Ghandi in Bombay, 1942

Hilfreich für den Erfolg *Ghandis* war aber auch die *Weltwirtschaftskrise,* die einen Preisverfall für Getreide bewirkte. Die Bauern protestierten massenhaft und schlossen sich den Forderungen des *Nationalkongresses* an. Jetzt begann die Kolonialverwaltung Englands an zu lavieren, versuchte die Unabhängigkeitsbewegung zu spalten - mit dem *Government of India Act* von 1935. Es sollte ein *Bundesstaat von Fürstenstaaten* erschaffen werden, in dem allerdings die religiösen Spannungen nicht gelöst werden konnten, denn es waren schon *Muslimparteien* entstanden, die für die spätere tragische Teilung Indiens verantwortlich waren.

Ghandi startete seine nächste Kampagne im *Weltkrieg II,* nach der am 14.8.1941 getroffenen Übereinkunft Britanniens mit den *USA,* der sogenannten *Atlantic-Charta.* Der Präsident der *Vereinigten Staaten von Amerika* und Ministerpräsident *Churchill,* als Vertreter der *Regierung Seiner Majestät im Vereinigten Königreich,* verabredeten u.a.: "[Wir] wünschen keinerlei territoriale Veränderungen, die nicht im Einklang mit den in voller Freiheit ausgedrückten Wünschen der betroffenen Völker stehen... [Wir] achten das Recht aller Völker, sich jene Regierungsform zu geben, unter der sie zu leben wünschen. Die souveränen Rechte und autonomen Regierungen aller Völker, die ihrer durch Gewalt beraubt wurden, sollen wiederhergestellt werden...Wir hoffen, dass nach der endgültigen Vernichtung der *Nazi*-Tyrannei ein Frieden geschaffen werde, der allen Völkern erlaube, innerhalb ihrer Grenzen in vollkommener Sicherheit zu leben, und der es allen Menschen in allen Ländern ermöglicht, ihr Leben frei von Furcht und von Not zu verbringen."

Ferner wollte man eine freie Schifffahrt auf allen Meeren für alle Völker garantieren, man wollte im Falle von Meinungsverschiedenheiten auf Waffengewalt verzichten, wollte für allgemeine Abrüstung sorgen.

Es fällt auf, dass die heutige Welt weit entfernt von dem ist, was damals angedacht worden war. Einige der Punkte waren umstritten, und *Churchill* stimmte der Charta aber mit Einschränkung zu, dass Großbritannien eine Anwendung auf das *Commonwealth* nicht zulassen werde. Das bekundete er, wie schon erwähnt, mit der Ablehnung, Indien in die Unabhängigkeit zu entlassen.

Im Verlauf des *Weltkrieg II* hatte England, in Voraussicht auf kommende Forderungen der politischen Kräfte in Indien, unverbindlich angedacht, die Bildung einer nationalen Regierung unter Führung des *Nationalkongresses* zuzulassen. Als 1942 ein britischer Unterhändler deswegen in Indien eintraf, gab *Gandhi* die Losung aus *Quit India* (Raus aus Indien), was zu einer Rebellion ausartete. *Ghandi* und andere Führer des Nationalkongresses landeten zum wiederholten Male hinter Gittern. Der Kriegsverlauf (Britisch-Singapurs Kapitulation) jedoch ließen die Ereignisse in Indien zunächst wirkungslos verpuffen.

Aber auch die indische *Unabhängigkeitsbewegung* war sich uneins. Die Hindumehrheit entwickelte politischen und vor allem kulturellen Nationalismus, die islamische Minderheit forderte unter ihrem Führer *Mohammed Ali Jinna*, Indien in einen muslimischen und einen hinduistischen Teil zu spalten. Cheauvinismus auf der einen Seite, Bedrohungsängste auf der anderen Seite. Ein gefährlicher Mix, der es bis heute geblieben ist.

Nach Ende des *Weltkrieg II* ergab sich eine unsichere Übergangszeit von zwei Jahren. Labour hatte 1945 in England die Wahlen gewonnen und *Clemens Attlee* löste *Churchill* als Premierminister ab. Das führte zunächst zu Verzögerungen. Als *Attlee* sah, wie es um das Verhältnis Britanniens zu Indien stand, beauftragte er *Lord Mountbatten*, den Gouverneur von Indien, konkrete Pläne für die Wandlung Indiens in ein *Commonwealth*-Mitglied zu erarbeiten. 1947 endlich war es soweit. *Gandhi* und *Nehru* konnten die nationale Unabhängigkeit Indiens verkünden. Es gab jedoch einen Wermutstropfen in der Freude. Der letzte britische Vizekönig in Dehli, *Lord Mountbatten*, hatte die Teilung des Subkontinentes in den muslimischen Staat Pakistan und das von Hindus bewohnte Indien festgelegt.

Der Sieg *Gandhis* war schmerzlich. Massenflucht der Moslems aus ihrer angestammten Heimat nach Pakistan setzte ein. Millionen verelendeten oder kamen ums Leben. Und auch vor dem gewaltlosen *Gandhi* machte die ausufernde Gewalt nicht Halt. Ein hinduistischer Fanatiker erschoss ihn am 30. Januar 1948.

Indien wurde die größte stabile bürgerliche Demokratie der Welt. Für ein Schwellenland ist das durchaus bemerkenswert. Ein weiteres Erbe der Briten ist die Tatsache, dass mit Englisch eine einheitliche Amtssprache in Indien etabliert wurde. So ist es nicht verwunderlich, dass Indien trotz vieler Demütigungen, die es als Kolonie Britanniens hatte hinnehmen müssen, Teil des britischen *Commonwealth* blieb. Als *Monarchie* sitzt Indiens Staatsoberhaupt in London. 1947 war es König *George VI*. Das Amt des Regierungschefs übernahm *Nehru* (1889-1964).

Literatur

Emil Schlagintweit: Indien in Wort und Bild. Eine Schilderung des indischen Kaiserreiches. 2 Bände. Schmidt & Günther, Leipzig 1880-1881

Hermann Kulke, Dietmar Rothermund: Geschichte Indiens. Von der Induskultur bis heute. Aktual. Neuauflage, C.H.Beck, München 2006 (2. aktualisierte Neuauflage 2010)

Olav Ilau: Das Juwel der Krone, Geschichte, Nr 1, 2013, Das Britische Empire

Palästina

Nach *Weltkrieg I* erhielt Britannien am 25. April 1920 auf der *Konferenz von San Remo* das Mandat für Palästina, das ehemals Staatsgebiet des Osmanischen Reichs war. Der Auftrag war, die *Balfour-Deklaration* von 1917 zu verwirklichen.

Arthur J. Balfour, 1917 der Außenminister in London, machte mit seiner Deklaration vom 2. November 1917 Geschichte. Er sicherte *Lionel Walter Rothschild*, dem Sprecher der *Zionisten,* schriftlich zu, Beistand zu gewähren bei der Gründung einer nationalen Heimstätte für das jüdische Volk.

Dieser Brief des *Arthur J. Balfour* sollte für ein Blutvergießen sorgen, das auch nach einhundert Jahren bis heute anhält. Der jüdische Schriftsteller *Arthur Koestler,* der selbst in 1926 nach Palästina kam, lästerte: "[Damit habe eine Nation] einer zweiten Nation das Territorium einer dritten Nation versprochen."

Die Grenzen waren noch festzulegen. Da das Osmanische Reich nach *Weltkrieg I* zerfallen war, und dessen palästinensisches Staatsland Britannien als Mandat zugeschlagen worden war, sollte der Mandatsträger schon beginnen, jüdische Einwanderungen zu ermöglichen und geschlossen anzusiedeln. Dabei sollte darauf geachtet werden, dass die religiösen Rechte bestehender nichtjüdischer Gemeinschaften in Palästina nicht angetastet werden, so die Absicht. Ausdrückliche Schutzbestimmungen für die Rechte ansässiger Araber waren jedoch nicht Vertragsgegenstand. Eine historische Fehlentscheidung, denn der arabische Bevölkerungsteil im Land ging nämlich davon aus.

Der bereits vorhandene arabische Nationalismus in dieser Region hatte ursprünglich anti-osmanischen Charakter. Jetzt wendete er sich in Schüben gegen Britannien als Mandatsmacht und die eingewanderten Juden. Man forderte einen eigenen arabischen Staat, in dem die Einwanderung der Juden begrenzt bleiben sollte sowie deren bürgerlichen Rechte. Landkauf durch Juden würde man ebenfalls nicht gestatten.

Es war eine Zeit der Gerüchte und Mutmaßungen in der arabischen Bevölkerung. Besonders die Meldung, eine internationale Konferenz sei in Vorbereitung, auf der über eine Aufteilung der von den Alliierten besetzten Gebiete geredet werden sollte, schürten bei den Arabern die Angst, getäuscht zu werden.

Sie waren es ja schon, denn ein eigenes Staatsgebiet in Palästina wurde weder vom *Völkerbund*, noch von Britannien zugesagt.

Im April 1920 und Mai 1921 kam es zu arabischen Anschlägen gegen Juden in Palästina und Jerusalem. Mit Messern gingen die Muslime einer *Nabi-Mussa* Prozession auf Juden los und verwüsteten Geschäfte. Dutzende Menschen beider Seiten starben. Die Unruhen wurden von den britischen Truppen blutig niedergeschlagen. Es waren erste sichtbare Zeichen der Unzufriedenheit und der britische Feldmarschall *Henry Wilson* urteilte, England habe in dieser Weltregion nichts zu suchen. Er erntete Beifall bei seinen Kollegen, die eine gewisse antijüdische Haltung zur Schau trugen.

Um weiteren Progromen vorzubeugen, teilte London das Mandatsgebiet, inoffiziell noch vor der endgültigen Zuteilung durch den *Völkerbund*, schon 1922 in das Palästina westlich des Jordan, wo die jüdische Heimstätte geplant war, sowie Transjordanien, wo ein arabisches Emirat sich ausbilden sollte. Für Gesamt-Palästina hatte der *Völkerbund* entschieden, es direkter britischer Herrschaft unterstellt zu belassen, im Gegensatz zu den Mandaten für Irak und Syrien, wo sich eigenständige Regierungen bilden sollten.

Im April 1923 erkannte Großbritannien das Emirat Transjordanien an, welches das Gebiet östlich des Jordan und des heutigen Jordaniens umfasste. Dort gab es bis 1946 einheitliche Gesetze, eine Währung und Pässe.

Das *zionistisch*-jüdische Lager war geteilter Meinung über diese Entwicklung, und erst der *Zionistische Weltkongress* signalisierte Einverständnis, wenn im Gegenzug die *Arabische Liga* die Gründung eines jüdischen Staates auf dem westlichen Gebiet anerkennen würden. Trotz dieses Signals blieb die jüdische Minderheit bei der Politik wachsender Einwanderung, um noch während der Mandatszeit Britanniens den jüdischen Staat zu verstärken. Bis 1937 ließ Britannien weitere Einwanderungswellen zu, wodurch die jüdische Bevölkerung in Palästina stark anschwoll. Gleichzeitig, 1936/39, erhob sich auf arabischer Seite ein bewaffneter Aufstand gegen die jüdische Landnahme, den Britannien rigide niederknüppelte. Die Mandatsmacht beorderte *Charles Tegart* aus Indien nach Palästina, bekannt für seine harte Hand in solchen Situationen. Und bald fürchteten ihn die arabischen Aktivisten, die *Tegart* mit Schlägen auf die Fußsohlen oder Genitalien foltern ließ. 1939 war wieder Ruhe, aber keine in den Herzen der Bevölkerung. *Bernhard Montgomery*, der britische Befehlshaber in Palästina urteilte: "[Gegenseitiger Mord und Totschlag] wird auch in 50 Jahren in Palästina noch sein...[Das Land] hängt wie ein Mühlstein um unseren Hals."

Montgomery selbst beschränkte wiederum weitere Einwanderungen von Juden. Bis zum *Weltkrieg II* gab es erstmals einen offiziellen Teilungsplan seitens Britanniens. Die Araber lehnten ab, die jüdische Seite war gespalten. *Ben Gurion*, späterer Regierungschef Israels, neigte zur Zustimmung, hatte aber schon Expansionsideen. Zitat: "[...] das Ja zur Teilung verpflichtet uns nicht zum Verzicht auf Transjordanien" (*Ben Gurion,* Memoiren).

Britannien berief 1938 eine neue Kommission, die *Woodhead Commission*, die weitere Teilungsvorschläge erarbeiten sollte. Diese kam zu dem Schluss, dass eine Teilung nicht durchführbar sei. Wieder war alles in der Schwebe. 1942 versammelte sich die *Zionistische Weltorganisation* in New York im Hotel *Biltmore*. Man äußerte die Hoffnung auf Befreiung der Juden aus nazideutscher Gefangenschaft, erklärte die Absicht auf Gründung eines jüdischen Staates, wobei man sich auf eine Zusage des *US*-Amerikanischen Präsidenten *Wilson* berief, ja man präzisierte sogar den Alleinanspruch auf Palästina.

Nach *Weltkrieg II* bot Britannien den *USA* an, das Mandat in Palästina zu übernehmen. Vorgeschlagen wurde, weiteren 100.000 Juden die Einreise zu genehmigen, das Mandat noch zehn Jahre aufrecht zu erhalten, Verhandlungen zu beginnen sowie die jüdischen Milizen zu entwaffnen. Die aber protestierten und begannen, militärische Objekte der Briten anzugreifen. *Golda Meir,* die spätere Ministerpräsidentin Israels, leitete diese Aktionen. Ziel war es, illegale Einwanderung zu verstärken. Britische Radaranlagen wurden attackiert und aus britischen Internierungslagern befreite man Flüchtlinge. Der weltbekannte Roman *Exodus* basiert auf diesen Vorkommnissen. Nachdem sich in den Jahren 1945/46 die Terroranschläge jüdischer Untergrundbewegungen verstärkt häuften, begann das britische Militär sich massiv zu wehren. Mittlerweile waren mehr als etwa 100.000 britische Soldaten in Palästina stationiert. Es gab Ausgangssperren in den Städten, jüdische Anführer wurden verhaftet.

Als Antwort sprengte die *Irgun*, eine von 1931 bis 1948 bestehende terroristische *zionistische* Untergrundorganisation in Palästina, unter Führung des späteren Israelischen Premierministers *Menachem Begin*, den Südflügel des *King David Hotels* in Jerusalem. Dort befand sich das Hauptquartier der britischen Mandatsführung. 91 Menschen kamen dabei ums Leben. *Menachem Begin* hatte schon 1944 Britannien den Krieg bis zum Ende erklärt. Vorher schon, im selben Jahr, hatten *zionistische* Terroristen in Kairo *Lord Moyne* ermordet, britischer Nahostminister, Freund *Churchills* und ein Spross der *Guinness-Dynastie*.

Die Situation in Palästina wurde für Britannien jetzt immer chaotischer. Osteuropäische Juden, angeworben von einer *David Ben Gurion* unterstehenden Bewegung unter dem Namen *Bricha,* strömten nach Palästina, die teilweise noch in ihrem Herkunftsland oder dem besetzten Deutschland in Hebräisch unterrichtet wurden. Neue Siedlungen entstanden an strategisch wichtigen Punkten. Und man begann nicht mehr nur an Widerstand gegen die Mandatsmacht zu denken. Die Untergrundorganisation *Hagana*, eine paramilitärische Untergrundorganisation der Juden in Palästina, bereitete Krieg vor.

1947 stand für London der Entschluss fest. Man wollte aus Palästina heraus. Premierminister *Attlee* übergab das Mandat für Palästina an die *UNO*. Am 29.11.1947 beschloss die *Generalversammlung* der *UNO* mit der Zweidrittelmehrheit die Teilung Palästinas in einen jüdischen und einen arabischen Staat, wobei Jerusalem unter internationale Verwaltung gestellt werden sollte. Die beiden Staaten sollten zu einer Wirtschaftsunion zusammenwachsen. Die Juden stimmten zu, die Araber lehnten ab. Weitere Kämpfe standen in Aussicht.

Britannien aber ließ seine Soldaten die Koffer packen und im Mai 1948 verließen sie Palästina. Es war das erste und einzige Mal, dass Britannien eines seiner Gebiete zurückgab, ohne irgendwelche Vereinbarungen getroffen zu haben, wie die Beziehungen zwischen Kolonie und London in Zukunft aussehen sollten.

Literatur

Ewen Green: Balfour (20 British Prime Ministers of the 20th Century). Haus Publishing Ltd., London 2006, (englischsprachige Kurzbiografie)

Gudrun Krämer: Geschichte Palästinas. Von der osmanischen Eroberung bis zur Gründung des Staates Israel, C.H.Beck, München 2002

Annette Grossbongardt: Stützpunkt im Wespennest, Spiegel Geschichte, Nr 1, 2013, Das Britische Empire

Ägypten und Sudan

Hatte Britannien das Mandat für Palästina nur abgegeben, weil es eingesehen hatte, dort 1946 total unerwünscht gewesen zu sein? Oder waren Rücksichten, auf was auch immer, dieses Mal nicht im politischen Kalkül Londons enthalten? Bisher ging es der Elite Britanniens immer um wirtschaftspolitische Interessen, egal wo auf dem Globus.

Dem stand entgegen, dass die Bilanz eines Festhaltens an Palästina für Kosten und Menschenopfer negativ war. Darüber hinaus stand die öffentliche Meinung im Königreich dem Mandat, besonders aufgrund der Meldungen über den jüdischen Widerstand, vermehrt ablehnend gegenüber. Dann kam auch noch Druck aus den *USA,* denn auf Wiederaufbauhilfe in Milliardenhöhe von der befreundeten Nation jenseits des Atlantiks, gerade nach dem harten Winter 1946/47, war London sicherlich angewiesen.

Aber dann kam 1947. England gab seine Kronkolonie Indien frei - die Verbindung nach dort war der Suez-Kanal. Der Daumen auf dieser Region, als eine Mittellage zu Indien, hatte seine Bedeutung durch die Freigabe Indiens fast verloren. Man sah also die Möglichkeit, Stationierungskosten für Soldaten und Ausrüstung in dieser Weltregion zu sparen. Anderseits wollte man in London nicht auf Einnahmen aus dem Geschäft mit dem Suez-Kanal verzichten. London beschloss also, trotz der Existenz einer Pipeline für Öl aus dem Iran, die durch den Irak zum Hafen Haifas verlief, am Suez zu bleiben, vertraglich abgesichert mit dem Ägyptischen König *Faruq.*

Ägypten, das von 1859-1869 den Suez-Kanal gebaut hatte, wollte damit eine gewisse internationale Unabhängigkeit demonstrieren. Das moderne Ägypten nahm hier seinen Anfang. Es hatte sich innerhalb der osmanischen Herrschaft Freiräume geschaffen und mit ausländischen Anleihen den Bau des Kanals finanziert. Je höher sie aber wurden, desto mehr wurden sie zu einer politischen Last Ägyptens.

Die Schuldenverwaltung bestimmte zuletzt alle Entscheidungen der Regierung. In 1879 erwarb London alle Kanalaktien, um die Verbindung nach Indien zu sichern und übernahm damit auch die Finanzkontrolle über das Land. Als sich nationalistischer Widerstand dagegen bildete, besetzte schließlich Britannien 1882 Ägypten, zerschlug in der Schlacht von Tel-el-Kebir den Widerstand und setzte, obwohl die Zuordnung zum Osmanischen Reich aufrecht gehalten wurde, einen Generalkonsul ein. Er handelte als Berater des *Khediven*, der die nominelle Oberhoheit des Osmanischen Reichs über Ägypten repräsentierte. In Wirklichkeit jedoch war der britische Generalkonsul der eigentliche Herrscher Ägyptens. Er regierte bis 1907 und veranlasste, dass in Ägypten Baumwolle angebaut wurde, dessen Ausfuhr zuletzt 92 Prozent des Exports Ägyptens ausmachte. Die typische ägyptische Getreidelandwirtschaft verlor derart stark an Bedeutung, dass nun Getreide eingeführt werden musste. Man kann es als eine typische Kolonisierungsmaßnahme bezeichnen. Die Interessen des Mutterlandes bediente man, die bäuerliche Wirtschaft der Kolonie, welche die Menschen bisher ernähren konnte, wurde vernichtet. Das Prinzip ist heute noch gültig. Der *Neoliberalismus* praktiziert das in Afrika, Südamerika, Asien.

Die ägyptische Armee wurde inzwischen von britischen Generälen geführt. Jetzt sah der Londoner Kolonieminister die Gelegenheit, den 1882 abgefallenen Sudan zurückzuerobern, was auch gelang. Britannien gab den Sudan aber nicht zurück an Ägypten, sondern behielt ihn als Kondominium, das von 1899 bis 1956 Bestand hatte.

Im *Weltkrieg I* verlor das Osmanische Reich seinen Einfluss in Ägypten. Britannien setzte einen ihm ergebenen Sultan ein und erklärte anschließend das Land zu seinem Protektorat. Der britische Generalkonsul wurde durch einen Hochkommissar ersetzt. Jetzt hatte Ägypten endgültig einen kolonialen Status, von britischen Truppen besetzt, die mit ihrer Kaufkraft die Lebensmittelpreise ansteigen ließen. Andererseits mussten die Baumwollpreise auf Druck der Besatzung gesenkt werden. Es kam zu Hungersnot, Streik und Boykott britischer Produkte.

Der Hochkommissar *Allenby* war ein kluger Mann und er sah, dass mit Geschick und Verhandlungen mehr zu erreichen war als mit Brachialgewalt. Er empfahl, dem Land die Unabhängigkeit zu gewähren. Das geschah am 28.2.1922. Gewisse Rechte, was die Stationierung von Truppen und den Suezkanal betraf, behielt sich London vor. Der ägyptische Sultan ernannte sich selbst zum König. 1936 verzichtete Britannien schließlich auf die Stationierung seines Militärs in Ägypten und zog sich komplett zurück - mit Ausnahme aus der Suezkanalzone. Im *Weltkrieg II* hatten sich im Nordwesten Ägyptens die britischen Streitkräfte wieder zurückgemeldet. Denn die mit Italien verbündete *nazi-deutsche* Wehrmacht rückte gegen den Suez-Kanal vor. Der britische General *Bernhard Montgomery* konnte den Vormarsch der Nazitruppen unter *Rommel* stoppen. In 1946 verließ das britische Militär Ägypten endgültig; über die Kanalzone hielt die Kolonialmacht jedoch weiterhin ihre Hand. Das Eigentumsrecht an der Suez-Kanal Gesellschaft verblieb unter der Verwaltung Britanniens und Frankreichs bis 1956, dem Jahr, in dem die ägyptische Regierung unter Präsident *Gamal Abdel Nasser* die mehrheitlich britisch-französische Suez-Kanalgesellschaft verstaatlicht hatte.

Das war ein Affront, den Paris und London zurückweisen wollten, und so begannen Großbritannien, Frankreich und Israel gemeinsam eine Militärintervention gegen Ägypten. Israel besetzte die Sinaihalbinsel und britisch-französische Einheiten landeten in der Suezkanalzone.

Die Kontrolle über den Suezkanal, einer der wichtigsten Wasserstraßen der Welt, durch Ägypten, war ein wichtiger Schritt aus der kolonialen Abhängigkeit hin zu einer größeren Eigenständigkeit des Landes. Da sowohl die Sowjetunion als auch die *USA* die Aggression verurteilten und gemeinsam vor der *UNO* einen Waffenstillstand durchsetzten, scheiterte das militärische Abenteuer, und die Invasoren mussten die von ihnen besetzten Gebiete räumen. Mit der Dreieraggression, wie der Krieg in der arabischen Welt genannt wird, misslang es den beiden Ex-Kolonialmächten, verloren gegangene Positionen im bedeutendsten arabischen Land wiederzuerlangen und die Kräfte der nationalen Befreiung zurückzudrängen. Die *Suez-Krise* wurde so zu einem politischen Sieg *Nassers* und machte ihn zur wichtigsten Galionsfigur des arabischen Nationalismus und der Befreiungen.

Wie war es dazu gekommen? Der steile Aufstieg des erwähnten *Gamal Abdel Nasser* begann, als er mit der Gruppe der Freien Offiziere 1952 die von Britannien kontrollierte ägyptische Monarchie stürzte und die Republik Ägypten proklamierte. In der Folge leitete die neue republikanische Regierung in Kairo eine Reihe von antikolonialen und antifeudalen Maßnahmen ein. Eine Bodenreform drängte den Einfluss der Großgrundbesitzer zurück, es wurden große Anstrengungen gemacht, das Land zu industrialisieren, ausländische Unternehmen wurden verstaatlicht. Die *Suez-Kanalgesellschaft* war dabei das prominenteste Beispiel. In den 60er Jahren begann *Nasser* die Armut durch eine Reihe von Sozialmaßnahmen zu bekämpfen, unter anderem durch Übertragung von Verantwortung an die Arbeiter in der materiellen Produktion, um damit eine nicht-kapitalistische Entwicklung anzustoßen.

In dieser Zeit verfolgte *Nasser* auch panarabische Ideale, den Wunsch, einen Staat für alle arabischen Völker zu etablieren. Er machte sogar den Versuch eines Zusammenschlusses mit Syrien zur *Vereinigten Arabischen Republik*, der aber nur drei Jahre Bestand hatte. Die Politik aber strahlte auf ganz Nordafrika und den vorderen Orient aus. Algerien befreite sich in einem blutigen Krieg aus der kolonialen Zwangsjacke von Frankreich. Im Irak und in Syrien, die *UNO*-Mandatsgebiet Frankreichs waren, gewannen national-republikanisch eingestellte Offiziersgruppen die Macht, und in Libyen war es 1969 Oberst *Muammar al Gaddafi,* der eine republikanische Entwicklung vorantrieb. Gemeinsam war diesen neuen Machthabern in den ehemaligen Kolonien, dass sie den nationalen Erdöl-Reichtum verstaatlichten.

Die panarabischen Ideale und auch arabisch-nationale Entwicklungen werden bis heute noch bekämpft. Öl ist das Treibmittel für weitere Kolonisierungsversuche der imperialen Metropolen. Ägypten aber hatte sich endgültig dem Einfluss Britanniens entzogen.

Im gleichen Jahr erlangte auch der Sudan seine Unabhängigkeit zurück. Beide Länder verzichteten auf eine Mitgliedschaft im *Commonwealth.*

Literatur

Jaromir Malek: Ägypten. Ein geschichtlicher und kultureller Streifzug durch sieben Jahrtausende. Orbis, Niederhausen 2002

Emma Brunner Traut: Kleine Ägyptenkunde. Von den Pharaonen bis heute. Kohlhammer, Stuttgart 2000

Marc Stellberg: Die Dreieraggression von 1956, aus UZ vom 28.10.2016

Südafrika

Die niederländische *Oostindische Companie* hatte 1797, auch dank des Einflusses der britischen *Ostindien Company*, an Einfluss am Kap der Guten Hoffnung verloren. Außerdem hatte *Napoleon* die Niederlande besetzt und dort einen Vasallenstaat, die Batavische Republik, gegründet. Das war für Britannien ein Grund, den strategisch wichtigen Ort an der Südspitze Afrikas vorläufig, das heißt bis 1802, zu besetzen, da man es nicht den Franzosen in die Hände fallen lassen wollte. In 1806 endlich errichtete Britannien dort eine Kronkolonie, die Kap-Kolonie, wobei es sich auf ältere Rechte berief. 1620 soll es dort schon eine britische Siedlung gegeben haben. 1815 schließlich, nach den *Napoleonischen Kriegen*, gab es für die *britische Krone* für diese Besitznahme auf dem *Wiener Kongress* die internationale Anerkennung. In der Folge, bis 1820, kamen 5.000 britische Siedler ins Land, Englisch wurde zur Landessprache, die Kap-Kolonie dehnte sich schließlich bis an den Great Fish River aus.

Die Siedler lebten von Schafzucht auf den Trockenweiden am östlichen Kap. An Bedeutung gewann auch der Handel mit den Bantu-Völkern im östlichen Grenzland. Die Arbeit wurde allerdings von Sklaven erledigt. Als im Jahr 1833 die Abschaffung der Sklaverei im britischen Einflussgebiet verfügt wurde, entzog das den Siedlern die Existenzgrundlage. In 1834 wurden alle Sklaven freigelassen. Aber für viele jener Menschen bedeutete dies eine Entlassung ins Elend, denn die Obhut des Patrons für seine Arbeiter entfiel. Die freigelassenen Sklaven konnten mit der neuen Situation nicht umgehen, lebten in den Tag hinein. So führte die Sklavenbefreiung eher zur Rassentrennung. Gemischtrassische Ehen wurden seltener, die Stadtviertel differenzierten sich nach der Hautfarbe ihrer Bewohner.

Die Siedler trafen die Konsequenzen, sie entzogen sich dem britischen Recht. Als Voortrekker (Pioniere) verließen im Zeitraum 1835-1841 viele die Kap-Kolonie. Dieser Emigrantenstrom wurde der *Große Treck* genannt. 14.000 Buren (Nachfahren der ehemals niederländischen Siedler, aber auch britische Siedler) wanderten in die Gebiete nördlich des Oranje Flusses aus. Dort gründeten sie eigenständige Republiken, darunter Transvaal und den Oranje-Freistaat.

England suchte Frieden mit den Siedlern und schloss 1852 und 1854 mit den Buren einen Vertrag, der ihnen Unabhängigkeit garantierte. Transvaal nannte sich ab 1856 *Südafrikanische Republik*, gab sich eine Verfassung und verlegte die Hauptstadt nach Pretoria. Während dieser Vorgänge entwickelte sich das Leben in der Kap-Kolonie am Südrand weiter, die sich 1853 eine von London abgesegnete eingeschränkte Selbstregierung samt Verfassung gab. Der britische Gouverneur blieb aber. Neu war allgemeines Wahlrecht für alle britischen Untertanen über 21 Jahre, die entweder ein Haus im Wert von 25 Pfund bewohnten oder mindestens 50 Pfund im Jahr verdienten. Und ferner schloss das Wahlrecht Afrikaner nicht aus, was dazu führte, dass 1886 die Zahl der afrikanischen Wähler am Kap mehr als 40 Prozent betrug. Dennoch gab es immer noch Sonderregelungen. So schränkte z.B. ein Passgesetz die Freiheit für Menschen des *Khoikhoi*-Stammes ein, welches sie wieder an ihren Herrn fesselte.

1872 bekam die Kap-Kolonie innere Autonomie. Ein vom Parlament gewählter und diesem verantwortlicher Premierminister übernahm die Regierungsgeschäfte, und der britische Gouverneur zog sich auf repräsentative Aufgaben zurück. Dies war der erste Schritt zu einem eigenständigen Staat Südafrika. Die neue selbstständige Kapregierung löste den britischen *Liberalismus* durch eine strenge Rassentrennung ab und schloss Afrikaner in den eroberten östlichen Grenzregionen vom Wahlrecht aus

1869 gab es Aufregung in Südafrika, die bis ins Mutterland ausstrahlte. Nach dem Fund riesiger Diamantvorkommen in Zentral-Südafrika bei der Provinzhauptstadt Kimberly (damals: New Rush) strömten Abenteurer ins Land, die auf schnellen Reichtum hofften. Die Buren nannten sie *Uitlanders*. Zu ihnen gehörte 1870 auch *Cecil Rhodes*, Sohn eines englischen Pfarrers. Er kam eher zufällig ins Land, denn er wurde von seinem Vater im Alter von 17 Jahren wegen seiner Tuberkulose zu seinem Bruder *Herbert* zur Kur nach Südafrika geschickt, der dort eine Baumwollplantage betrieb. *Herbert* hatte sich gerade bei den neuen Diamantminen in Kimberly Schürfrecht und ein Grubenfeld gesichert. Im Mai 1871 wiederholte *Herbert Rhodes* seinen Besuch in Kimberly, wohin ihm sein Bruder *Cecil* im Oktober folgte. Der sollte als Achtzehnjähriger mit zwei weiteren Gefährten die Überwachung des Feldes übernehmen. Bald jedoch, in 1873, wollte *Cecil Rhodes* wieder nach England, um seine schulische Ausbildung zu beenden, die ihn noch vier Jahre in England band. 1877 war er endlich Rechtsanwalt.

Während dieser vier Jahre gingen die Geschäfte und die Minenarbeiten in Südafrika weiter. *Cecil Rhodes* und sein Gefährte hatten die Minenarbei-

Cecil Rhodes

ten auf das Gelände der Vouritzicht Farm verlegt, bekannt auch nach ihren ehemaligen Besitzern, *Nicolass* und *Arnold de Beer*. 1880, endlich wieder in Kimberly, gründeten *Cecil Rhodes* und sein Gefährte *Charles Rudd* die *De Beers Mining Company*.

Um seinen wirtschaftlichen Erfolg zu sichern, bewarb sich *Cecil Rhodes* bald um ein Abgeordnetenmandat im Parlament der Kap-Kolonie. Den 1881 erworbenen Sitz behielt er für den Rest seines Lebens.

Fast gleichzeitig, und von *Cecil Rhodes* unbeeinflusst, annektierte 1877 Britannien die Burenrepublik Transvaal unter dem Vorwand, den Buren gegen die Zulu, die Krieg gegen die Buren führten, zu Seite zu stehen. Das wollten die Buren aber nicht akzeptieren und eine Annektion erst recht nicht. Also verweigerten sie Steuerzahlungen und reichten eine Petition zu Wiederherstellung ihrer Selbstständigkeit ein. *Paul Krüger*, ihr Anführer, reiste sogar nach London, kehrte aber mit leeren Händen zurück. Das war aber noch nicht alles. Um das Fass voll zu machen, richteten die Briten in Pretoria eine legislative Kammer ein, in der nur die britische Gemeinschaft vertreten war. Dort beschloss man, die Steuerschulden der Buren durch Konfiszierungen einzutreiben. Das war zu viel, die Buren revoltierten im Dezember 1880. *Paul Krüger* und zwei weitere Buren stellten den Briten ein Ultimatum, ihre Truppen abzuziehen. Es kam zu Kampfhandlungen, in denen die Buren durch ihre Flexibilität, guter Tarnung, Beweglichkeit und Motivation siegten, trotz zahlenmäßig unterlegener Kräfte. Am 8. Februar 1881, als eine weitere britische Einheit nur knapp der totalen Vernichtung durch ein burisches Kommando entging, beschloss die britische Regierung, in Verhandlungen über einen Waffenstillstand einzutreten, die *Paul Krüger* akzeptierte. Es kam zu Friedensverhandlungen, nicht ohne dass der britische General *Collney* noch einen privaten Versuch gemacht hatte, doch noch zu siegen. Die Buren erkannten jedoch diese Absicht und stürmten den Hügel (Majuba Hill) auf dem *Collney* sich mit seiner Einheit festgesetzt hatte. Die Schlacht endete mit einer demütigenden Niederlage für die Briten. *Collney* wurde dabei getötet.

Die liberale Regierung *Gladstone* in London musste nun einlenken, denn es drohte auch ein Aufstand der Kap-Buren, was den Verlust ganz Südafrikas zur Folge gehabt hätte. Am 23. März 1881 wurde der Friedensvertrag unterschrieben. Die Buren erhielten Selbstverwaltung in Transvaal, blieben aber außenpolitisch unter britischer Oberherrschaft. 1884 erreichte die *Süd-*

afrikanische Republik ihre weitgehende Unabhängigkeit.

1886 gab es einen weiteren wirtschaftlichen Schub: die Entdeckung von Gold in Südafrika, das einerseits zu starkem wirtschaftlichem Wachstum führte und zur Einwanderung vieler Europäer geradezu einlud, andererseits aber die Benachteiligung und Ausbeutung der ursprünglichen Bevölkerung weiter vorantrieb.

Cecil Rhodes nutzte auch diese Chance. Im Februar 1887 gründete er, zusammen mit seinem Partner *Charles Rudd*, in London die Firma *The Gold Fields of South Africa*. Die Firma kaufte diverse Goldminen am Witwaterstrand und wuchs bis zu einer Mitarbeiterzahl von nahezu 100.000 im Jahr 1986. Der Aufstieg *Cecil Rhodes* nahm seinen Fortgang. 1888 erweiterte er seine Diamantgeschäfte mit der Gründung der weithin bekannten *De Beers Consolidated Diamond Mines*, die letztlich das Diamanten-Monopol in Südafrika erreichte.

1889 bekam *Cecil Rhodes* aus London den Auftrag zur Gründung der *British South Africa Company*. Die Gesellschaft sollte die wirtschaftliche Entwicklung in Süd-Afrika vorantreiben. Sie schaffte es, im Norden der Republik zwei weitere unabhängige Gebiete unter britische Kontrolle zu bringen, die später Nord- und Südrhodesien hießen, heute Sambia und Simbabwe. Die Gebiete wurden an die Eisenbahn von Südafrika angeschlossen, eine Etappe des Projektes der Linie Kap-Kairo.

1890 wurde *Cecil Rhodes* Premierminister der Kap-Kolonie. Obwohl sich seine Regierung auf eine burische Partei, den *Afrikaaner Bond*, stützte, kam es in seiner Regierungszeit zu Konflikten mit dem burischen Transvaal, denn *Cecil Rhodes* hatte die Vision, alle südafrikanischen Republiken und der Kapkolonie in einer Südafrikanischen Union unter britischer Fahne zu vereinen. 1895 scheiterte sein Versuch, *Ohm Krüger* in Transvaal zu stürzen. Er musste seine Demission als Premierminister erklären. In der Folge betrieb er zügig den weiteren Ausbau der Eisenbahnlinie durch Rhodesien hindurch (*Kap-Kairo-Plan*).

1899 begann ein zweiter Krieg zwischen den Burenrepubliken Transvaal und Oranje Freistaat mit der britischen Kap-Kolonie. Ursachen waren dieses Mal einerseits das Streben Britanniens nach den Bodenschätzen der Region und nach einem territorial geschlossenen Kolonialreich im Süden Afrikas, das sich an der Ostflanke des Kontinents bis nach Kairo erstreckte. Andererseits schoben die liberal gesinnten Briten die rassenfeindliche Gesetzgebung der

Burenrepubliken vor. Vielleicht wollte London die humanere Kolonialmacht sein, da man Anzeichen sah, die Buren würden sich mit dem *Deutschen Reich*, mit *Wilhelm II*, verbünden wollen, welches in der Nachbarschaft Deutsch Südwestafrika als Kolonie in Besitz genommen hatte. Allein diese Möglichkeit war für Britannien ein zusätzlicher Grund, die endgültige Kontrolle über das gesamte Gebiet zu übernehmen.

Cecil Rhodes, dem man nachsagte, er hätte diesen Konflikt angezettelt, konnte solche Absicht nicht nachgewiesen werden. Er nahm wahrscheinlich auf den Verlauf des Krieges, der bis 1902 dauerte, wenig Einfluss, blieb in Kimberly und half, die Stadt zu verteidigen. *Cecil Rhodes* starb am 26. März 1902 und erlebte das Ende des Krieges nicht mehr.

Diesen zweiten Krieg führten die Briten anders als den ersten Burenkrieg, in dem die Buren taktisch klug mit kleinen Einheiten immer aus einer Deckung heraus und für die Briten überraschend operierten. Wie die britische Armee die bekannt gewordenen und sogenannten Konzentrationlager eingerichtet hatte, und wie sie die Buren darin festsetzten, bleibt an dieser Stelle offen. Fest steht allerdings, dass die Buren der britischen Übermacht nicht standhalten konnten. Im Mai 1902 kapitulierten die letzten burischen Truppen, ihre Republiken wurden Teil des britischen *Empire*. 1910 kam noch Transvaal hinzu, wurde Teil der neu geschaffenen *Südafrikanischen Union*, einem britischen Dominion.

Im *Frieden von Veeniging* wurden den Buren weitreichende Friedensbedingungen gewährt. Das Niederländische blieb Amtssprache, und in den ehemaligen Burenrepubliken blieben diskriminierende Regelungen bestehen, die die Bürgerrechte der nicht-weißen Einwohner einschränkten. Diese Regelungen, die sich in den folgenden neun Jahrzehnten weiter entwickelten und immer schärfere Formen annahmen, konnten erst mit dem Ende der *Apartheid* abgeschafft werden.

Nach der faktischen Unabhängigkeit 1926, trat die Union 1931 in das britische *Commonwealth* ein (*Statut von Westminster*), 1961 trat sie wieder aus, erklärte sich zur *Apartheid-Republik Südafrika*, um 1994, nach dem Ende der *Apartheid*, wieder in das *Commonwealth* einzutreten.

Literatur

Hans Hilscher: Gierig nach Beute, Spiegel Geschichte, Nr 1, 2013, Das Britische Empire

Apollon B. Davidson: Cecil Rhodes and his time. Protea Book House, Pretoria 2003

Alfred W. Stelzner: Die Diamantengruben von Kimberley. In: Abhandlungen der Naturwissen-
schaftlichen Gesellschaft Isis Dresden e.V., Jahrgang 1893, S. 71-85
John Laband: The Transvaal Rebellion. The First Boer War 1880-1881. Pearson Longman History, 2005

Zentralafrika

Nach der Erlösung Indiens 1947 aus dem Joch als Kolonie und den
nachfolgenden Befreiungen von Palästina, dem Sudan und endgültig auch
Ägypten, wollten auch die restlichen Kolonien in Afrika folgen.

Schon lange vorher hatte die *Südafrikanische Union* den Status eines
Dominions, eines sich selbst verwaltenden Gebietes mit quasi vollständiger
Autonomie, angenommen. Es sollte aber durchaus noch bis in die 1960er
Jahre dauern, bis es soweit war, dass auch Länder wie Nigeria, Ghana, Ke-
nia und andere folgen konnten.

Warum hat es nach *Weltkrieg II* noch so lange gedauert? Britannien
war Siegermacht, aber wirtschaftlich am Boden, wie *Winston Churchill*
schon nach dem *Weltkrieg I* festgestellt hatte: "[Der Krieg endete] mit dem
Ruin des Besiegten und der kaum weniger verhängnisvollen Erschöpfung
der Sieger." Und in dieser Situation, nach 1945, hatte das Mutterland des
Commonwealth noch den Konflikt im Nahen Osten, in Palästina, zu be-
wältigen und seine Schulden in Indien abzutragen, die im Verlauf des *Weltkriegs II* aufgelaufen waren.

Zu diesem Zeitpunkt begannen die Nationalisten in Nigeria, wie auch
in anderen britischen Kolonien in Afrika, Forderungen nach Reformen zu
erheben, ja, stellten das System des Kolonialismus in Frage. Sie verwiesen
einerseits klar auf die *Atlantic-Charta*, jenem Dokument, in dem *Winston
Churchill* mit dem *US*-Amerikanischen Präsidenten *Roosevelt* formuliert
hatte: "[Wir] achten das Recht aller Völker, sich jene Regierungsform zu
geben, unter der sie selbst zu leben wünschen [. . .]." Andererseits stellten
sie in Rechnung, dass sie sich im Krieg ganz selbstverständlich an die
Seite Britanniens begeben, hunderttausende Soldaten ihrer Völker in die
Kampfgebiete geschickt oder sogar Zwangsrekrutierungen als Arbeitskräfte
für Industrie oder Landwirtschaft hingenommen hatten. Man erwartete

jetzt ein entsprechendes Entgegenkommen. Nigeria wurde zum Vorreiter dieser Welle von Forderungen an Britannien.

Noch während des Krieges, 1942, machte man in London eine neue Kehrtwendung in Bezug auf die *Atlantic-Charta*. *Winston Churchill* erklärte, dass sich die Wiederherstellung der (in der Charta erwähnten) Souveränitätsrechte nur auf die von Nazideutschland okkupierten Länder bezöge. Weiter befand *Churchill*: "Wir haben die Absicht, unseren Besitz zu erhalten. Ich bin nicht der erste Minister des Königs geworden, um der Liquidierung des britischen Weltreichs vorzustehen."

Diese Kehrtwendung führte zunächst in Nigeria zu Enttäuschung und Widerspruch, die von London beantwortet wurde mit einer Propaganda von Sozialstaat und Prosperität für die Kolonien, dessen Modell das Mutterland sein sollte. Um diese Verbundenheit zu den Kolonien in Afrika zu unterstreichen, wurde der Etat für Personal in den verschiedensten Bereichen, wie Verwaltung, Medizin, Schulwesen und Landwirtschaft aufgestockt. So kamen in den Jahren nach 1945 so viele Briten in die Kolonien in Afrika wie niemals vorher.

Afrika war für London zum (erwünschten!) wichtigsten kolonialem Territorium geworden, nachdem die Kronkolonie Indien in die Selbstständigkeit entlassen worden war. Wahrscheinlich hat es von dort viele Verwaltungsbeamte oder technisches Personal nach Afrika verschlagen. Man hatte ja koloniale Erfahrungen, die benötigt wurden und mit denen man glaubte, eine spezielle lethargische Mentalität und vermutete Unwissenheit der Afrikaner durch gezielte administrative Maßnahmen und Vermittlung von Expertenwissen überwinden zu können.

Mit dieser neuen Politik, mit humanistischem Anstrich, wollte London der Welt, sich selbst und speziell den afrikanischen Kolonien zeigen, dass imperiale Bekehrung unterentwickelter Länder nicht mit dem Hinauswurf des Okkupanten enden muss. Und man war sich ganz sicher, ein schneller Rückzug Britanniens führe nicht automatisch dazu, dass es in den Kolonien zu sofortigem Wohlstand käme. Britannien müsse wenigstens noch eine gewisse Zeit verbleiben, um diese Länder für ihre Völker uneigennützig zu leiten, nahm man an. Erst so könnten Armut und Rückständigkeit beseitigt werden. Das war seinerzeit die Meinung und (schöne wie scheinheilige, gar naive?) offizielle Doktrin.

Inoffiziell gab es zwei Motive für das Festhalten Britanniens an den afrikanischen Kolonien: Erstens wollte London verhindern, dass sich nationale Bewegungen in den Kolonien dem sozialistischen Lager unter Führung der Sowjetunion zuwendeten.

Zweitens brauchte Britannien Konsolidierung und Verstärkung der Kapazitäten in den Kolonien Afrikas und deren wirtschaftliche Entwicklung sowie den Austausch damit, um nach dem *Weltkrieg II* selbst wieder zu erstarken.

Deshalb entwarf man am grünen Tisch in London, unmittelbar nach dem Krieg, unter Führung der neu gewählten *Labour*-Regierung, verschiedenste und teilweise absolut blauäugige wirtschaftliche Entwicklungsprogramme, die einerseits aus besten Absichten entstanden, andererseits aber auch gewisses Eigeninteresse offenbarten. Das betraf besonders Projekte, die rasche Ergebnisse, sprich Gewinne, erbringen sollten, wie Investitionen im Bereich der verarbeitenden Industrie, landwirtschaftlicher Nutzungsentwicklung, wie z.B. Kaffee-Anbau, oder die Gewinnung von Speiseölen.

Was ist daraus geworden? Antwort: wenig bis nichts. Der Grund liegt in der Distanz. Die Planer im Kolonialministerium in London kannten die Wirklichkeit in den Kolonien nicht. Die Administratoren und Techniker in Afrika hatten ganz andere Sorgen als sich mit den filigranen Planungen aus London zu befassen. Sie waren konfrontiert mit den noch teilweise in den Anfängen stehenden nationalen Befreiungsbewegungen, mit den lokalen Stammesgegensätzen, die sogar grenzüberschreitend wirksam waren, mit fatalistischen Anschauungen der Einheimischen, mit Diebstahl sowie mit ihrem eigenen Rassismus.

Die Direktiven aus London führten zu endlosen Debatten in den Reihen der kolonialen administrativen Beamten. Seminare, Konferenzen, Kolloquien, und was es nicht alles gibt für Meetings, mit kläglichen Ergebnissen in Folge. Das erinnert an Situationen in internationalen Konzernen, die an die Grenze der Ertragsvorgaben abgesackt sind, und in denen plötzlich ein Aktionismus an Brainstorming-Seminaren ausbricht, mit dem Wunsch, den Stein der Weisen zu finden, der es ermöglicht, den Profit wieder auf das erträumte Wunschniveau zu bringen. Es ist meistens hochbezahltes Personal, das über Fragen diskutiert, die eher Arbeiter und Techniker vor Ort beantworten könnten. Sinnvolles kommt so nicht zustande.

Und so war es auch mit den Projekten in den Kolonien: Sie wurden viel teurer als vorgegeben, oder sie waren schlichtweg undurchführbar. London gab zu viel Geld aus für zu wenig Ergebnis.

Am 10. Januar 1957 wurde *Harold Macmillan* britischer Premierminister. Erfahrung im Regierungsgeschäft hatte er vorher schon gesammelt u.a. als Schatzkanzler, in welchem er gleich, noch Mitte der 1950er Jahre erkannte, wie wenig profitabel, ja, belastend für den britischen Haushalt einerseits die Kolonien für Britannien waren und andererseits noch viel weniger ergiebig alle jene Bemühungen, Planungen und Entwicklungsprogramme für die Afrikanischen Kolonien. Schon in seinem ersten Jahr als Premierminister gab er das Signal für die Entlassung, zunächst einiger afrikanischer Kolonien, in die Unabhängigkeit. Also war die Goldküste mit Togo (später Ghana) an die Reihe. Drei Jahre später, 1960, formulierte *Harold Macmillan* auf einer Reise in die Kolonien Afrikas, es wehe der "Wind of Change", der Wind des Wandels über Afrika. Und in der *Apartheid-Republik Südafrika* wiederholte er diesen Terminus und fügte hinzu: "Ob wir es wollen oder nicht, dieses wachsende Nationalbewußtsein ist eine politische Tatsache. Wir alle müssen dies akzeptieren und unsere eigene Politik entsprechend ausrichten."

Was Premier *Harold Macmillan* in Südafrika als Kritik an dessen *Apartheid* verstanden wissen wollte, war, bezogen auf den Rest Afrikas, seiner Erkenntnis geschuldet, dass diese Kolonien für Britannien eher eine Last darstellten als einen Gewinn.

Britisch Westafrika (Ghana)

Seit 1820 Kolonie, aus einem ehemaligen Handelsposten hervorgegangen, seit 1874 Kronkolonie, weitete Britannien den Besitz vom Küstenstreifen nach Norden aus. Ab 1901 existierte die Kolonie in den 1957 bekannten Grenzen. An der Küste gab es ab 1925 schon indigene Gemeinderäte, während im Landesinneren die traditionellen Stammesfürsten dem Gouverneur in Accra direkt unterstanden. Im *Weltkrieg II* kämpften ca. 40.000 Soldaten aus der Goldküste, hauptsächlich in Südostasien, auf der Seite Britanniens.

1947 bildete sich die *United Gold Coast Convention Party* mit *Kwane Nkruma* an der Spitze, der nach zwei Jahren eine neue Partei gründete, die *Convention People's Party*. Mit ihr machte er von sich reden und forderte von Britannien das Selbstbestimmungsrecht ein. *Nkruma* wurde verhaftet, dennoch gewann seine Partei die anstehenden Wahlen. Man musste ihn freilassen, und seit 1952 war er Premierminister in der britischen Kolonie.

Der neue Premierminister in London, *Harold Macmillan*, gab sofort nach seiner Amtsübernahme das Signal, die Kronkolonie Goldküste in die Unabhängigkeit zu entlassen. Am 6. März 1957 war es soweit. Die Goldküste und Britisch Togoland gaben sich den Namen Ghana, das als erstes schwarzafrikanisches Land Vollmitglied im *Commonwealth* wurde.

Somaliland

Seit 1827 war Somaliland ein Protektorat und seit 1905 Kolonie. Diese lebte vor allem von umfangreichem Export mit Lebendvieh, das man zur Versorgung der nahegelegenen Kolonie Aden auf der Arabischen Halbinsel brauchte. An weitergehender Kontrolle und an Eingriffen in die Entwicklung des Landes war Britannien wenig interessiert und überließ die lokalen Verwaltungen den Clans, die sich der Fremdherrschaft unmittelbar gewaltlos unterstellt hatten.

Im *Weltkrieg II* besetzten 1940 *faschistische* italienische Truppen den britischen Bereich, aber schon ein halbes Jahr später eroberte Britannien ganz Somalia. 1950 wurde der italienische Teil zurückgegeben. Als Italien die Unabhängigkeit seiner Kolonie Italienisch-Somaliland für den 1. Juli 1960 angesetzt hatte, kam in Britisch-Somaliland die Forderung auf, eine Vereinigung mit Italienisch-Somaliland als Schritt zur Einigung aller Somali zu erreichen. Innerhalb von zwei Monaten gewährte *Harold Macmillan* die Unabhängigkeit, die am 26. Juni 1960 verkündet wurde. Gerade einmal fünf Tage später erfolgte der Zusammenschluss mit Italienisch-Somaliland zum Staat Somalia.

Britisch Westafrika (Nigeria)

Der bedeutendste Teil des Gebietes Britisch Westafrika, das Nigeria, Sierra Leone, Gambia und Ghana umfasste, war Nigeria, bzw die Kronkolonie Lagos, die ein relativ kleines Gebiet umschloss. Sie erhielt 1886 den Status einer Kronkolonie und wurde damit zur Basis weiterer Ausbreitung, zur Keimzelle des späteren Protektorates Süd-Nigeria.

1879 entstand im Süden Nigerias eine private Handelsgesellschaft, die *United Africa Company,* die 1886 von der britischen Regierung unter dem Namen *Royal Niger Company* Handelsprivilegien für das gesamte Gebiet um das Niger-Einzugsgebiet erhielt. Die *Company* erweiterte ihren Einfluss, auch mit eigenen Truppen, nach Norden ins Landesinnere und handelte Verträge auch mit den nördlichen Staaten, dem Sokoto-Kalifat und anderen aus, was dazu führte, das seit dem Jahr 1912 ganz Nigeria offiziell eine britische Kolonie wurde.

Londons Interessen lagen darin, nördlich des Protektorats Süd-Nigeria ein Handelsmonopol in Sokoto anzustreben, indem man mit der Gesellschaft alle Bereiche des Lebens durchdrang. Freihandel war das angestrebte Ziel, das den innerafrikanischen Sklavenhandel ablösen sollte. Aus Opportunität blieb London bezüglich der Haltung von Sklaven im Kalifat selbst auf beiden Augen blind. In dem Buch "Slow Death of Slavery" von *Paul Lovejoy* wird die Zahl von mehr als 2,5 Millionen Menschen als Sklaven genannt, die von 1873 bis 1903 in Sokoto lebten [1]. Erst 1936 erließ London eine Direktive (16. Verordnung), nach der alle Menschen, die in Nigeria geboren wurden oder dorthin gebracht worden sind, rechtsgültig als freie Personen anerkannt werden mussten. Niemand musste sich mehr freikaufen, wie es ab 1900 Praxis wurde.

Jedoch wendet *Lovejoy* ein, dass selbst zu diesem Zeitpunkt noch nicht alle Nigerianer wirklich frei gewesen seien. Als Beispiel führt er königliche Sklaven sowie Konkubinen an, deren Leben immer noch an ihre Herren gebunden waren. Diese Feststellung belegt, [...] dass die Abschaffung der Sklaverei in Nigeria ein schleichender Prozess gewesen ist. Schließlich vergingen, von den ersten "Befreiungsfeldzügen" der Briten ab 1896 bis hin zur "16. Verordnung" 1936, fast vierzig Jahre, in denen es immer noch Sklaven gab [1].

Am 31. Dezember 1899 verkaufte die *Royal Niger Company* ihre Rechte in Sokoto und ganz Nord-Nigeria an die britische Regierung. Der neue Hochkommissar *Frederick Lugard* führte das System der indirekten Herrschaft Britanniens im gesamten nördlichen Einzugsgebiet des Niger ein, wobei er gerne die vorhandenen Machtstrukturen für die eigene Herrschaft nutzte. Das hatte Bestand bis zum 1. Oktober 1960, als *Harold Macmillan* einen Gesetzesakt im britischen Parlament erwirkte, der Nigeria in die Unabhängigkeit entließ. Im Februar 1961 kam noch der nördliche Teil Kameruns hinzu. In einer Volksabstimmung hatten sich die Menschen in diesem Teil Kameruns (britisches Mandatsgebiet) für einen Anschluss an Nigeria entschieden.

Dann wurden im Jahr 1956 im Süden Nigerias die ersten Erdölvorkommen entdeckt, und im Anschluss wurde ab 1958 vom britischen Konzern *Shell-BP* Erdöl nach Großbritannien exportiert. Ein warmer Regen für die britische Wirtschaft und für den Ruf *Harold Macmillans* als erfolgreicher *Tory*-Premierminister.

Fußnote:

(1) **Catharina Bolz & Julia Borchers:** Das lange Ende der Sklaverei - Der Fall Nigeria. 05.07.2003, Universität Hannover

Britisch Westafrika (Sierra Leone)

Das zu Britisch Westafrika gehörige Sierra Leone war das erste Land, von dem ab 1562 Sklaven im atlantischen Dreieckshandel nach Amerika und in die Karibik verbracht wurden.

Als Britannien 1807 den Sklavenhandel abschaffte, regelmäßige Kontrollfahrten britischer Kriegsschiffe vor der westafrikanischen Küste zur Unterbindung dieses Handels durchführte, wuchs die Bevölkerung der seit 1791 bestehenden Kronkolonie Sierra Leone beträchtlich, denn befreite Sklaven wurden nach Sierra Leone zurückgebracht, auch wenn sie nicht von dort kamen. Das Territorium, wo sie abgesetzt wurden, war das Gebiet der heutigen Hauptstadt Sierra Leones, Freetown. Dort blieben die meisten Neuangekommenen, die Kenntnisse der tropischen Landwirtschaft hatten, nicht, da die Gegend für die Landwirtschaft kaum geeignet war. Andere blieben in Freetown als Handwerker. Es entwickelte sich dort eine eigene kreolisierte Bevölkerungsgruppe.

In Sierra Leone selbst gab es schon seit 1808 Vertreter der kreolischen Bevölkerung im Gouverneursrat der Kolonie. 1893 erhielt Freetown einen eigenen Bürgermeister. Am 27. April 1961 wurde Sierra Leone schließlich selbstständig.

Britisch Westafrika (Gambia)

Am westlichsten Punkt Afrikas gelegen, war das Gebiet schon den Römern bekannt. Im 16. Jahrhundert übernahmen portugiesische Händler die Route auf dem Gambia-Fluss, an dessen fruchtbaren Ufern es reiche landwirtschaftliche Gebiete gab. Zu diesem Zeitpunkt war Gambia Teil des Reiches Mali.

1618 vergab König *James I* einer Londoner Gesellschaft das Privileg zum Handel mit Gambia. Vom Ende des 17. bis zum Ende des 18. Jahrhunderts war Gambia politisch umstritten, denn Frankreich erhob Anspruch auf die politische und wirtschaftliche Herrschaft über die Flüsse in Senegal und Gambia. Nach dem *Siebenjährigen Krieg* gewann Britannien im *Frieden von Paris*, 1763, die Herrschaft über Gambia.

In der Folge erlangte Gambia Bedeutung für Britannien im transatlantischen Sklavenhandel. Mehr als etwa drei Millionen Menschen wurden von dort nach Amerika verschleppt. Erst 1807 beendete Großbritannien den Sklavenhandel offiziell, was allerdings dem innerafrikanischen Handel mit Menschen aus Gambia vorerst keinen Abbruch tat. Die Kalifate im Niger-Einzugsgebiet waren interessierte Abnehmer.

Gambia wurde bis 1888 vom britischen General-Gouverneur in Sierra Leone verwaltet. Erst dann wurde Gambia eine eigenständige Kolonie. Dabei wurde die Grenze zwischen der französischen Kolonie Senegal und Gambia endgültig festgelegt. Am 18. Februar 1965 wurde Gambia von Premierminister *Harold Wilson, Labour*, in die Unabhängigkeit entlassen und trat am selben Tag dem *Commonwealth* bei.

Tanganjika

Das Gebiet im Osten des Tanganjikasees, nach dem das Land benannt wurde, hatte Britannien im *Weltkrieg I* erobert. Es war ein Teil Deutsch-Ost-afrikas, dessen Gebiet im Jahr 1922 Britannien vom *Völkerbund* als Mandat übertragen wurde. Nach dem Ende des *Weltkrieg II* übertrug die *UNO* 1946, Rechtsnachfolger des Völkerbundes, Britannien die Treuhandschaft über Tanganjika. In 1958 und 1959 fanden erstmals Parlamentswahlen in Tanganjika statt. Premierminister *Harold Macmillan* unterschrieb am 9. Dezember 1961 das Gesetz für die Unabhängigkeit Tanganjikas. Die Republik konstituierte sich am 9. Juni 1962, die allerdings nur kurze Zeit existierte, denn am 26. April 1964 vereinigte sich Tanganjika mit dem ehemaligen britischen Protektorat Sansibar, das am 10. Dezember 1963 unabhängig wurde, zur Vereinigten Republik Tansania.

Uganda

Nachdem die britischen Forscher *Speke* und *Grant* 1860 die Nil-Quelle entdeckt hatten, kamen zuerst die Missionare und danach die Händler nach Ostafrika. 1894 erklärte London das Gebiet als Protektorat und förderte daraufhin den Baumwoll- und den Kaffeeanbau. Für den Transport wurde speziell eine Eisenbahnlinie von Mombasa in Kenia am Indischen Ozean über Nairobi nach Kampala gebaut.

Der Premierminister *Macmillan* unterstützte auch die Entkolonisierung Ugandas und erlaubte 1958 Parlamentswahlen im Protektorat Uganda. Am 9. Oktober 1962 wurde dem Land die Unabhängigkeit übertragen, dessen Präsident *Milton Obote* wurde, der aber bald ein Einparteiensystem im Land durchsetzte. Er beabsichtigte, eine Art *Afrikanischen Sozialismus* zu installieren. Dies führte leider zu blutigen Auseinandersetzungen. Die Bevölkerung, die ihn gewählt hatte, wendete sich ab, was der damalige Generalmajor *Idi Amin* ausnutzte und 1971 durch einen Militärputsch an die Macht gelangte.

Britisch Ostafrika (Kenia)

Die Schicksale dieses ostafrikanischen Gebietes sind wechselhaft. Das Sultanat von Oman auf der arabischen Halbinsel besaß Sansibar und neben der Insel auch weite Landstriche auf dem Festland Ostafrikas, bis jenseits des Tanganjika-Sees. Reich wurden die muslimischen Herrscher Sansibars durch Sklavenhandel mit Menschen aus Afrika sowie Handel mit Elfenbein und ab 1818 durch die Kultivierung von Gewürznelken. Sie kauften sich dafür Schusswaffen samt Munition, welche sie brauchten, um für Sklavenhandel, Sklavenjagd und Sklavenkarawanen bis ins innere Afrika vordringen zu können. Ab 1884 entwickelte sich ein Interessenkonflikt mit der *Deutsch-Ostafrikanischen Gesellschaft*, die Handelsrechte östlich des großen Tanganjika-Sees beanspruchte. Britannien stand dem auf der *Berliner Afrika-Konferenz* von 1884 bei, man einigte sich.

Die Briten, die schon 1873, also vor der *Berliner Afrika-Konferenz* 1884, Handelsposten auf Sansibar eingerichtet hatten, zwangen den Sultan, einer Beendigung des Sklavenhandels zuzustimmen. Natürlich tat er das nur zum Schein, und bald schickte er seine Sklavenjäger heimlich auf das Festland, wo schon seit langem verbündete Stammesfürsten darauf warteten, Mädchen und Kinder des eigenen Stammes, oder gefangen genommene Krieger von konkurrierenden Nachbarstämmen, an die Abgesandten des Sultans von Sansibar zu verkaufen. Es bildete sich ein lukrativer Sklaven-Schwarzmarkt, der bis 1897 bestand. So konnte die arabische Oberschicht weiterhin hohe Einnahmen verbuchen. Als die Interessengebiete der europäischen Mächte auf der *Berliner Afrika-Konferenz* 1884 festgelegt worden waren, beabsichtigte London, in dem ihm zugeteilten Gebiet (jetzt Kenia und Uganda) Handelsposten zu errichten.

Zunächst aber musste der Sultan von Sansibar seine Gebiete abtreten. Da man ihn aber nicht ganz zum Feind machen wollte - man brauchte noch seine nach innen wirksame Autorität - überließ London ihm vertraglich als Einflussgebiet auf dem Festland einen zehn Meilen breiten Küstenstreifen, der sich von Mosambik über Kenia bis nach Mogadischu in Somalia erstreckte. 1887 pachtete die *Imperial British East Afrika Company (IBEA)* die Küste des späteren Kenia vom Sultanat. Den südlichen Küstenabschnitt kaufte 1890 Deutschland. Der nördliche Streifen wurde 1892 an Italien verpachtet, und 1906 an den Pächter verkauft.

1888 forderte England die *Imperial British East Africa Company* mit dem Kaufmann *Sir William MacKinnon* auf, das Territorium des heutigen Kenia und ab 1890 auch Uganda unter seine Verwaltung zu nehmen. Geld gab es aber nicht, und so musste die *IBEA* mit wenig Kapital versuchen, den Handel aufzunehmen, unter die eigene Kontrolle zu bringen und Absatzmärkte zu schaffen. Beabsichtigt war, den ostafrikanischen Elfenbeinhandel zu übernehmen. Die indische Konkurrenz, die schon etablierte Handelswege ins Innere Afrikas, bis hinein ins Kongobecken, besaß, sollte ausgeschaltet werden. Man musste daher eigene Verbindungsrouten erschließen, was nicht leicht war, denn die Südroute führte über Deutsch-Ostafrika, und die Nordroute musste den Mount Kenia umgehen sowie den Victoriasee überqueren. In der Gegend des heutigen Mombasa an der Küste, wo schon eine Ansiedlung war, errichtete die *IBEA* bald einen Firmensitz. Dort gab es auch andere Handelshäuser, so aus Indien, Arabien oder anderen Ländern Europas. Die *IBEA* begann zunächst, die nötige Logistik einzurichten, die ein annehmbares Leben für die Angestellten der Gesellschaft ermöglichen sollte. Dazu gehörten z.B. eine öffentliche Stadtreinigung, ein Hospital (natürlich nur für die Angestellten), innerstädtische Transportwege auf Schienen, Hafengebäude. So wurde das Treiben in der Stadt bunter, Basare eröffneten, eine Hafenpromenade entstand, wo auch die Verwaltung der *IBEA* nun ihren Sitz nahm.

Trotz dieser positiven Anfänge gab es schon früh Wermutstropfen im Ansehen der Gesellschaft, denn die meist jungen Angestellten führten ein vergnügungssüchtiges Leben mit zahllosen Partys und Empfängen. Hinzu kamen noch andere gesellschaftliche Ereignisse, die nicht selten zügellos endeten. Das waren aber nicht die Ursachen für das spätere Scheitern der Gesellschaft, sondern dessen Unterfinanzierung. Dennoch versuchte das Unternehmen, seinen Aufgaben gerecht zu werden, eröffnete ein Postwesen und ließ von der *Eastern Telegraph Company* den Posten Mombasa mit Malindi und Lamu durch Telegrafen miteinander verbinden.

1889 begann die Gesellschaft mit Erkundungsexpeditionen von Mombasa bis zum Victoriasee, richtete Verwaltungsposten ein, besetzte sie mit bestenfalls zwei Briten, die über etwa fünfzig bis einhundert einheimische Hilfskräfte (dabei Träger, Boten usw.) verfügten. Bei diesem Zahlenverhältnis brauchten die sehr wenigen *Company*-Angestellten Verhandlungsgeschick, mussten Allianzen mit den lokalen Herrschern eingehen, um überleben zu können. Nur so konnte man eine Station halten, was nicht immer gelang.

1890 endlich nahm man erste Arbeiten für den Bau einer Straße für Ochsenkarren in Angriff. Die unrationelle Methode der Verwendung von zahlreichen Trägern wollte man künftig ersetzen durch rationelleren Transport. Mombasa sollte mit dem Hinterland, Uganda, verbunden werden. Die Route führte nördlich des Victoriasees vorbei. *Sir MacKinnon* finanzierte den Bau des ersten Abschnittes aus eigener Tasche, was deutlich macht, wie mager die finanzielle Ausstattung der Gesellschaft war.

Im gleichen Jahr legte die Gesellschaft auch erste Schienen für eine Bahnverbindung ins Innere. Leider kam es wegen Geldmangels schon nach wenigen Meilen zum Stillstand der Arbeiten. Wiederum ein Ergebnis der Unterfinanzierung der *Company* sowie der mangelnden Unterstützung seitens der *Krone* in London.

Als dort erkannt wurde, dass die Gesellschaft scheitern würde, erhob die *Krone* das Gebiet des heutigen Kenia am 1. Juli 1891 zum britischen Protektorat und im folgenden Jahr, 1892, gliederte man noch Uganda an. Und im gleichen Jahr noch forderte die britische Regierung Ausreisewillige auf, in das fruchtbare Bergland in Britisch-Ostafrika zu emigrieren und Farmen zu gründen.

1905 wurde Nairobi Hauptstadt des Protektorats, 1913 kam die Insel Sansibar zu Britisch-Ostafrika, und 1920 wurde das Gebiet des heutigen Kenia in die Kronkolonie Kenia umgewandelt, militärisch bewacht von den 1902 gegründeten und eigenständigen *King's African Rifles.*

Ab 1926 wurde Kenia für britische Auswanderer und Farmer zu einem wichtigen Siedlungsgebiet, denn das fruchtbare zentrale Hochland Kenias, das in gewisser Weise große Ähnlichkeit mit den Landschaften in Südengland hat, bot die Kolonialverwaltung zu sehr attraktiven Preisen zum Kauf an. Besonders gern gesehen waren Käufer aus dem Kreise pensionierter Offiziere aus *Weltkrieg I,* von denen viele aus noblen oder reichen Familien stammten.

Wo man das Fenster öffnet, da kommen nicht nur frische Luft, sondern auch Fliegen herein. So auch hier. Aristokraten, die im Mutterland in Ungnade gefallen, oder wegen diverser Unschicklichkeiten ins Gerede geraten waren, machten ebenfalls den Schritt nach Kenia. Dort mussten sie sich keine Sorgen mehr um ihre Reputation machen.

Diese gesellschaftlichen Kreise besiedelten etwa ab 1922/25 das Gebiet um den britischen Außenposten Nyeri, etwa 100 Meilen nördlich von Nairobi. Dort entstanden in wenigen Jahren Landsitze, Clubs, Hotels mit Polo- sowie Golfplätzen, wo die Siedler einen dekadenten Lebenswandel führten, der nur in kleinen Portionen in die Klatschspalten der Presse im Mutterland gelangte. Neben zahllosen Lunchpartys, Großwildjagden, Golf- und Polospielen wurden die gesellschaftlichen Anlässe zu abendlichen rauschhaften Bällen mit Kokain- und exzessivem Champagner-Konsum.

So nach und nach aber, als das entartete Leben jener Siedler-Clique im Mutterland bekannt wurde, bekam die Kolonie als Ganzes einen im selben Maße schlechten Anstrich, wie den eines anziehenden Lotterbetts, obwohl die Zahl der Beteiligten nur einen kleinen Teil der gesamten Siedlerbevölkerung ausmachte. Ein schwarzes Schaf verdarb den Ruf der ganzen Herde, was natürlich den Zorn der anständig ihrer Berufung nachgehenden Siedler hervorrief.

Und auch in London war man not amused - pikiert. Man fürchtete die Entstehung unnötiger Spannungen, sowohl mit den verarmten Kolonisten wie auch mit der einheimischen Bevölkerung, was die Zustimmung zur britischen Herrschaft gefährden könnte. Man dachte an Konsequenzen. Bis es allerdings soweit kam, hatte die weltpolitische Entwicklung diese Gedanken obsolet gemacht. Denn Anfang der 1940er Jahre, in einer Zeit, als englische Wohngebiete von nazi-deutschen Fliegerangriffen in Schutt und Asche gebombt wurden, hatte man in London andere Sorgen und verschob das Problem. Aber auch unmittelbar nach dem Krieg gab es Wichtigeres in England als den Lebenswandel der kleinen Siedler-Clique in Kenia.

Und Anfang der 1950er Jahre begann der Kampf der Einheimischen in Kenia um ihre Unabhängigkeit. Die *Mau-Mau-Bewegung* Kenias, die zum Ausnahmezustand in der Kolonie führte, eroberte die Aufmerksamkeit der Öffentlichkeit in England. Man verlor das Interesse an der Siedler-Clique. Die aber verließ das sinkende Schiff wie die Ratten, verteilte sich auf andere Gebiete in der Welt. Es waren sowieso nur noch wenige Siedler, die überlebt hatten, denn die Blütezeit jener Kolonie in der Kolonie war abgelaufen.

1957 fanden die ersten Wahlen statt. Die *Kenya African National Union* eroberte die Mehrheit. Am 12. Dezember 1963, kurz nachdem *Harold Macmillan* als Premierminister zurückgetreten war - er musste wegen der *Affäre Profumo* seinen Hut nehmen - wurde Kenia unabhängig. Ein Jahr später wurde *Jomo Kenyatta* der erste Präsident der Republik Kenia. Das Land trat mit dem Tag seiner Unabhängigkeit in den *Commonwealth* ein.

Literatur

Franz Ansprenger: Politische Geschichte Afrikas im 20. Jahrhundert. Beck, München 1992

Gerhard Altmann: Abschied vom Empire. Die innere Dekolonisation Großbritanniens 1945-1985, Wallstein, Göttingen 2005

Maria Brons: Somaliland: Zwei Jahre nach der Unabhängigkeitserklärung. Institut für Afrika-Kunde, Hamburg 1993

John Iliffe: Geschichte Afrikas. 2. Auflage. C.H. Beck, München 2000

Lovejoy, Paul und Jan S. Hogendorn: The Slow Death of Slavery. The Course of Abolition in Northern Nigeria 1897-1936. Cambridge: University Press, 1993

Jalloh, S Balimo: Sierra Leone - Ein Länderbericht, New Africa Verlag, 1995, Bergisch Gladbach

Longman, 1984: The Growth of African Civilisation. The Revolutionary Years. West Africa since 1800

Rolf Hofmeier, Andreas Mehler: Kleines Afrika-Lexikon. Politik - Wirtschaft - Kultur. Beck, München 2004

Christine S: Die Mär vom deppenhaften Helgoland-Sansibar-Tausch. 30. Juni 2015, auf welt.de

Nicholls: Red Strangers. The White Tribe of Kenya. Timewell Press, London 2005

William R. Ochieng', Robert M. Maxon (Hrsg.): An Economic History of Kenya. East African Educational Publishers, Nairobi 1992

Felix Schürmann: Die Tage der Happy-Valley-Clique. Die Zeit, 25.8.2016

Andreas Eckert: Der Wind des Wandel. Spiegel Geschichte, Nr 1, 2013, Das Britische Empire

Einzelnachweise

Malawi

Das Gebiet, im Südosten Zentralafrikas, eingebettet zwischen Mosambik, Sambia und Tansania, am Ostufer des Malawisees gelegen, war über Jahrhunderte Ziel der von Sansibar ausgehenden Sklavenjagd. 1859 erreichte der britische Afrikaforscher und Missionar *David Livingstone* als erster Europäer den Njassasee, heute Malawisee. Das Gebiet am Ostufer des Sees kam 1891 unter britisches Protektorat, wurde 1907 Kolonie unter der Bezeichnung Njassaland.

Malawi ist reich an Mineralien, die teilweise von internationalen Großkonzernen ausgebeutet werden und von denen das Land nichts oder wenig hat. Es blieb deshalb eines der ärmsten Länder Afrikas und lebt von der Landwirtschaft. In den Export kommen Tabak, Tee und Zuckerrohr. Mais wird für den Eigenbedarf angebaut.

Am 6. Juli 1964 erlangte das Land Malawi vom britischen Premierminister *Sir Alec Douglas-Home* die Unabhängigkeit, exakt zwei Jahre danach, am 6. im Juli 1966, wurde das Land Republik und trat dem *Commonwealth* bei. Es folgten noch 1964 Sambia (Nordrhodesien), 1966 Botswana, erst 1980 Simbabwe (Südrhodesien) in die Eigenstaatlichkeit.

Literatur

Lexikonverlag: Meyers Großes Länderlexikon. Meyers, Mannheim 2004

Thomas R. Yager: The Mineral Industry of Malawi. U.S. Geological Survey Minerals Yearbook 2005

Das Commonwealth und Beitritt zur EWG

Ist das *Commonwealth*, welches England, einem mehr als 300 Jahre alten Imperium nach dem zweiten Weltkrieg verblieben ist, nur ein Trostpflaster oder eine neue Form der Gemeinschaft? Geniale Idee, aus dem größten Kolonialreich, das es jemals auf Erden gab und dessen Geschichte mit Blut und Sklaverei geschrieben wurde, einen Bund zu schmieden, einen Verband unabhängiger und selbstständiger Staaten? Einen Bund von heute über 50 Mitgliedern, in dem fast 30 Prozent der Weltbevölkerung leben, und in dem die meisten Staaten ein gemeinsames Oberhaupt haben, nämlich die Monarchin *Elisabeth II* im Buckingham Palace?

Was dachten sich die politisch Verantwortlichen auf dem Weg zur Gründung des *Commonwealth of Nations*, wie es offiziell heißt? Und wie verlief die Entwicklung der Idee zum *Commonwealth* bis zu dessen Gründung 1931, dessen Präambel lautete: "Die Dominions und Großbritannien sind autonome Gemeinschaften im *Britischen Empire*, gleichberechtigt, in keiner Weise einander untergeordnet in der Innen- oder Außenpolitik, aber vereint durch die gemeinsame Treue zur *Krone* und freiwillig verbunden als Mitglieder des *Britischen Commonwealth*"?

Wenn man diesen Satz verstehen will, muss man Brite sein und ein Britischer Premier mit Namen *Arthur Balfour*. Aber ihm gelang es, mit dieser Präambel, den Bund zu schmieden. Absicht, oder einfach nur britisch? Machtkämpfe oder Bürgerkrieg? Wieso, wenn freundliche Sitzungen genügten mit zweckdienlichen, vielleicht vieldeutigen Kommuniqués, die sogar Austritte erlaubte, wie es z.B. die Republik Irland im April 1949 vollzog. Das blieb aber die Ausnahme.

Am Ende, nach der Ausbildung dieser Staatengemeinschaft, beherbergt sie etwa 30 Prozent der Weltbevölkerung. An Menschen ist das Commonwealth heute größer als China, Russland und *USA* zusammen. Warum sollte Britannien das nicht zusammengeschweißt haben, wenn nicht mit dem Ziel gemeinsamer oder bilateraler, wirtschaftlicher Entwicklungen und der Perspektive, vielleicht zu einem multilateralen Freihandel oder einer Zollunion mit für alle Mitglieder gleichen Bedingungen innerhalb des *Commonwealth* zu kommen - oder gar Staatenbund, wie *W. Churchill* es 1947 vor dem *Europarat* in Straßburg hoffnungsvoll formuliert hatte? Auch wenn man das bei den Verhandlungen nicht so offen ausgesprochen hatte; das Begehren, die Entwicklung nach Weltkrieg II in diese Richtung zu lenken, kann den Wirtschaftskreisen Britanniens getrost unterstellt werden.

Aber zunächst, nach 1945, musste das Empire neu geordnet werden. Es gab chaotischen Rückzug (wie in Palästina) als auch den Versuch, Kolonien zu halten, oder für den Beitritt zum *Commonwealth* zu gewinnen. Traditionell war London liberal und ließ die Partner an der langen Leine, man tanzte lieber mit seinen Kolonien, nicht verpflichtend, wie Preußen sich gegeben hätte. Zu tanzen ist ja amüsanter als schießen. Langfristiger Konsens, das hatte Britannien über Jahrhunderte gelernt, ist leichter zu erreichen durch vorbildhaftes Entgegenkommen und freundschaftliches Verhandeln. Anfangs gewährte man zunächst kontrollierte Selbstverwaltung - erstmalig, um 1850, auf kanadischen Territorien. Sie nannten sich in der Folge *Dominion of Canada*. Und im australischen Adelaide formulierte 1886 der spätere Premierminister, der *5. Earl of Rosebery,* erstmalig den Begriff *commonwealth of nations* - in Kleinschreibung.

Die langsame Umwandlung des *Empire* in einen Club der Gleichberechtigten hatte begonnen. Es dauerte allerdings noch Jahrzehnte, bis die politisch-wirtschaftlichen Notwendigkeiten stärker wurden als damaliger, in den Kolonien gewachsener Rassismus und machtpolitischer Egoismus im fernen London.

Weltkrieg I brachte eine erste umwälzende Zäsur im Empire und stärkte das Selbstbewusstsein der Kolonien, von denen sich einige inzwischen Dominions nannten. Sie erklärten sich zum Teil des Mutterlandes. Australien, Neuseeland und Kanada beteiligten sich mit eigenen Kontingenten. Allein gegen das Osmanische Reich, das mit Deutschland verbündet war, verloren Neuseeland und Australien bei Gallipoli, der Passage zum Bosperus und Konstantinopel, 15.000 Soldaten.

1920 erhielt das *Dominion of Canada* das Recht, einen eigenen Botschafter nach Washington zu entsenden und endlich, 1931, beschlossen die ersten Dominions, (mit ausschließlich weißen Siedlern) wie jetzt die Kolonien genannt wurden, die Gründung des *Commonwealth of Nations.*

Auch im *Weltkrieg II* eilten die *Commonwealth*-Dominions dem bedrohten Mutterland zur Seite. Australien und Neuseeland aber beschlossen, ihre Seestreitkräfte im pazifischen Raum zu behalten. Man fürchtete Japan, was nicht unbegründet war.

W. Churchill wertete die Eroberung von Singapur durch Japan als die schlimmste Kapitulation der britischen Geschichte. Das war ruinierend für das Ansehen des Mutterlandes. Neuseeland und ebenso Australien orientierten sich sicherheitspolitisch fortan an den *USA*.

Das *Empire* hatte 1945 seine weltpolitisch führende Rolle verloren und Britannien machte sich daran, das *Commonwealth* weiter aufzubauen. Anfang der 1960er Jahre entließ Britannien eine Kolonie nach der anderen in die Selbstständigkeit und nahm sie in das *Commonwealth* auf. Weltpolitische Bedeutung hatte das allerdings (vielleicht vorläufig?) nicht mehr.

Eine erste Nachverhandlung über Bedingungen des Warenaustausches mit den Unterzeichnerstaaten von 1931 fand schon 1932 in Ottawa statt. Später in 1971, in der *Singapore Declaration of Commonwealth Principles* einigten sich die Mitgliedstaaten auf eine Reihe allgemeiner Grundsätze (Sicherung des Friedens, Freiheit des Einzelnen, Gleichberechtigung aller Bürger, die Bekämpfung der Rassendiskriminierung). Sie blieben zwar ohne Verfassung, hatten aber Zusammenarbeit, Konsultationen und gegenseitige Hilfe verabredet. Die Prinzipien wurden in einer überarbeiteten Charta 2013 bekräftigt und durch weitere Ziele wie Chancengleichheit für Frauen und nachhaltiger Entwicklung ergänzt.

Aber der letzte Punkt scheint gewiss nur ein Feigenblatt zu sein, denn

die Falken in London sahen schon im Jahr 1960 die wirkliche Grundlage des modernen *Commonwealth* eher wirtschaftlich (im Interesse der gerade tonangebenden Finanzelite) als politisch, was sich bis in das Jahr 2016 erhalten hat. Und von den Linken vernahm man das von einer *Labour* Regierung geprägte Argument, die Bindungen zum *Commonwealth* müsste Britannien wegen der (sicherlich zu erwartenden) nächsten Krise des Kapitalismus aufrechterhalten, um dessen Auswirkungen zu dämpfen. Ein rettender Strohhalm für die Sozis vor dem Ertrinken?

Hat sich seit 1960 etwas getan? Oder blieb das *Commonwealth* einerseits ein Versuch, um imperiale Beziehungen zu retten und andererseits eine Veranstaltung zur Propagierung demokratischer Prinzipien? Den letzteren Gesichtspunkt betreffend, gab es sogar Rüffel, vorgeführt z.B. an Pakistan,

Churchill besucht die zerstörte Kirche von Coventry

SWEDEN

DENMARK

Kiel

Lübeck

Hamburg

Bremen

NETHERLANDS

BELGIUM

LUX

Düsseldorf

Frankfurt

Saarbrücken

FRANCE

Stuttgart

SWITZERLAND

Ruhr R.

Rhine R.

Main R.

Danube R.

Elbe R.

Berlin

Leipzig

Dresden

Nürnberg

München

AUSTRIA

ITALY

Köslin

Belgard

POMER

Stettin

Dram

Kreuz

Oder R.

Neisse R.

Liegn

Görlitz

Praha

CZE

Population 1939 census	Percentage of Germans	Area
2,104,553	100	10.73
2,721,512	100	8.16

ROPOSED CESSION OF
ERRITORY BY GERMANY

Territory east of Line

Territory added by Lin
Total east of Line

Territory added by Lin
Total east of Line

Territory added by Lin
Total east of Line

NOE The former Free City of
tables.

136

LITHUANIA

Memel

:entage Germans	Area in sq. mi.
8 (1925)	14,282
8 (1923)	754
0 (1925)	6,812

Area north of dotted line
Pop. ca 1,000,000
Area 4,000 sq miles

Wilno

Gdynia
DANZIG
Königsberg
Minsk

E A S T
P R U S S I A

Grodno

U S S R

Białystok

sta (Vistula) R

Warsaw

Brest Litovsk

WESTERN POLAND	
Population 1931 census	Area in sq. mi.
21,467,000	94,734

EASTERN POLAND	
Population 1931 census	Area in sq. mi.
10,640,000	70,049

Łódź

CURZON LINE

Population 1939 census	Percentage of Germans	Area in sq. mi.
1,527,491	57.0 (1914)	3,750

PPER
ESIA
Beuthen
Katowice
Kraków

Lwów

S L O V A K I A

Cernăuţi

RUMANIA

HUNGARY

IN MILES	POPULATION 1939 CENSUS
032	4,015,613
812	835,884
844	4,851,497
473	2,104,553
317	6,956,050
106	2,721,512
423	9,677,562

included in the above

PROPOSED ANNEXATIONS BY POLAND	AREA IN SQ. MILES	POPULATION 1939 CENSUS
	(Cumulative Totals)	
East of Line D	14,766	3,406,613
East of Line C	21,578	4,242,497
East of Line B	32,051	6,347,050
East of Line A	40,157	9,068,562

NOTE: Tables include Danzig and exclude East Prussia north of
dotted line (probable minimum annexation by USSR).

Weltkrieg II - Geheime Karte, geplante Vertreibungen

wo es 2007 unbequeme politische Entwicklungen gab, und das deshalb nicht mehr zu den Gipfeltreffen eingeladen werden sollte, oder zuletzt, 2013 in Sri Lanka, wo Staaten wie Kanada, Indien, Mauritius dem Treffen fern blieben. "Sie protestieren damit gegen schwere Menschenrechtsverletzungen, welche die Regierung des Gastgeberlandes verübt haben soll. Das Oberhaupt der Staatengemeinschaft, Königin *Elisabeth II.* von England, ließ sich von *Prinz Charles* vertreten" (Zitat Spiegel).

Nein, allein der Philanthropie halber würden die oben erwähnten Falken die Zukunft Britanniens nicht sehen wollen. So wurde und wird auch heute noch auf den Gipfeltreffen, zu denen die Staats- und Regierungschefs der *Commonwealth*-Länder alle zwei Jahre zu einer einwöchigen Beratung zusammenkommen, zumeist über wirtschaftspolitische Belange und Warenströme in der Gemeinschaft gesprochen.

Ob aber britische Interna, wie z.B. die Energieversorgung der Insel diskutiert werden, ist ziemlich fraglich, obwohl in der Ergänzung zur *Charta des Commonwealth* 2013 die Forderung nach einer, für alle gültigen, "nach-

In Jalta: W. Churchill, F. D. Roosevelt und J. Stalin

haltigen Entwicklung" mit aufgenommen wurde. Bekannt geworden ist darüber jedenfalls nichts. Dieser Punkt ist aber von evidenter Bedeutung, denn er schließt den Umgang mit der Natur, unserer Erde, die unsere heutige Generation lebenswert an eine zukünftige Menschheit übergeben sollte, mit ein. Man könnte hoffen, dass die Verantwortlichen im *Commonwealth* das unter anderem auch gemeint hatten, als sie den Terminus "nachhaltige Entwicklung" in die *Charta des Commonwealth* aufnahmen.

Gewisse Zweifel sind aber berechtigt, weil das Mutterland Britannien sich selbst nicht daran hält. Wie im Sommer 2016 bekannt wurde, plant England den Neubau von mehreren Atomkraftwerken an der Nordseeküste. Auch wenn dafür klimaschädliche Kohlekraftwerke stillgelegt werden sollen, so ist deren Ersatz durch chinesische Atomkraftwerke nicht im Sinn von nachhaltiger industrieller Entwicklung. Tritt das Land, das einst Vorreiter war für technologische Entwicklungen, das einst Heimat der Industriellen Revolution war, freiwillig in den Hintergrund der Geschichte? Eigentlich undenkbar. Eher regiert der Pragmatismus, worin Britannien schon mindestens seit der Entlassung der Kolonien in den *Commonwealth* Übung hat. Und das gilt auch für die Politik Britanniens in der zweiten Reihe der Weltmächte, wohin es, beginnend schon nach *Weltkrieg I* und endgültig nach *Weltkrieg II*, abgestiegen war.

Mit dem Commonwealth in die EU

Das *Commonwealth* geriet zu einem Ersatz für weltweite Beziehungen, und London vergrößerte das Bündnis: eine ehemalige Kolonie nach der anderen trat als freies Mitglied in diesen Staatenbund ein. Und gleichzeitig, etwa in den 1960er Jahren, erklärte England seine Verhandlungsbereitschaft nun für die Ausbildung eines erweiterten europäischen Marktes, dem es in 1973 beitrat. Es dauerte immerhin satte 13 Jahre bis zu einem Übereinkommen. Eine Folge britischen Zweifelns und des Widerstands auf der Seite Frankreichs.

Der Weg zu Verhandlungen alleine war schon mit Hindernissen gepflastert. Der Wille Englands reichte nicht. Es gehörte Verhandlungsgeschick

und eine Portion Glück dazu, denn der französische Präsident *de Gaulle* charakterisierte in 1963 England: "[Es ist] insular, maritim, durch seinen Handel und seine Märkte den verschiedenartigsten und häufig weit auseinanderliegenden Ländern verbunden. Das Land hat in all seinem Tun sehr eigenwillige Gewohnheiten und Traditionen. Solch ein Beitritt der Briten und anderer Kandidaten würde die Gemeinschaft daher unwiderruflich verändern. Es entstünde eine riesige atlantische Gemeinschaft, die von den *USA* abhängig wäre. Die *USA* aber würden die europäische Gemeinschaft schnell aufsaugen."

Worte, die auch heute noch gültig scheinen. Das Gespenst *TTIP* geistert durch Europa.

Als im Juni 1970 in Großbritannien *Edward Heath* Premierminister wurde, sahen jene, die einen Beitritt Britanniens zur *EWG* herbei wünschten, den Moment für eine Chance gekommen. Der Premier sollte es richten, und er enttäuschte seine Anhänger (wie Auftraggeber) nicht. Parteiintern unterstützte *Margret Thatcher* ihren Parteifreund *Heath* zunächst. Als Premierministerin wurde sie allerdings eine scharfe Kritikerin der Beitrittsverträge Britanniens zur *EWG* und später unterstellte sie *Heath* eine kritiklose Europa-Obsession.

Warum ist Britannien eigentlich überhaupt der *EU* beigetreten, einem Bund, der an Landfläche und an Zahl seiner Bevölkerung viel kleiner ist als das *Commonwealth*, einem europäischen Bund, in dem der französische Präsident de Gaulle ein Veto gegen den Beitritt Englands eingelegt hatte?

Diese Frage ist tatsächlich nicht einfach zu beantworten. Damals (wie heute noch) gab es in London unterschiedliche Lager, die, jedes für sich die Entwicklungsmöglichkeiten Englands konträr beurteilten.

Die *Labour* Regierung in den 60ern unter *Harold Wilson* sah einen weltweiten Verlust britischen Einflusses. Kolonien gab es nicht mehr, die Beziehungen zur *USA* hatten sich verschlechtert. Das waren die internen Gegebenheiten, während außenpolitisch sich eine günstige Konstellation entwickelt hatte. In Frankreich war 1969 gerade *Georges Pompidou* Präsident geworden. Der stand einer Erweiterung der *EWG* positiv gegenüber. In Konsequenz beschlossen die *EWG*-Staaten, mit *Willi Brandt* in deutscher Verantwortung, Beitrittsverhandlungen mit Britannien und anderen *EFTA*-Ländern aufzunehmen - und Belohnungen im Agrarsektor für Frankreichs Präsidenten *Pompidou*. Dieser Beschluss der sechs *EWG*-Staaten sollte Kon-

Charles de Gaulle, ca. 1942

sequenzen haben: Erweiterung und Vertiefung der Beziehungen im Bereich Regional-, Umwelt-, Sozial- und Energiepolitik.

In London gab es im Parlament wiederum (ver)zweifelnde Debatten, während in den anderen Ländern Referenden, außer Norwegen, für den Beitritt votierten. Labour war gespalten. *Harold Wilson* lehnte ab, aber ein Teil seiner Parteifreunde stimmte dafür. Auch die *Tories* zeigten sich nicht geschlossen, so dass sich letztendlich eine mehrheitliche Zustimmung aus beiden politischen Richtungen ergab.

Ein einmaliges Vorkommnis parlamentarischer Demokratie bei so einer entscheidenden Abstimmung im Jahr 1970. *Labour-Harold Wilson* legte sich fest, die Zustimmung dem britischen Volk vorzulegen, sollte er nächster Premier werden. Und so geschah es. *Wilson* wurde 1974 gewählt und er machte sein Versprechen wahr. Die Volksabstimmung fand 1975 statt (67,2 Prozent mit Ja). Am Abend des Referendums zeigte sich *Labour-Premierminister Wilson* erleichtert: "14 Jahre nationaler Debatte sind vorüber." *Roy Jenkins*, sein Parteifreund, spricht von einem Tag des Jubels, und weiter: "Wir lassen die Unsicherheit hinter uns."

War es also richtig, dass Wirtschaftskreise (Produzenten wie auch der Handel) des *Commonwealth*, England inklusive, speziell aber jene aus den ehemaligen großen Dominions, über Britannien, das sich nach und nach mit einem kostengünstigen, liberalisierten, d.h. unsozialen Arbeitsmarkt ausstattete, erleichterten Zugang zu den Märkten Binneneuropas bekam? Und England sich nach dem *EU*-Beitritt als Drehscheibe industrieller Entwicklungen, Produktionsstandort und des Kapitalmarktes sehen wollte? Für den Finanzplatz London hat das wohl funktioniert, aber weitergehende Hoffnungen für ein gesteigertes Wirtschaftswachstum in ganz England unterlagen starken Schwankungen, und nicht zuletzt mit der 2007 begonnenen internationalen Krise, die zu einer speziellen *Eurokrise* wurde, wandelte sich Hoffnung und Zuversicht in Zweifel und Enttäuschung.

West-Europa begann sich nach 1949 zusammen zu verhandeln. In erster Linie musste die historische Rivalität zwischen Frankreich und Deutschland überwunden werden, was schon *Churchill* nach *Weltkrieg I*, 1918, in einem Gespräch mit dem damaligen Premierminister *Lloyd George*, forderte und 1949 vor dem neu gegründeten *Europarat* wiederholte.

Nach ein paar Zwischenschritten wurde bereits in 1955 beschlossen, die derweil etablierte kontinentale Nachkriegs-Kooperation auszuweiten und um eine weitreichende Koordinierung der Agrar- und Atompolitik zu ergänzen. Mit der Unterzeichnung der sogenannten *Römischen Verträge* in 1957 schufen die Sechs (BR-Deutschland, Frankreich, Italien, Benelux) zum 1. Januar 1958 *Euratom* und die *Europäische Wirtschaftsgemeinschaft* (*EWG*, Vorläuferin der *EU*), was idealerweise als Solidargemeinschaft angesehen wurde, aber nie geworden ist. Statt dessen wurde sie zu einer Wettbewerbsgemeinschaft.

Die Ausbildung der *EWG* veranlasste England, 1959 eine Alternativlösung zu suchen, um ein adäquates Wirtschaftswachstum zu erreichen. Verhandlungen Britanniens mit Dänemark, Norwegen, Österreich, Portugal, Schweden und Schweiz mündeten schon nach einigen wenigen Monaten in ein Gründungsdokument der *EFTA* (Übereinkommen zur Errichtung der *Europäischen Freihandelsassoziation*). Großbritannien wollte so durch die Gründung dieser Freihandelszone auch Mitglieder der europäischen Gemeinschaften anziehen, was aber nicht gelang. Die Konkurrenz mit Frankreich verhinderte das.

Die *EFTA*, als Übergangslösung geplant, gab sich folgende Ziele: Förderung von Wirtschaftswachstum, der Garantie für ausgewogene Handels- und Wettbewerbsbedingungen sowie dauerhafter Ausgleich zwischen den Partnern und ihren verschiedenen Wirtschaftssektoren, aktiver Beitrag zur Ausweitung des Welthandels. Politische Integration war nicht vorgesehen. Die *EFTA* wollte ihren Mitgliedstaaten die volle politische Eigenständigkeit erhalten; ein wesentliches Merkmal dafür war der Verzicht auf gemeinsame Außenzölle, während die *EU* die wirtschaftliche Union von Anfang an als eine Stufe zur angedachten politischen Integration sah - was eine ziemliche Verhandlungshürde für eine Zusammenführung der beiden Vereinigungen darstellen sollte.

Die Annäherung der *EFTA* an die *EWG* war aber politisch von ihren Gründervätern gewollt, und so hatten die Staats- und Regierungschefs der sieben Länder der *Kleinen Freihandelszone* (Freihandel nach innen, aber ohne gemeinsame Außenzölle) auf ihrer Konferenz im Jahre 1960 beschlossen, einen modus vivendi mit der damaligen *EWG* zu suchen, der, im Unterschied zu den bisherigen Vorschlägen, das Prinzip des gemeinsamen Außentarifs nicht mehr in Frage stellte. Frankreich mit seinen relativ hohen Zöllen gegenüber nicht-*EWG* Ländern wäre benachteiligt gewesen, hätte es die *EFTA*-Bedingungen akzeptiert.

Jedoch England war es wichtig, dass die *Commonwealth*-internen Zolltarife unberührt blieben, denn für Britannien war bis 1960 das Gebiet des übrigen *Commonwealth* immer noch der wichtigste Absatzmarkt, in den ungefähr 40 Prozent der englischen Ausfuhr floss - mit allerdings nur schwach steigender Tendenz.

Wie sahen jetzt die wirtschaftlichen Bindungen zwischen den *Commonwealth*-Ländern und Britannien aus? Und welchen Umfang hatten Vorzugszölle zwischen den Mitgliedern und England, die seit dem *Abkommen von Ottawa* aus dem Jahr 1932 angewandt wurden? Die Betrachtung dieser Frage kann hier nur verkürzt ausfallen. Zu verschachtelt sind diese sehr speziellen Richtlinien.

Die britischen Exporteure und Importeure der *Commonwealth*-Länder kamen im allgemeinen in den Genuss einer durchschnittlichen Zollpräferenz von rund 5 Prozent gegenüber ihren Kollegen/Konkurrenten aus anderen Ländern. Das war sicherlich nicht sehr attraktiv, lag doch vor dem Krieg diese Zahl noch bei 12 Prozent. Das scheint auch die Erklärung zu sein, warum in 1960 die Import-Exportrate jedenfalls nur noch schwach steigend war. Statistiken jedoch sind aber trügerisch, wenn sie nicht im Kontext zum Einzelfall betrachtet werden. Dabei fallen drei Länder auf, die den englischen Exporteuren/Importeuren überhaupt nennenswerte Vergünstigungen einräumten. Es sind nämlich Australien, Neuseeland und Kanada, auch heute noch Englands wichtigste Handelspartner im *Commonwealth*.

Zweitens fällt auf, dass die Vorzugszölle, welche England den anderen *Commonwealth*-Ländern gewährte, Lebensmittel-Importe betraf. Das war 1960 bei rund zwei Drittel der begünstigten britischen Einfuhren der Fall. So konnten praktisch alle Agrarprodukte aus dem *Commonwealth* zollfrei nach England eingeführt werden, wobei im Gegensatz zu denselben Waren aus anderen Ländern ein beträchtlicher Zoll erhoben wurde.

Drittens: Die britischen Rohstoffimporte aus dem *Commonwealth* machten etwa die Hälfte aller englischen Einfuhren aus, und waren damit der größte Posten. Ein kleiner, relativ unwichtiger Teil davon genoss Präferenz (spezieller niedriger Zoll um 0,5 Prozent), der Rest war zollfrei (Freihandel) und zwar aus allen Ländern, d.h. auch aus dem nicht-*Commonwealth*-Raum. Eine *Commonwealth*-Beziehung brachte in dieser Sparte demnach keine Vorteile.

Viertens: Voraussagen im Jahr 1960 über die aktuelle wirtschaftliche

Entwicklung in England führten zu dem Ergebnis, dass eine wachsende Binnennachfrage, im Takt mit den steigenden Importen aus dem *Commonwealth*, in Zukunft weniger zu erwarten sei. So gewann, unter Berücksichtigung der Entwicklungen im *Commonwealth*, ab 1960 in England die Überzeugung mehr und mehr an Raum, dass die Absatzgebiete Englands, die eine wirkliche Zukunft hätten, sich in den Vereinigten Staaten und in Westeuropa befänden. Dasselbe setzte man auch für die anderen Mitglieder des *Commonwealth* voraus, insbesondere Kanada, Australien, Neuseeland.

Das waren 1960 die Voraussetzungen, von denen Britannien für den Fall von Beitrittsverhandlungen zur *EWG* ausgehen musste. Verpflichtungen gegenüber dem *Commonwealth* im Bereich der Nahrungsmittelimporte musste die Politik in London auf die eine oder andere Art einhalten. Britischer Zoll auf Nahrungsmittelimporte aus dem *Commonwealth* wäre für betroffene Länder bitterlich und für die Preise im Inland eine Katastrophe gewesen. Hier suchte London Lösungen, ggf. auch Sonderabsprachen mit der *EWG*, um die *Commonwealth*-Beziehungen nicht zu verlieren.

Literatur

Nicolas Mansergh: Das Britische Commonwealth. Entstehung - Geschichte - Struktur. Kindler, Zürich 1969

Sil-Vara: Englische Staatsmänner. Berlin: Ullstein, 1916, S. 169-181

Klaus Wolf: Gallipoli 1915. Das deutsch-türkische Militärbündnis im Ersten Weltkrieg. Report-Verlag, Sulzbach 2008

Thomas Kielinger: Winston Churchill, eine Biographie. C.H. Beck, 2014

Gerhardt Brunn: Die Europäische Einigung von 1945 bis heute. 2. Auflage. Reclam Stuttgart 2009, Bd. 17038).

EFTA (Hrsg.): Die EFTA an einem Scheideweg. Genf: EFTA, 1980

Alan Day: Das Commonwealth und der Gemeinsame Markt. Die Zeit, 1.6.1960

Matthias Krupa: Ein Königreich für Europa. Die Zeit, 31.1. 2013

Britannien in der EU

Edward Heath, britischer Premierminister, 1970-74, war überzeugt, dass dem *Vereinigten Königreich* nichts Besseres zustoßen konnte, als die am 1. Januar 1973 gültig gewordene Mitgliedschaft in der *EWG*, der *Europäischen Wirtschaftsgemeinschaft*. Diese Entscheidung wurde in allen politischen Lagern Britanniens kontrovers diskutiert. Innerhalb von *Labour* gab es sogar eine relativ starke Gegnerschaft zum Beitritt, und man bezog sich nicht selten direkt auf *Winston Churchill*. Der hatte sich öfters für die Schaffung einer *Europäischen Union* ausgesprochen, dabei jedoch Kontinentaleuropa gemeint und immer herausgestellt, dass Britannien einem solchen Staatenbund nicht angehören würde. Er sah Englands Rolle vielmehr im Kontext des *Commonwealth*.

Als die Beitrittfrage zur *EWG* akut wurde, legte London entsprechende Verträge auf, um die alten kulturellen und wirtschaftlichen Verbindungen zu den ehemaligen Kolonien nicht zu gefährden.

In dieser besonderen Situation versprach *Harold Wilson*, Vorsitzender der *Labour-Party*, er würde im Falle eines Wahlsieges von *Labour* strittige Beitrittsbedingungen nachverhandeln. Und er würde ein *Referendum* über die Mitgliedschaft Britanniens in der *EWG* in die Wege leiten. Offene Fragen betrafen den Agrarsektor, die Mehrwertsteuer sowie die Wirtschafts- und Währungspolitik.

Die Unterhauswahlen im Februar 1974 brachten *Harold Wilson* an die Regierung, jedoch erreichte er nur eine Minderheitsregierung, so dass im Oktober 1974 eine zweite Parlamentswahl stattfand, die Labour dann mit knapper Mehrheit gewann.

Die versprochenen Nachverhandlungen mit der *EWG* fanden auch statt. Man einigte sich, und im April 1975 gab *Harold Wilson* bekannt, dass das *Referendum* am 5. Juni 1975 stattfinden sollte.

Uneinigkeit und Mehrheitsfindung ist das Markenzeichen der bürgerlichen Demokratie. So war es auch dieses Mal in Britannien. Die meisten Befürworter für die *EWG-Mitgliedschaft* bei Labour kamen aus dem Regierungslager. Aber *Labour* in seiner Gesamtheit war gespalten. Auf dem Parteitag am 26. April sprachen sich sogar mehr als die Hälfte der Delegierten gegen eine Mitgliedschaft in der *EWG* aus. *Harold Wilson* war in der eigenen Partei in der Minderheit. Deshalb trat er die Flucht nach vorne an und setzte das *Referendum* durch, das er offensichtlich als ein Instrument ansah, die Partei wieder zusammenzuführen.

Bei den *Tories* gab es ebenfalls Gegnerschaft zum *EWG*-Beitritt, der aber bedeutend schwächer war als bei *Labour*. *Margaret Thatcher*, inzwischen Parteichefin und pro-*EWG* eingestellt, war entschieden gegen eine Volksabstimmung. Sie behauptete sogar, das *Referendum* sei ein Instrument der Demagogie.

Die Volksabstimmung brachte Klarheit. 67 Prozent der britischen Wähler, die sich beteiligt hatten (Wahlbeteiligung 64 Prozent) stimmten für den Beitritt zur *EWG*. Jetzt schien es voran zu gehen, aber leider trat das Gegenteil ein. Die Regierungszeit von *Labour* (1975, bis zum 4. Mai 1979 - zwei Jahre *Harold Wilson*, drei Jahre *James Callaghan*) war trotz des triumphalen Erfolgs bei dem Referendum von großen wirtschaftlichen Problemen überschattet, was Streiks, parteiinterne Kontroversen und Lähmung der Regierungsarbeit mit sich brachte. Das führte zuletzt, 1979, zu dem Wahlsieg *Margaret Thatchers*. Sie sollte elf Jahre im Amt bleiben, bis 1990.

In ihrer ersten Legislaturperiode setzte sie eine Wirtschaftspolitik durch, die als *Thatcherismus* bekannt wurde, dessen Ziel die Bekämpfung der Inflation war. Ihre Mittel waren Deregulierung und die Privatisierung von Staatsbetrieben, etwa der *British Telecom*, von *British Petroleum (BP)*, der Luftfahrt, dem Schienenverkehr sowie von lokalen Versorgungsbetrieben (Trinkwasserversorgung, Elektrizitätsunternehmen). Insgesamt wurde der Einfluss des Staates und dessen Anteile an Großfirmen deutlich reduziert. Weitere Maßnahmen ihrer Politik waren das Einfrieren von Staatsausgaben und des Steuerniveaus. Sie bemühte dabei weder konservative Praktiken, noch liberales Gedankengut. Ihre Art der Politik wurde später als *neoliberal* apostrophiert.

Dieses alles weckte auch Widerstand, speziell bei den Gewerkschaften. 1984/85 erhoben sich die Bergarbeiter der *National Union of Mineworkers (NUM)* zu einem Streik gegen die Privatisierungen und/oder Schließungen der Zechen. Die *Eiserne Lady Margaret Thatcher* blieb aber hart und zog die Auseinandersetzung in die Länge. Die Streikkasse der Gewerkschaft leerte sich, viele Bergleute liefen in eine Schuldenfalle, und am 3. März 1985 beschloss man das Ende des Streiks. Mit dem Sieg konnte *Margaret Thatcher* ihre Deregulierungen weiter fort- und endgültig durchsetzen: So z.B. die Abschaffung gesetzlich vorgeschriebener Mitgliedschaft in Gewerkschaften für Arbeiter staatlicher Unternehmen. Ein entschiedener Streitpunkt war auch gewesen, dass bisher die Gewerkschaften Streikposten vor bestreikten Industriebetrieben aus fremden, nicht bestreikten Firmen zur Unterstützung eines Streiks herbeirufen durften. Diesen Punkt im Streikrecht Britanniens strich die Regierungschefin ersatzlos.

Margaret Thatchers Einstellung zur Entwicklung in Europa verdeutlichte sie noch einmal in ihrer zweiten Amtsperiode, als Frankreichs Präsident *F. Mitterand* und der deutsche Bundeskanzler *Helmut Kohl* ankündigten, die *EWG* zu einer politischen Union weiter zu entwickeln. Auf einem Europa-Treffen am 20.9.1988 in Brügge sprach sie sich gegen einen europäischen Bundesstaat aus: [Zitat] "Wir haben den Staat nicht deshalb erfolgreich zurückgedrängt, um ihn auf europäischer Ebene wieder errichtet zu sehen." Gleichzeitig kritisierte sie die mit *Labour* ausgehandelte Agrarpolitik der *EWG* als schwerfällig und kostspielig.

Die Frage des anteiligen Mitgliedsbeitrages für Britannien in der *EWG* war ihr ebenfalls ein Dorn im Auge – sie empfand die Höhe im Vergleich zu anderen Ländern der europäischen Gemeinschaft, speziell im Bezug auf die Agrarpolitik, als zu hoch für Britannien. Deshalb forderte sie 1984 beim europäischen Gipfel in Fontainebleau: "I want my money back." Sie meinte damit einen Teil des Mitgliedsbeitrages Britanniens. Sie setzte sich durch und erreichte, dass Britannien etwa zwei Drittel seiner Netto-Beiträge zurückerstattet bekam. Diese Sonderregelung blieb gültig, wenn auch zwischenzeitlich mehrfach modifiziert, bis zum *Brexit*.

Noch in Thatchers Amtszeit, im Oktober 1990, trat Britannien dem *Europäischen Währungssystem* bei, um im September 1992 nach dem schwarzen Mittwoch, einer Krise des britischen *Pfunds*, wieder auszutreten.

Im November 1990 löste die Partei sie als Premierminister ab und *John Major* übernahm das Amt. Die Partei befürchtete den Verlust der Mehrheit nach der nächsten Wahl. Was war vorgefallen?

Margaret Thatcher hatte 1989 eine *Kopfsteuer* eingeführt, bei der jeder Steuerpflichtige den gleichen absoluten Steuerbetrag zahlt und ohne Berücksichtigung persönlicher Verhältnisse (Einkommen, Vermögen etc.). *Margaret Thatchers* Absicht war es gewesen, auf kommunaler Ebene Ungleichheiten zwischen den Gemeinden zu vermeiden. Ihre Vorstellung: Wenn die Finanzen der Kommunen unabhängig vom Einkommensniveau der Bürger sind, dann wären kommunale Haushalte unabhängig – Konkurrenz zwischen den Gemeinden um Ansiedlung finanzkräftiger Bürger und Industrien würde nicht stattfinden.

Margaret Thatcher hatte ihre Landsleute falsch eingeschätzt. Diese Steuer war auf der Insel äußerst unbeliebt, und 18 Millionen Briten weigerten

Margaret Thatcher bei einem Besuch in Bermuda

sich, die Steuer zu bezahlen. Es kam sogar am 31. März 1990 zu einer De-monstration mit gewalttätigen Ausschreitungen. 70.000 Teilnehmer gin-gen in London auf die Straße. Man sah diese Steuer als ungerecht und un-sozial an. Ihr Stern begann so zu sinken. Dabei half es ihr auch nicht, dass sie in dieser Zeit, als sich die Vereinigung der beiden deutschen Teilstaaten *BRD* und *DDR* andeutete, heftig in Opposition dazu ging. In einer Rede vor dem Beirat der britischen Juden sprach sie sich dagegen aus, mit der Bemerkung, die deutsche Vereinigung wecke bittere Erinnerungen an die Vergangenheit. Sie zeigte sich überzeugt, wie viele ihrer Landsleute, dass es ungerecht sei, dass Deutschland wirtschaftlich so stark geworden war. *Thatcher* warnte, eine Vereinigung des ehemaligen Kriegsgegners würde zu einem von Deutschland beherrschten Europa führen.

Zu diesem Thema schriebt *Thomas Kielinger* in *Die Welt* vom 15.9.2009: [Zitat:] "Mit dem Russen *Gorbatschow* verband sie [*Margaret Thatcher*] eine Vertraulichkeit, die man in Bonn, hätte man deren Ausmaß gekannt, fast als Verrat an der gemeinsamen Sache hätte deuten können. So hatte *Thatcher* am 23. September 1989 bei ihrem Gespräch mit *Gorbatschow* in Moskau, laut geheimer Nachschrift von dessen außenpolitischem Berater *Tschernjajew*, gesagt, wie wir jetzt lesen können:

"Großbritannien und Westeuropa sind an einer Vereinigung Deutsch-lands nicht interessiert. Das mag nun in offiziellen Verlautbarungen der Nato anders klingen, aber das dürfen Sie ignorieren. Wir wollen die deutsche Wiedervereinigung nicht. Denn es würde zu Veränderungen der Nach-kriegsgrenzen in Europa führen, die Stabilität der gesamten internationalen Situation unterminieren und zur Bedrohung unserer Sicherheit führen."

Der französische Präsident *François Mitterand* war mit *Margaret Thatcher* einig. Auch er wollte die deutsche Vereinigung nicht, klagte aber, wie Autor *Kielinger* weiter schreibt: [Fortsetzung Zitat] "Die Russen können nichts tun, die Deutschen aufzuhalten. Die *USA* haben den Willen dazu nicht. Übrig bleiben nur Frankreich und England. Er mache sich Sorgen, dass er und die Premierministerin sich in der Situation ihrer Vorgänger wiederfinden, denen es in den Dreißigerjahren nicht gelang, auf den ständigen Vorwärtsdrang der Deutschen zu reagieren [Ende Zitat]."

Gemäß Meinungsumfrage (*MORI Polls*) lag in Britannien um 1990 die Zustimmung für ein Verbleiben in der *Europäischen Union* zwischen 60 und 65 Prozent.

John Major, *Margaret Thatchers* Ziehkind, entsorgte die Erblast Kopf-steuer schnell. Er schaffte sie im März 1991 wieder ab und löste sich schließ-lich von seiner Ziehmutter, die zunehmend enttäuscht über seine Politik reagierte, ihn sogar diffamierte: „Er ist grau. Er hat null Ideen. Ich fühle mich betrogen." *Major* blieb bei seinem Weg, brach sogar offen mit der Haltung *Margaret Thatchers*, denn schon im März 1991 kündigte er in Bonn, auf seinem ersten Besuch in der Bundesrepublik Deutschland, einen Schwenk in Britanniens Europapolitik an: "[Wir wollen dort stehen] wohin wir hin gehören, [nämlich] im Herzen Europas." Diese Worte sprach *John Major* nur zwei Tage, nachdem seine Ziehmutter in den *USA* wieder einmal gewarnt hatte, Deutschland würde nach der Vereinigung Europa beherrschen.

John Major wurde im April 1992 mit hauchdünner Mehrheit wieder-gewählt, trotz der Rezession im Land und dank seines persönlichen und engagierten Wahlkampfs. Aber die Stimmung in der *Konservativen Partei* verschlechterte sich durch Richtungskämpfe. Eurokritiker, zu denen auch *Nigel Farage* gehörte, kritisierten *Major,* der den *Vertrag von Maastricht* un-terzeichnet hatte. Einen Pakt, der sich als Gründungsakt der (politischen) *Europäischen Union* verstand, einen ersten Teilschritt auf dem Weg hin zu einer *EU-Verfassung*, und wie man in der Präambel formuliert, damit einer neuen Stufe bei der Verwirklichung einer immer engeren Union der Völker Europas. Erst als *John Major* eine zweite Abstimmung im Parlament mit einem Misstrauensvotum verband, gewann er am 22. Juni 1993 mit drei Stimmen Mehrheit. Seine Autorität war aber beschädigt.

Nigel Farage zog seine persönlichen Konsequenzen aus dieser Situation. Er trat aus der konservativen Partei aus und wurde 1993 eines der Grün-dungsmitglieder der *UK Independence Party* (*UKIP*), die einen Austritt Groß-britanniens aus dem gesamten Vertragswerk der *EU* zu ihrem Ziel erhob.

1999 wurde er ins *Europa-Parlament* gewählt, ebenso 2004, 2009 und 2014. Er nahm den Vorsitz der Fraktion *Unabhängigkeit/Demokratie* sowie 2006 den Vorsitz der *UKIP* an, nachdem er angekündigt hatte, Verbündete in anderen Parteien suchen.

Seine Auftritte im Europa-Plenum führten oft zu äußerst kontroversen Debatten. So nahm er sich z.B. im Europa-Parlament den Kommissar für Verkehr *Jacques Barrot* vor, indem er dessen Unterschlagung von rd. zwei Millionen Pfund an Staatsgeldern öffentlich machte, oder den Kommis-sionspräsident *José Manuel Baroso*, dem er vorwarf, auf der Yacht des griechischen Multi-Milliardärs *Spirios Latsis* kostenlosen Urlaub gemacht zu haben, exakt einen Monat bevor die *EU-Kommission Latsis'* Reederei eine griechische Staatsbeihilfe von 10,3 Millionen Euro bewilligte.

2010 zweifelte er in einer emotionsgeladenen Rede die Rechtmäßigkeit der Amtsübernahme von *Herman van Rompuy* als Präsident des Europäischen Rates an, da dieser vorher völlig unbekannt gewesen sei. Er bescheinigte *Rompy* das Charisma eines "feuchten Lappens" zu haben, mit der Erscheinung eines untergeordneten Bankangestellten.

John Major überstand seine Amtsperiode nur mühsam. Mehrere Nachwahlen gingen verloren, und am Ende konnte er nur noch mit den Stimmen der nordirischen *Unionisten* regieren. Bei den Unterhauswahlen 1997 unterlagen die *Tories* der von *Tony Blair* angeführten *Labour Party*, der seinen Wahlkampf mit Wahlunterstützung potenter Kapitalgruppen, der britischen Waffenschmieden und einer taktischen Variante gewann. Er näherte seine Politik der Mitte der Gesellschaft an, sprach mit seinen programmatischen Aussagen über den freien Markt und Kollektivismus mehr liberal eingestellte Mittelständler an als Arbeiterwähler. Er nannte das *New Labour*, welches einen dritten Weg beschreite. In Konsequenz schrieb er den Teil des Parteiprogramms um, in dem die Verstaatlichung der Schlüsselindustrien festgelegt war.

Tony Blair befreite, sofort nach seiner Amtsübernahme, die *Bank of England* von Bevormundungen bei der Festsetzung von Leitzinsen seitens der Regierung, die sich in der Vergangenheit besonders in Wahlkampfzeiten oft unliebsam in die Geschäfte der Bank eingemischt hatte, um für sich Stimmung in der Wählerschaft zu machen. Für die Konjunktur war das nicht immer vorteilhaft gewesen.

1998 gelang es ihm, den schwelenden Nordirland-Konflikt zu entspannen. Im April, Karfreitag, unterzeichnete er einen Vertrag zwischen Irland, Nordirland und Britannien mit der Absicht, Konsens zu suchen zwischen den drei beteiligten Seiten. Per Volksabstimmung wurde das Abkommen bestätigt. Zwar kam es danach immer noch zu gelegentlichen Gewalttaten, die aber keinen Rückhalt mehr in der Bevölkerung bekamen.

Dies war einer seiner größten Erfolge, den er noch am 26. November 1998 mit einer Rede vor dem Irischen Parlament krönte.

Innenpolitisch stieß er eine Verfassungsreform an, ließ einen Menschenrechtskatalog einführen, veranlasste die Einführung von Regionalparlamenten in Wales und Schottland.

Außenpolitisch gab er sich kriegerisch. 1999 überredete er *US*-Präsident *Bill Clinton*, in der Kosovo-Krise Bodentruppen einzusetzen.

2001 gewann die *Labour-Party* die Unterhauswahlen mit *Tony Blair* deutlich. Er hatte mit dem Wahlthema Gesundheitswesen gut punkten können, während die Konservativen bei den Wählern mit dem Thema Britische Mitgliedschaft in der *Europäischen Währungsunion* auf weniger Interesse stieß. *Tony Blair* wurde der erste *Labour*-Premierminister, der eine volle zweite Amtszeit regierte.

In seiner zweiten Regierung geschahen die Terroranschläge vom 11.9. 2001 in New York, die *Tony Blairs* kriegerische, außenpolitischen Haltung bestärkte. Er stellte sich kompromisslos an die Seite von US-Präsident *George W. Bush*, befürwortete die Afghanistan-Intervention, ebenso den Krieg gegen *Saddam Hussein* im Irak. *Tony Blair* übernahm die US-Behauptung, *Saddam Hussein* besitze Massenvernichtungswaffen und dieser habe UN-Resolutionen verletzt.

Nachdem sich diese Behauptungen, die den Kriegsgrund begründeten, als Phantom herausgestellt hatten, die angeblichen Bedrohungen durch den Irak als übertrieben erkannt worden waren, begann eine innenpolitische Debatte, die seitdem anhält. *Tony Blair* erklärte im November 2007, im Rahmen einer *BBC*-Reihe, dass er den Krieg gewollt und sich bei *US*-Präsident Bush niemals um eine diplomatische Lösung bemüht habe.

Innenpolitisch begann er, seine Versprechen aus dem Wahlkampf, das Gesundheitswesen zu reformieren, umzusetzen – steuerliche Erhöhungen spülten die nötigen finanziellen Mittel in die Staatskasse.

Fragen der Schulpolitik kosteten *Tony Blair* jedoch Sympathien. Er geriet damit an den Rand einer Niederlage im Unterhaus. Abgestimmt wurde über die Gleichstellung der rückständigen *Theorie des Kreationismus* mit der *Darwinschen Evolution* sowie um Studiengebühren. Punkten konnte er dagegen mit einem *Lebenspartnerschaftsgesetz* für homosexuelle Paare, das im Dezember 2005 in Kraft trat. Stimmung für ihn machte auch sein vehementes Eintreten für konsequentes Handeln beim Klimaschutz und die Umsetzung des *Kyoto-Protokolls*.

2003 erhoben sich erste Rücktrittsforderungen aus seiner eigenen Partei. Der Mikrobiologe und Waffenexperte *David Kelly* war unter mysteriösen Umständen gestorben. Er soll der Informant für einen *BBC*-Bericht gewesen sein, der die übertriebenen politischen Rechtfertigungen über irakische Chemiewaffen zum Thema hatte. Aktueller Vorwurf: Der allmächtige *Alstair Campbell*, Kommunikationsdirektor des Premierministers, wäre daran beteiligt gewesen, dass die erfundenen Behauptungen, "ABC-Waffen des Irak könnten innerhalb von 45 Minuten gefechtsbereit sein", gegen den Widerstand des *Secret Intelligence Service*, des britischen Geheimdienstes, in das politische Dossier aufgenommen wurde. Weder Befragungen des parlamentarischen Untersuchungsausschuss noch vom Lordrichter *Brion Hutton* ergaben konkrete, eindeutige Klarheit über die Affäre sowie den Tod von *David Kelly*.

Tony Blair eroberte im Mai 2005 wiederum die Mehrheit im Unterhaus und blieb im Amt. In den zwei Jahren, die ihm als Premierminister verblieben, widmete er sich intensiv der Erneuerung des Atomwaffenprogramms. Er musste endlich die Wahlunterstützungen, die er in drei Wahlen seitens der britischen Waffenschmiede erhalten hatte, honorieren. Der Widerstand aus den eigenen Reihen war aber so groß, dass er die Stimmen der *Tories* benötigte, um das Vorhaben durchzusetzen. Danach, am 27. Juni 2007, trat er zurück. Sein Nachfolger wurde Schatzkanzler *Gordon Brown. Tony Blair* gilt so als der bisher am längsten regierende *Labour*-Premierminister.

Gordon Brown wurde das nur für drei Jahre, aber ihn traf die Pflicht, den *Folgevertrag von Maastricht*, den *Vertrag von Lissabon* unterschreiben zu müssen. Er kam nicht zum feierlichen Akt der Unterzeichnung.

Der österreichische Sender *ORF* meldete online am 13. Dezember 2007: [Zitat] "*Brown* machte bereits im Vorfeld unmissverständlich klar, dass er vom Vertrag wenig hält. Er schwänzte daher die Zeremonie – offiziell wegen eines Treffens mit Vertretern aller Ausschüsse des britischen Parlaments. Für Großbritannien unterschrieb zunächst nur Außenminister *David Miliband*."

Die *Labour-Party* verlor die Unterhauswahlen vom 6. Mai 2010, so daß *Gordon Brown* einen eigenen, eindeutigen Führungsstil nicht ausprägen konnte. Die Urteile über ihn sind sehr unterschiedlich. Sie reichen von inspirierend bis unzugänglich und misstrauisch. Innerparteilich zerrieb er sich an Konflikten, vor allem mit seinem Amtsvorgänger. Nach der verlorenen Wahl gelang es ihm nicht, mit der *Liberaldemokratischen Partei* eine Koalition zu bilden. Am 11. Mai trat er von allen Ämtern zurück.

David Cameron war am 6. Dezember 2005 Vorsitzender der Konservativen geworden sowie Oppositionsführer. Damit hatte er für den Fall eines Wahlsieges der *Tories* die Option für das Amt des Premierministers, zu dem ihn Königin *Elisabeth II* am 11. Mai 2010, nach dem Rücktritt von *Gordon Brown*, berief. Er stellte daraufhin sein Koalitionskabinett vor, das er mit der *Liberaldemokratischen Partei* ausgehandelt hatte.

David Cameron stammt aus reicher einflussreicher und mütterlicherseits aus einer ambitionierten vornehmen Familie. Ausbildung ihres Sprösslings in *Eaton* und später auf der *Universität Oxford* war für die Familie eine Selbstverständlichkeit. *Camerons* Professoren betrachteten ihn als fähigen Studenten mit vernünftigen politischen Ansichten. 1988 beendete er sein Studium mit Auszeichnung, wonach er seine berufliche Laufbahn bei der *Konservativen Partei* in der Abteilung für Öffentlichkeitsarbeit begann. Er kam in das Beratungsteam der damaligen Premierministerin *Margaret Thatcher* und wurde später persönlicher Berater im britischen Schatzamt, danach im britischen Innenministerium während der Regierung *John Major*.

Nach Zwischenschritten in der Privatwirtschaft von 1994 bis 2001 wurde er im Juni 2001 ins britische Unterhaus gewählt. Seine politische Laufbahn nahm ihre Fortsetzung auf.

David Cameron stieg schnell auf. Schon 2003 fand er sich im Schatten-kabinett wieder und wurde 2004 zum Schattenminister ernannt. 2005 verloren die *Tories* zum dritten Mal die Unterhauswahl gegen *Tony Blair*, worauf *David Cameron* zur Schulpolitik wechselte, wo ihm Reformen ein Anliegen war. Bezüglich der Außenpolitik folgte er der Linie seiner Partei, auch in Bezug zum Irakkrieg, den er notwendig fand.

Ende 2005 gab er seine Kandidatur für den Parteivorsitz bekannt und kurz danach setzte er sich souverän gegen Vorwürfe angeblichen Drogenkon-sums während seines Studiums zur Wehr. Während eines Interview im *BBC* bestand er darauf, dass jeder Mensch die Freiheit habe, in seiner Jugend Fehler zu machen und dass alle einen Anspruch auf ein Privatleben hätten. Im Übrigen würden auch Politiker der *Labour-Party* nicht auf solche Fragen antworten.

Nach wechselnden Wahlergebnissen führte die Partei eine Urwahl durch, indem die Parteimitglieder befragt wurden. *David Cameron* gewann diese gegen seinen Konkurrenten *David Davis*.

Seine gemäßigte pro-europäische Einstellung brachte er in einer Rede im Januar 2013 zum Ausdruck. Britannien habe zu hohe Schulden, sei nicht wettbewerbsfähig, die Politik stünde sinkendem Vertrauen der Menschen im Lande in die Institution der *EU* gegenüber. Neuverhandlungen von Britannien seien unumgänglich, sowie anschließender Volksentscheid zum Verbleib Britanniens in der *EU*. Wörtlich sagte er: "Ich möchte, dass die *Europäische Union* zu einem Erfolg wird [...]. Großbritannien soll in der *EU* bleiben."

Er lobte die Errungenschaften der Entwicklungen in Europa nach dem *Weltkrieg II*, hob hervor - an die Eurokritiker in seinem Land gewendet - dass gravierende Konsequenzen mit einem *EU*-Austritt Britanniens verbunden seien. Und wörtlich weiter: "Großbritannien bricht nicht zusammen, wenn wir die *EU* verließen."

Die Reaktionen auf seine Rede waren kontrovers. Die *Tories* und die *UKIP* stimmten zu, der Koalitionspartner, die *Liberalen*, sowie die Sprecher der Opposition, der *Labour-Party*, wie auch in den Ländern der *EU* kritisierten ihn generell.

Der Historiker *Dominik Geppert* kam zu dem Schluss, dass die Vorschläge *Camerons* außerhalb Britanniens als eine Art Affront betrachtet würden. Speziell in Deutschland sehe sich der durchschnittliche Bürger vom Gefühl her quasi als einen geläuterten Europa-Internationalisten, der sich einfügt in ein geeintes Europa der Völkerverständigung. Dies im Gegensatz zu den Briten, für die [Zitat Geppert]: "die Union ein Mittel zum Zweck ist für mehr Wohlstand, Stabilität, Freiheit und Demokratie in Europa, aber kein Ziel an sich. Jede Sakralisierung der europäischen Einigung ist den Briten fremd."

David Cameron trat mit seiner Migrantenpolitik mit ziemlich unklaren Begriffen an die Öffentlichkeit. Er redete davon, dass staatlicher Multikulturalismus zu Separation innerhalb der Gesellschaft führen werde und so den Terrorismus begünstige. Stattdessen sollte man dafür arbeiten, eine gemeinsame nationale Identität zu suchen, die eher über einen aktiven, starken *Liberalismus* zu erreichen sei. Die Menschenrechte stünden bei aller Toleranz an vorderster Stelle, und die Politik müsse dafür sorgen, dass diese Prämissen einzuhalten seien.

Hilflosigkeit, wenn nicht gar eine gewisse Taktik zur Vermengung von Ursache und Wirkung, scheinen diese Worte auszudrücken. Zumindest haben sich viele *Brexit*-Wähler davon nicht ansprechen lassen und sind eher den einfachen Parolen des *Nigel Farage* gefolgt: "We want our country back", in Anlehnung an den wirkungsvollen Auftritt von Frau *Margaret Thatcher* auf der EU-Konferenz in Fontainebleau, als sie ihre Handtasche auf den Konferenztisch knallte und lautstark von der erschreckten Ministerrunde forderte: "I want my money back."

Literatur

BBC News: 1.Januar 1973, Britain joins the EEC

Matthias Krupa: Großbritannien: Ein Königreich für Europa. Die Zeit, 31. Januar 2013

Labour-Wahlmanifest 1974: Let us work together – Labours' way out of the crisis

Labour Party 1983: The New Hope for Britain

Vaughne Miller: The 1974-75 UK, Renegotiation of EEC Membership and Referendum. Briefing paper Number 7253

Conservative Central Office: Yes to Europe, The Conservative Guide for the 1975 Referendum, Campaign. 5

Dominik Geppert: Thatchers konservative Revolution – Der Richtungswandel der britischen Tories (1975–1979)

Margaret Thatcher: Speach to the College of Europe (The Bruges Speech), Margaret Thatcher Foundation, 20. September 1988

Spiegel Online: Eisernes Misstrauen, Hans Hoyng

Der Spiegel: Stille Allianz, 18.3.1991

The Baltimore Sun, Richard O'Mara: Major quells rebellion in his party. Vote lifts chances of treaty approval

sueddeutsche.de: 24. Juni 2016: Der Mann, dem das britische Volk zu folgen beschloss

YouTube: 24. Oktober 2010, Nigel Farage insults Herman van Rompuy

Carsten Volkery in Spiegel Online: 2. März 2010: Britischer Rechtspopulist bepöbelt EU-Ratspräsidenten

Richard O'Mara: Major quells rebellion in his party, 5. November 1992

Tony Blair: Mein Weg., C. Bertelsmann, München 2010.

Spiegel Online: Ich wollte Krieg, es war das Richtige, 17. November 2007

The Independent: Tony Blair apologises for mistakes over Iraq War and admits elements of truth to view that invasion helped rise of IS, 25. Oktober 2015

BBC News: Trident plan wins Commons support. 15. März 2007

James Landale: Gordon Brown: Giant of his age or failed prime minister? BBC News, 1. Dezember 2014

ORF.at: 13. Dezember 2007: Aufbruch in neue Ära

David Cameron in seiner Rede am 23.1.2013: Ich will einen besseren Deal für Großbritannien, Kommentare im Spiegel-Online, vom 23. Januar 2013

Dominik Geppert: Ein Europa, das es nicht gibt. Die fatale Sprengkraft des Euro. Europaverlag Berlin 2013

BBC News: 14. Oktober 2005, Cameron pressed on drugs question

Andrew Sparrow: Cameron attacks "state multiculturalism", The Guardian, 26. Februar 2008

Ist der Brexit die Aufregung wert?

Der *Brexit* konnte nur Realität werden, weil es ein seltenes Zusammen-wirken gab zwischen einer uneinigen *Tory-Party*, einer gespaltenen *Labour*-Party sowie enorm starken unabhängigen Austrittskampagnen, sowohl am rechten politischen Flügel wie auch am linken. Die lautstärkste und auch effektivste Kampagne für den Austritt aber wurde angeführt von der *UKIP*, in der *Nigel Farage* den Ton angab. *Farage* ist *Ex-Tory* mit außergewöhnlichem Redetalent. Mit dabei waren die *Tory*-Politiker *Boris Johnson* und *Michael Gove* samt ihres nicht unbedeutenden Anhangs.

Sie klagten die starke Arbeitsimmigration aus (östlichen) *EU*-Ländern an und forderten, dass Britannien nur durch einen *EU*-Austritt seine Herrschaft über das eigene Land zurück gewönne. Nicht nur in England, sondern euro-paweit kritisierte man diese Haltung als rassistisch.

So hatte der Protest derjenigen, die gegen den Verbleib in der *EU* ge-stimmt hatten, zwei Gesichter:

Erstens war es ein Protest von Menschen, die sich benachteiligt fühlten durch eine Politik der Umverteilung von Lebensqualität. Dem lag die linke Befürwortung für den *Brexit* zugrunde, die sich in einer Allianz zum Kampf für ein NEIN zur *EU*-Mitgliedschaft Britanniens zusammenschloss. Kritisiert wurden von ihr laut Umfragen die von der *EU* ausgehende Demontage von Arbeiterrechten, die zur Angst vor Lohndumping, Wohnungsnot und dem schlechten Zustand des Gesundheitswesens führe.

Es waren nicht nur Rentner, Arbeiter, Arbeitslose, perspektivlose Jugend-liche, sondern auch Menschen aus dem Mittelstand, die Furcht hegten um ihren sozialökonomischen Status, Furcht hatten, nach unten abzurutschen. Sie hatten genug von einer Politik der Teuerungen, der undurchsichtigen oder inhaltslosen Versprechungen, einer Politik, die auch von den europäischen

Institutionen gefördert oder gefordert wurde. Sie plädierten vielerorts absolut nachvollziebar für den *Brexit*. Ihnen kann also partout nicht nachgesagt werden, sie hätten sich für dumm verkaufen lassen, wie *Michael R. Krätke* im Artikel "Voller Hass und ohne Plan, ein Land im Schockzustand", erschienen in den "Blätter für deutsche und internationale Politik", 8/2016, behauptet hatte.

Zweitens war es kultur- sowie auch gesellschaftspolitisch ein Ausdruck von Angst vor dem Einfluss von arbeitssuchenden Migranten aus der erweiterten *EU* und Flüchtlingen aus Krisengebieten.

So hat sich Britannien als Magnet für Migration aus der *EU,* speziell aus den osteuropäischen Ländern, erwiesen. Aber auch die Zuwanderung aus dem *Commonwealth* stieg erheblich. Aufgrund dieser Einreisen auf die Insel stieg die Bevölkerung von 57 Millionen 1993 auf 65 Millionen 2015. Das sind knapp 14 Prozent mehr Menschen, Nicht-Engländer, was eine deutlich andere Situation ist, der Deutschland bei der Vereinigung mit der *DDR* gegenüber stand. Auch in Deutschland gab es über Nacht mehr Wohnbewohner, aber auf einem vergrößerten Territorium.

In Britannien zog die logistische Versorgung der wachsenden Anzahl Menschen nicht gleich mit dem Wachstumstempo der Bevölkerung. Bezahlbarer Wohnraum blieb auf der Strecke, ebenso die sozialen Komponenten wie Schulen und insbesondere die nationale Krankenversicherung. Speziell die Regierung unter *Blair* (*New-Labour*) ignorierte Warnungen, setzte sich dafür ein, dass Migranten aus den neuen *EU*-Ländern im Osten nach England kamen. Man wollte diese Entwicklung, weil man die *EU* als Freihandelszone sah, zu der neben dem ungehinderten Verkehr von Waren eben auch der freie Verkehr von Arbeitskraft gehört, einer Arbeitskraft von Millionen nicht gewerkschaftlich organisierten *EU*-Migranten, die natürlich in Konkurrenz um Arbeitsplätze mit den tariflich abgesicherten britischen Arbeitnehmern und Arbeitnehmerinnen stehen. Das führt systemimmanent zu Abstürzen des Lohnniveaus, zu billiger werdenden Lohnkosten für die Arbeitgeber. Ein gern gesehener Nebeneffekt war die Möglichkeit der Abwerbung hochqualifizierter Spezialisten.

Kraft dieser Voraussetzungen konnte die *Nationale Krankenversicherung* (*NHS*) die Ausbildung von Krankenschwestern einstellen. Man beschäftigte lieber billige Kräfte aus dem Ausland. Inzwischen sind es über 50 Tausend. Ähnliches gilt für andere Dienstleistungsindustrien, die teilweise ganze

Belegschaften aus Osteuropa anheuerten. Kein Wunder, dass z.B. Litauen niedrige Arbeitslosenzahlen meldet. Die Menschen, vor allem die jungen, haben in erheblichem Umfang das Heimatland verlassen. Zu ihnen gehören auch gut ausgebildete Fachkräfte, die nun, was letztlich hinzukam, in England nach dem sogenannten Herkunftslandprinzip, also nicht gemäß dem britischen Tarif, sondern nach dem Niveau bezahlt werden dürfen, das in ihrem Herkunftsland gültig ist. Aber bei der Konkurrenz der *EU*-stämmigen Arbeitssuchenden untereinander, siedelte sich das Lohnniveau sogar noch darunter an.

Und bei den Migranten aus den Krisengebieten in der Welt sieht die Situation noch düsterer aus, z.B. bei jenen, die nach dem Libyen-Krieg oder zuletzt aus dem, so vermuten manche, geheimdienstlich vorangetriebenen Konflikt des Regime-Change in Syrien stammen. Von dort war die Fluchtwelle nach Europa so angeschwollen, dass sogar die traditionell toleranten Briten teilweise latente Zurückhaltung vor fremden Kulturen äußerten, sich problemlos von rechtspopulistischer Propaganda beeinflussen ließen. Von Rechtspopulisten, die sich immer und überall als die großen "Versteher" für die Nöte der "kleinen Leute" ausgeben, für jene, die sich von ihrer bisherigen politischen Heimat nicht mehr vertreten fühlten.

Aber nicht nur die Rechtspopulisten fischten im Trüben, es sind auch jene bürgerlichen Politiker, quer durch die beiden großen Parteien Englands, die sich die Propaganda der Rechtspopulisten zu eigen machten und sogar unterschiedliche Regeln für *EU*-Einwanderer oder Migranten aus Drittländern aufzurichten beabsichtigten - zum Schutz des britischen Staatshaushaltes, versteht sich.

Diese Benachteiligten in England haben sich offensichtlich entschieden, jetzt, als sie endlich eine Möglichkeit hatten, ihren Zorn, ihren Frust, ihre Angst deutlich hörbar und messbar zu artikulieren. Sie wollten jetzt Bedingungen ablehnen, die sie zwangen, sich mit Minijobs abzufinden, in Trostlosigkeit und in grauen Städten zu leben, heruntergekommen und ohne Geschäfte. Sie sahen die Gefahr, sich in den untersten sozialen Schichten wiederzufinden, oder Angst haben zu müssen abzurutschen. Sie haben die Mitgliedschaft Britanniens in der *EU* dafür verantwortlich gemacht. Sie hatten den Mut, den Konsequenzen ins Gesicht zu sehen, Konsequenzen, die ihnen gebetsmühlenartig von interessierter Seite, den Politikern und Medien, vorgehalten wurden.

Diese Propaganda hat sie nicht beeindruckt, denn Chancen für eine Änderung ihrer Lebensumstände sahen und sehen sie nicht, und damit sind sie nicht alleine. Innerhalb und außerhalb der *EU* findet die Umverteilung von Lebensqualität seit fünfundzwanzig Jahren statt - gefördert und medial unterstützt von *neoliberalen* Politikern, die Freihandelsinteressen, d.h. Profitinteressen der ganz großen transnationalen Konzerne propagieren. Oder wie ist es zu erklären, dass z.B. die Politik des *EU*-Mitgliedes Irland es einem weltweit agierenden Computerkonzern erlaubt, auf eine Million Euro Gewinn nur 50 Euro Steuern zu zahlen? Solch himmelschreiende Bevorteilung (man nennt das Wettbewerbsverzerrung) wird nur bekannt, wenn sich ein Konkurrent zu schlecht behandelt fühlt. Aber auch ohne die Kenntnis über solche Missstände haben die *EU*-Gegner in Britannien ihre eigene Chancenlosigkeit erkannt und gefühlt. Einige haben resigniert, andere verfallen, ihr eigenes miserables Los vor Augen, aggressiven Schuldzuweisungen gegenüber Menschen, denen es noch schlechter geht: an die Migranten und Migrantinnen aus kriegszerstörten Ländern. Sie haben sich in nicht unerheblicher Zahl den Rechtspopulisten zugewendet, besonders jene, die unter solchen Umständen leben müssen, wie oben beschrieben.

Aber bedeutet das, diese britischen "Arbeiterwähler" sind rassistisch oder dumm? Nein, sie haben gehandelt, sie haben ihrer kranken *Labour Party* den Rücken zugekehrt, weil sie sich von ihrer alten politischen Heimat nicht mehr vertreten fühlten und weil sie sehr enttäuscht waren von der modernen Sozialdemokratie, zu der *Tony Blair* und sein Gefolge die *Labour-Party* gemacht hatte. Eine Sozialdemokratie mit neuer Elite, die alles besser wusste, die abgerückt war von ihrer traditionellen Vertretung der Lohnabhängigen und sozial Entrechteten, sich hingewendet hatte zu Globalisierung und Europäisierung und statt dessen Themen politisierte, die den linksliberalen Mittelstand interessierten, wie Frauenquote, grüne Fragen oder Homosexualität.

So gewannen die Rechtspopulisten wie die *UKIP* Arbeiterwähler, und sie wurden in manchen Wahlkreisen stärker als *Labour*. Ihre Wähler erklärten damit ihr schroffes NEIN zur *EU*. Und was geschah zu dieser Zeit nun in Brüssel? Antwort: wenig! Oder besser, man wurschtelte weiter wie bisher und tönte: "Wir brauchen mehr Europa."

Erste Reaktionen in Brüssel nach
dem Referendum

Martin Schulz, zu dieser Zeit Präsident des *Europäischen Parlaments*, schrieb in der FAZ vom 4.7.2016 (Mit Herzblut und Leidenschaft): "[...] Wir werden nicht umhinkommen, die *Europäische Kommission* künftig zu einer echten europäischen Regierung umzubauen, zu einer Regierung, die der parlamentarischen Kontrolle des *Europaparlaments* und einer zweiten Kammer, bestehend aus Vertretern der Mitgliedstaaten unterworfen wird."

Die Völker sind aber offenbar sichtlich dagegen, eigene Souveränitäten nach Brüssel abzugeben, und in den Hauptstädten der *EU*, besonders in jenen im Osten, aber auch im Süden Europas, ist wenig Bereitschaft sichtbar, dieser Anmaßung jetzt zuzustimmen.

Aber was wird dann? Das lässt sich schwer voraussagen. Vieles wird weiter bestehen, Neues wird sich nur langsam entwickeln. Auch in London, dem Börsenplatz, dürfte man zunächst dort weitermachen, wo man vor dem *Brexit* aufgehört hatte.

Aber eines wird nicht geschehen, so wie es manche Manager der *Frankfurter Börse* vor hatten. Sie waren schon länger versessen darauf, die *Londoner Börse* zu übernehmen, hatten schon mehrere Anläufe gemacht. Aber immer kam ihnen etwas dazwischen. Und zuletzt, 2015, fühlte man sich in Frankfurt stark, denn man hatte viel Geld verdient mit einem frühzeitig aufgelegten Computerhandel für Finanzprodukte. Satte Gewinne waren das Ergebnis.

Und nun kam die Sehnsucht des Aufsteigers ins Spiel, die Sucht nach weltweit sichtbarem Prestige, das man mit dem Finanzplatz Frankfurt nicht bekommen konnte. Und der Ort ihres Appetits war London, wo die ganz großen Banken und Fonds zu Hause sind. Also wollten sie den Londoner Platz aufkaufen und mit allem nach dort umziehen. Die Aussicht, dann der größte Finanzplatz der Welt zu sein, noch vor New York, war verlockend. Man wollte nicht mehr "Provinz" sein, "Frankfurt" heißen. Und die andere "provinzielle" Mitspielerin, die *Hessische Landesregierung*, hatte nicht den Mut, diesen Deal samt Umzug zu untersagen. Die Manager setzten sich durch. Und da kam der *Brexit*!

Konnte man nun mit der Aussicht, in ein *Nicht-EU-Land* umzuziehen, das Projekt noch vorantreiben? Die Aktionäre retteten die *Frankfurter Börse*, indem sie ablehnten. London blieb also London, wenn auch geschwächt. Und die bisherigen Hauptnutznießer der Mitgliedschaft Britanniens in der *EU* lebten und leben noch vornehmlich in London. Es sind die Eliten, die mit dem Finanzstandort zu tun haben, die in den Verwaltungen der Banken oder Konzerne sitzen.

Sie zeigten sich entsetzt, warfen ihren Altersgenossen in England vor, nicht zahlreich genug zur Abstimmung gegangen zu sein. An die Resignation dieser Gruppe dachten sie dabei nicht, auch nicht daran, dass diese Gruppe außerhalb Londons längst nicht die Chancen für ein Lebensprojekt hat wie sie und vielleicht gerade deshalb nicht an der Abstimmung teilgenommen hatte. Die Bedingungen für die Londoner Yuppies werden sich nur graduell ändern. Man wird sie noch brauchen: als Wasserträger für künftige wirtschaftspolitische Regelungen.

Die entscheidende Frage ist: Was bedeutet der *Brexit* für jene ökonomischen Eliten in London und sonst wo in Britannien, jenseits jener Abhängigkeit, für ein Leben in Würde, Tag für Tag, zur Arbeit gehen zu müssen? Für die Eliten, die ihr Personal haben?

Die und ihre politischen Vollstrecker zeigten sich schockiert. Das aber nur der Public Relation wegen. Sie werden dafür sorgen, dass ihre Pfründe unangetastet bleiben, dass die Eigentumsverhältnisse zwischen Arm und Reich sich nicht ändern: der Ausstieg wird so verhandelt werden und nicht anders. Schon einmal, 1860, gab es bilateralen Freihandel - zwischen Frankreich und Britannien. Warum sollte man diese Erfahrungen nicht nutzen?

Auch das Damoklesschwert eines Zerfalls der *EU* wäre nicht tödlich, kein Schreckgespenst. Es entstünden nur Transaktionskosten, was dazu führen würde, dass sich die Verteilungskämpfe zwischen den Ländern, aber auch zwischen der organisierten Arbeiterbewegung und den Kapitalgruppen, verschärften. Die Ausprägung der *EU* hatte diese noch ausstehenden Auseinandersetzungen vorläufig in die Zukunft verschoben. Jetzt ist die Chance da, sie wieder auf die Tagesordnung zu setzen.

Die Abfuhr an die *EU*, an die Politik in London, angestoßen von den Menschen, die nicht zum britischen Establishment gehören, Menschen, die in die untersten Klasse abgerutscht sind, oder jene, die dort hineingeboren wurden und wenig Chancen haben, ein Lebensprojekt zu entwickeln, hat Signalcharakter. Diese Niederlage und die gescheiterte Verführungskampagne der politischen britischen Nomenklatura haben die herrschenden

Eliten in Europa und in London, nicht nur bei den *Tories* oder der *Labour-Party*, in eine Führungskrise gestürzt.

Die Tories in der Zange von rechts und von links

Man fragt sich, wieso denn der Premier *David Cameron, Tory*-Mitglied, diese Abstimmung zugelassen, ja herbeigeführt hatte. Er musste wissen, dass es eng werden würde für seine um Zustimmung werbende Kampagne. Wollte *Cameron* wirklich endgültig Klarheit bei den Konservativen, die sich gespalten zeigten, sich nicht einig waren über den Wert oder Unwert einer *EU*-Mitgliedschaft Britanniens? Oder spiegelten die Kräfteverhältnisse innerhalb der *Konservativen Partei* den Einfluss der Lobbyisten, die für ihre jeweiligen Auftraggeber aus Industrie, Wirtschaft sowie dem Finanzplatz London Einfluss nahmen auf die Meinungen verschiedener Parlamentarier, und *David Cameron* hatte gar keine andere Möglichkeit, den Ausweg der Abstimmung zu suchen?

Es gab sicher starke Kräfte, die über ihre Lobbyisten gegen einen Verbleib in der *EU* votierten. Realwirtschaftlich aber stand Britannien bei Deutschland mit einem Handelsbilanzdefizit von 50 Milliarden Euro in der Kreide – einem Defizit, das die Teuerung auf der Insel antrieb und Arbeitsplätze vernichtete. Das kostete Wählerstimmen.

Auf der anderen Seite kam der Druck von *EU*-Lobbyisten vom größten Finanzplatz auf dem Globus. Der dürfte ausgereicht haben, um den Premierminister den Ausweg via *Referendum* suchen zu lassen und damit eine gewaltige Zustimmungskampagne loszutreten. Nun hat die Stimme dieser *EU*-Lobbisten Gewicht, denn hinter ihnen steht die geballte Macht des Geldes, auch des Dollars, in einer täglichen Größenordnung, entsprechend dem Wert, den die Realwirtschaft (Produktion und Handel) Britanniens in einem Jahr erwirtschaftete. Und der Großspekulant *Georg Soros* schloss sich dieser Kampagne an, warnte sogar öffentlich über die willigen Medien vor den ökonomischen Folgen eines *Brexit*, unterließ es aber nicht, auf einen Crash zu wetten – und verdiente noch daran mit seinen Hedge-Fonds.

David Cameron hatte sich also den Europäern unter den Lobbisten zu-

David Cameron, von 2010 bis 2016 Premierminister

gewendet, wissend, dass die Bevölkerung Englands den Verbleib in der *EU* auch möglicherweise ablehnen könnte. Sein fast erleichtert wirkendes Vorsichhinpfeifen nach seiner Abdankungserklärung scheint zu bestätigen, dass er froh war, eine Last los zu sein.

Dann war da noch *Boris Johnson,* dessen Haltung in diesem Gerangel am wenigsten erklärbar ist. Man fragt sich, warum der *Tory*-Wortführer der Austrittskampagne, der schon als der mögliche Nachfolger des *David Cameron* hoch gelobt wurde, nach dem Referendum sich von Stund an weigerte, dessen Amt als Nachfolger anzutreten. War er wirklich eine Gefahr für die *Pro-EU*-Lobbisten vom Finanzplatz? Immerhin hatte er noch wenige Monate vor der Abstimmung für einen Verbleib in der *EU* geworben. Dazu schrieb *Tagesschau.de* am 16.10.2016: [Zitat] "Die *Sunday Times* stützt die Kritiker *Johnsons,* der in einer bislang unveröffentlichten Kolumne [...] im Februar für den *Telegrap*h [schrieb]. Darin spricht er sich für einen Verbleib Großbritanniens in der *EU* aus. In dem Text heißt es, ein *EU*-Austritt würde sicher zu einem Wirtschaftsschock in Großbritannien führen. Angesichts der Möglichkeiten durch den Zugang zum gemeinsamen *EU*-Markt mit 500

Boris Johnson, Außen- u. Commonwealth-Minister

Millionen Menschen, erscheine der Mitgliedschaftsbeitrag ziemlich klein, schrieb Johnson im Februar."

Wurde er eben deswegen weggemobbt, weil die Parteigänger von ihm als "Wendehals" enttäuscht waren? Oder war sein Stimmungsumschwung hin zum *Brexit*-Flügel der *Tories* lediglich die Folge einer wie auch immer gearteten PR-Kampagne des *Boris Johnson*? Das macht aber keinen Sinn, denn auch er hätte sich über die Konsequenzen im Klaren sein müssen, nämlich, dass er sich zumindest selbst kompromittieren würde. Die Erklärung für die (Ver-)Wandlung des *Boris Johnson* ist wahrscheinlich sehr banal: In seinem Wahlkreis überwog die Stimmung gegen die *EU*.

Die *Pro-EU*-Lobbisten quer durch *Tories* und *Labour* hatten für die Eventualität des negativen Ausgangs des Referendums schon vorgesorgt. Die Marschroute hieß nun für den Fall der Fälle Schadensbegrenzung. Die wie aus dem Nichts entstandene Kampagne der Unterschriftensammlung für ein zweites *Referendum*, die Organisation von Massendemonstrationen von *EU*-Befürwortern lässt diesen Schluss zu. Aber auch der Artikel "In or out?" in der englischen politisch links stehenden und gewerkschaftsnahen Zeitung *Morningstar,* kurz nach dem 23.6.2016 erschienen, weist in diese Richtung. [Zitat:] "Der *Cameron-Osborne*-Regierung können die Verhandlungen über das Ausscheiden Britanniens aus der *EU* keinesfalls überlassen werden. [...] Auch keinem anderen [...] *Tory*-Parlamentarier ist zuzutrauen, dass er dem politischen Druck aus dem Finanzplatz London und den Großunternehmen widersteht. Vielmehr würde das sicherlich darauf hinauslaufen, dass der Austritt des Landes aus der *EU* vereitelt oder zu Bedingungen ausgehandelt wird, die die Marktfreiheiten [...] bestätigen und das Volk mit noch mehr Austeritätspolitik bestrafen. [...] Der Putschversuch [von rechten Labour-Parlamentariern] gegen [den linken *Labour*-Chef] *Jeremy Corbyn* soll die Wahl einer *Labour*-Regierung verhindern, die von einem Sozialisten geführt wird, der bis heute jeden *EU*-Vertrag abgelehnt hat, der auf die Etablierung der [...] *"Vereinigten Staaten von Europa"* abzielt. Die jetzt in den Putsch gegen *Corbyn* verwickelten *Labour*-Abgeordneten [...] haben den Kontakt zu den Menschen verloren und lassen zu, dass die Wähler aus der Arbeiterklasse weiter in Richtung der *UKIP* [rechtspopulistische Partei, gegründet von dem ehemaligen *Tory Nigel Farage*], abwandern."

Weiter schreibt der *Morningstar,* auf das Streitthema über die Immigranten eingehend: "In jedem Fall muss dem Fremdenhass und dem Rassismus, der von beiden Seiten der *Brexit*-Abstimmung geschürt worden ist, Einhalt geboten werden. Die Entscheidung für den Austritt darf nicht zum Vorwand für weitere Einschränkungen gegen Immigranten von außerhalb Europas genommen werden. Der Plan, [...] Sozialleistungen den Immigranten vorzuenthalten, muss fallengelassen werden. Die Entscheidung des *Europäischen Gerichtshofes,* die Gewerkschaften und Regierung untersagt, gleiche Arbeitsbedingungen durchzusetzen, muss ersetzt werden durch Gesetze, die allen Arbeitern die gleiche Behandlung garantieren, egal woher sie kommen [...]." - Soweit das Zitat aus dem *Morningstar.*

Schaufelt die Labour Party ihr eigenes Grab?

Politisch korrekt wäre es gewesen, wenn *David Cameron* Neuwahlen hätte ausschreiben lassen. Ein *Labour*-Sieg zu diesem Zeitpunkt wäre möglich gewesen, und dann hätte *Jeremy Corbyn* das Amt des Premierministers übernommen, der als einfacher Abgeordneter nie einen Hehl aus seiner Skepsis gegenüber der Mitgliedschaft Britanniens in der *EU* gemacht hatte. Aber er hat mächtige Feinde. Die *neoliberalen* Medien und auch Parlamentarier der alten rechten *Labour*-Führung hatten sich gegen *Jeremy Corbyn* verschworen.

Der Ton des Gezerres in der *Labour-Party* wurde grimmig. Ja, es kam sogar zu Verwüstungen von Parteibüros und Drohungen. Der Abgeordneten *Luciana Berger* schickte man die Morddrohung, sie werde wie *Jo Cox* enden, einer *Labour*-Abgeordneten, die eine Woche vor dem Votum über den Austritt aus der *EU* ermordet wurde.

Die Entwicklung von *Labour* hat in England zentrales, öffentliches Interesse gefunden. *Jeremy Corbyn*, gerade Parteivorsitzender geworden, musste bei der Entscheidung über die Erneuerung des britischen Atom-U-Boot-Programms eine Abstimmungsniederlage einstecken. Er hatte eine Ablehnung empfohlen, aber die meisten seiner *Labour*-Parlamentarier folgten ihm nicht. Seitdem hetzen *Financial Times* und andere *neoliberale* Medien gegen ihn. Man wollte ihn abgesetzt wissen, und die rechte Presse hatte schon bei der Wahl von *Jeremy Corbyn* getobt, wohlversorgt mit delikaten

Informationen von den in der Ära des *New Labour Premierministers Blair* massenhaft aus dem rechten Parteiflügel aufgestiegenen Karrieristen. Diese fürchteten um ihre Pfründe. *Blair* hatte als Premierminister seinerzeit Britannien an der Seite der *USA* in den Krieg gegen den Irak geführt, unterstützt und gelenkt vom "Arbeitgeber" und Ausrüster der britischen Armee, der Waffenindustrie. Dieser Finanz- und Industriekomplex setzte in jenen Jahren erstmalig in seiner Geschichte auf *Labour*. Nur so sind zwei Amtszeiten von *Blair* zu erklären, in denen jene Vordenker in der Partei nach oben gespült wurden und die *Jeremy Corbyn* nun als Nachlass übernehmen musste. Ihnen war und ist ihr neuer Parteichef zuwider, der sich in der Friedensbewegung einen Namen gemacht hatte. Lügen und Drohungen sind ihre Mittel, die den etablierten Medien als genüsslicher Anlass für fette Titelzeilen gegen *Jeremy Corbyn* dienen. "Ziehe deine Schlägertruppen gegen moderate Parteimitglieder zurück", schrieben sie. *Jeremy Corbyn*, Demokrat und auf Ausgleich bedacht, forderte seine Partei-Genossen auf, die Meinungsverschiedenheiten zivil und mit weniger Bitterkeit zu führen - ohne Erfolg. Das Stereotyp seiner Gegner jeweils: "er hat Schläger auf seiner Seite." Ein schneller Erfolg blieb den Gegnern *Jeremy Corbyns* aber versagt. In der Parteibasis - die *Labour*-Mitgliedschaft stieg deutlich seit *Jeremy Corbyns* Wahl wieder an - entwickelte sich eine Sympathiewelle, die es in dieser Form in der Partei noch nicht gegeben hatte. Es bildete sich eine Aktivistengruppe, die sich *Momentum* nannte. Sie hatte sich zum Ziel gesetzt, *Jeremy Corbyns* Wahl zu unterstützen. Nach seiner Wahl blieb man zusammen und organisierte in Form einer breiten Bewegung Sympathie-Kundgebungen, bei denen vor allen in den Industriestädten Birmingham, Manchester, Sheffield und anderen tausende von Teilnehmen gezählt wurden. Das wirkte in die Gewerkschaften hinein und zahlreiche ehemalige Anhänger kehrten wieder zur Partei zurück.

Nach der Sommerpause 2016, von *Jeremy Corbyns* Gegnern genutzt, sah man sie besser organisiert. Mit den Medien im Rücken und der Mehrheit der Parlamentarier, ging die Auseinandersetzung in eine entscheidende Phase. Sie drohten mit der Gründung einer moderaten und liberalen Partei, die allerdings keine Gesichter hätte. Seine Persönlichkeit war die Stärke *Corbyns*, die ihm zur Wiederwahl verhalf und die es der *Labour*-Linken möglich machte, diese Attacke abzuwehren. Sie wurde zu einer Niederlage für die gesamte *Pro-EU*-Lobby im Parlament.

Wird die EU zerrissen?

Wird nun die **Europäische Union zerrisen?** In Brüssel, Berlin und anderen anderen Hauptstädten des *EU*-Europas suchte man eine Politik der Schadensbegrenzung, wohl wissend, dass der *Brexit* dramatische Auswirkungen haben kann, denn der Ausstieg Britanniens bringt erstmals die Expansionsdynamik des finanzkapitalistischen *EU*-Projekts ins Stolpern. Es ist nunmehr der bisher schwerste Schlag gegen eine immer enger werdende Union. Nicht von der Peripherie wie in 1982, als das relativ unbedeutende Grönland aus der *EWG* austrat, oder in ca. 2015/16 von Griechenland, dessen Volksabstimmung mit Zittern in der *EU* beobachtet wurde. Nein, der Riss geht vom Zentrum der Macht, von einer der wichtigsten Mitgestalter in der *EU* aus, von einem aktiven Partner, der seit 1973, dem Beitrittsjahr, die Tagesordnung in Brüssel in vorderster Reihe bestimmt hat. Und Britannien zeigte sich seitdem als Musterknabe in seiner Politik, von Privatisierung staatlicher Unternehmungen und Deregulierung von Arbeitsverhältnissen, oder der Intensivierung der Erweiterung der *EU* nach Osten. Mit Britannien steigt die zweitgrößte Ökonomie der *EU*, noch vor Frankreich, mit 5,6 Mrd. Euro der drittgrößte Nettozahler in die *EU*-Kasse und die erfahrenste und größte europäische militärische Streitmacht, mit Anspruch auf weltweite Interventionen, aus dem Projekt aus, einem Vorhaben, für das die *EU* auf enge Mitarbeit im Sicherheitsrat der *UNO*, auf gemeinsame Außen- und Sicherheitspolitik zukünftig wird verzichten müssen. Auch auf den Zugriff von Know How einer der größten Waffenschmieden (*BAE*) der Welt.

Deutschland, das bisher ein Hauptnutznießer in der Union war, das 2015 einen satten Handelsbilanzüberschuss von 248 Milliarden Euro vorweisen konnte und das damit alle anderen *EU*-Länder in die Schuldenfalle, eine Krise, getrieben hatte, gehört nach dem britischen Referendum vom 23.6. 2016 zu den Verlierern. Soll dies nun für die deutsche Exportindustrie das Ende bedeuten? Es wäre wirklich ein Jammer, denn der britische Markt war und ist für die deutsche Exportindustrie sehr wichtig. Die Beteiligten werden Ersatzlösungen finden müssen.

Aber auch die Finanzindustrie der *USA* wurde getroffen. Kein geringerer als der *US*-Präsident *Barak Obama* sprach sich noch im April 2016 für den Erhalt und die Stärkung der Londoner City als zentralen europäischen Umschlagsplatz für *US*-Finanzprodukte aus, fand man doch Bedingungen, wie sie besser nicht sein konnten: Gemeinsame Sprache, Consulting- und Anwaltspraxen aller Art, hochqualifizierte Börsen-Spezialisten. Es war demnach ganz verständlich, dass von Finanzinstituten in den *USA* viel Geld in die Werbung in England für einen Verbleib floss.

Inzwischen ist es wohl dem einfachem Mann auf der Straße offenbar, zumindest außerhalb Deutschlands, dass in den Verträgen zur *EU* supranationale Zentralisierung anvisiert ist, eine Zentralisierung, der die Völker der *EU* erklärtermaßen niemals ihre Zustimmung gegeben hatten, eine Zentralisierung, über welche die Politiker in Brüssel sich nicht offen erklären. Die Aufforderung seitens Brüssel, das Handelsabkommen mit Kanada, *CETA*, ohne die Zustimmung der nationalen Parlamente in Kraft zu setzen, zeigte diese Tendenz eindeutig.

Diese Zentralisierung also würde die Exportindustrie in Deutschland als die Macht in Europa etablieren, deren politischer Wille, alleine auf Grund ihres wirtschaftlichen Gewichts, sich wohl immer durchsetzen würde. Die sechs Gründerstaaten (Frankreich; Italien, BRD, Benelux) der *EU* - vormals *EWG* - hielten über ihre Konstituierung niemals eine Volksabstimmung ab, aber in den Beitrittsländern zur *EU*, der *EFTA* (kleine Freihandelszone in Europa, Dänemark, Norwegen, Österreich, Portugal, Schweden, UK), gab es das. In Norwegen hat sogar als einzigem Land der *EFTA* das Volk mit NEIN gegen den *EU*-Beitritt gestimmt, obwohl die zentrale Absicht der *EU* bei den ersten Volksabstimmungen in den *EFTA*-Ländern nicht (erkenntlich) auf dem Zettel stand. Wie im England des *Brexit* dürften sich bis heute auch in den übrigen *EFTA*-Beitrittsländern aber auch im *Benelux*-Raum die Stimmungen geändert haben, und wie in England dürfte die Frage der Zentralisierung, also der Verlust der nationalen Souveränität, sicher eine bedeutende Rolle spielen.

Der *Brexit* hat also gezeigt, dass nichts endgültig ist. Die Stimmung in der *EU* ist im Wandel. Die *EU*-Gegner werden stärker, Mehrheiten in den verschiedenen Mitgliedsstaaten der *EU* für pro-*EU* sind nicht mehr sicher. Und der Trend wird sich nicht umkehren, wenn die *EU* nicht demokratisiert wird, die Schuldenländer wie Griechenland und andere Länder am Südrand der *EU* ihre Arbeitsplätze vernichtende und zu Teuerung führende negative Handelsbilanz nicht los werden.

Die britische Industrie, die ja immer noch ihr *Pfund Sterling* hatte, wird sich über den Kurssturz gefreut haben. Die Währungsabwertung des englischen *Pfunds* wirkte sich positiv auf den Export aus, wird Arbeitsplätze geschaffen oder zumindest erhalten haben. Damit zeigt sich, dass *EU* und *Euro* in einer tiefen Krise stecken. Und eine Strategie, wie den zentrifugalen Kräften, die das ganze Konstrukt zerreißen könnten, entgegengewirkt werden kann, ist in weiter Ferne. Austerität (sparen bei den kleinen Leuten) soll es bringen, in einer *EU*, die als *Euroraum* mit China und den USA um die globalen Märkte konkurrieren soll. Und das mit einem *Euro*, der als Währung ebenso den zentrifugalen Kräften ausgesetzt und als Bindeglied genau so gefährdet ist. Britannien hatte sich ja schon, wie Dänemark, von Anfang an dem *Euro*-Zwang widersetzt und den Weg zur Zentralisierung abgelehnt. Wahrscheinlich intuitiv, ohne die Entwicklung vorausgesehen zu haben.

Um dieses Vorhaben, die Zentralisierung und die Erhaltung der Wettbewerbsfähigkeit der deutschen Exportindustrie voranzutreiben und zu flankieren, werden Milliarden und Milliarden Euro in die privaten Risiken deutscher Exporteure als öffentliche Kredite an die Schuldenländer abgesichert. Griechenland macht hier den für alle erkennbaren Vorreiter. Dessen Schulden werden abgeschrieben werden müssen, bezahlt von Steuerzahlern der *EU*. Das kann keine Lösung sein, und die Erkenntnis darüber hat in vielen *EU*-Staaten *EU*-kritische Bewegungen entstehen lassen. Und im *Brexit* sind diese fundamentalen Widersprüche erstmals mit einem politischen Bruch sichtbar geworden.

Wird es eine Schockheilung geben? Das scheint fraglich. Nach allem, was bislang an politischer Reaktion auf den Schock *Brexit* offenbar geworden ist, bleibt ein demokratisches Projekt *EU* mit Zukunftsperspektve in der bisherigen Form undenkbar. Im Gegenteil, im gegenwärtigen Europa der Finanzmärkte, im Europa der Konzerne und Exportoffensiven der Zentrale, dürfte weitere Erosion der *EU* und seiner Währung kaum zu verhindern sein. Und als Fluchtpunkt einer Freihandelselite zeigt sich am Horizont wieder die kleineuropäische Lösung. Mit ihr würde die bankrotte Peripherie abgekoppelt und deren Schulden abgeschrieben.

Die konservative *Theresa May* folgte *David Cameron* als Premierministerin. Ihre Aufgabe war komplex und vielschichtig. Sie stand einerseits vor einer tiefen Kluft, der durch ihre Partei ging und immer noch geht, andererseits stand sie nach ihrer Wahl vor der Frage, wie die Macht der Partei im Staat zu erhalten wäre.

Es gab in der Vergangenheit schon des öfteren innerparteiliche Richtungskämpfe, die aber niemals eine ernste Bedrohung für die Partei wurden und die immer wieder zu einer dritten Lösung führten. Niemals aber war bei den *Tories* die Kluft der Meinungsunterschiede so groß wie bei der Frage

Theresa May, Premierministerin, UK

der Mitgliedschaft zur *EU*. Und auch in dieser Lage musste sie den Ausweg finden, allerdings mit der trüben Aussicht eines weiteren Verfalls der Partei und der Zersplitterung der Wählerschaft, wenn ihr das nicht gelänge. Und hinter ihr stand die herrschende Elite, der sie Rechenschaft ablegen musste. Eine Rechenschaft über einen gangbaren politischen Weg, der sowohl die Klientel der Bewegungen pro *EU* wie auch kontra *EU* hätten zustimmen können.

Aber auch breite Wählerschichten erwarteten von ihr befriedigende Antworten, wie Sicherung des Lebensstandards usw. - speziell verunsicherte *Tory*-Stammwähler durften nicht verloren gehen. Kein wirklich einfacher Spaziergang, der *Theresa May* nach ihrem Wechsel auf den Sessel des Premierministers bevorstand. Taktik und kluges Timing sollte ihre Politik bestimmen. Versprechungen und Hoffnungen auf zukünftige Entwicklungen musste sie sowohl ihren Auftraggebern machen, den Vertretern des Finanzkapitals wie auch der Wählerschaft.

Wie kam es zur Wahl der Theresa May?

Vor dem *Brexit* lagen die *Tories* in einem tiefen Fraktionskampf verstrickt. Es ging um nicht weniger als Differenzen innerhalb der britischen Industrie, Wirtschaft und Banken in der Frage des Verhältnisses Britanniens zur *EU*. Diese Auseinandersetzung schwelte schon lange, eigentlich seit 1973, als Britannien der *EWG* beigetreten war.

Die etablierte Rolle der deregulierten Londoner City (mit Arbeitsverhältnissen ohne tarifliche Bindungen) als Stützpunkt für *US*-Banken und der *EU*, welche den europäischen Finanzmarkt überwachen, nahm oder nimmt bei den *Tories* eine bedeutende Stellung ein. Der *Dollar* als Weltwährung erhält hier Flankenschutz vor Verfall und dem Angriff von Drittwährungen. Die Interessen der *USA* in der *EU* lagen damit in den Händen von Finanzinstituten in Britannien, in London, die auch gleichzeitig Sprachrohr für die enger werdenden Beziehungen der *EU* zur *NATO* waren. Ein gewisser Teil der britischen Finanzelite hatte sich damit arrangiert und zog Vorteile daraus, d.h. verdiente damit viel Geld und erhielt die Möglichkeit, eine gewisse Rolle in der weltweiten Ökonomie zu spielen.

Ein anderer Teil der Finanzelite, die Hedge-Fonds und Investmentbanken, die Kapital aus dem Nahen Osten, aus Fernost oder Großbritannien verwalten, hatte eine andere Meinung, denn im Oktober 2010 einigten sich die

EU-Finanzminister auf strengere Regulierungsvorschriften für Hedge-Fonds und private Beteiligungsgesellschaften, und seit Juli 2011 gibt es in Europa einen einheitlichen Regulierungsrahmen für alternative Investmentfonds. Da Hedge-Fonds mit immer neuen Strategien operieren, sahen diese Leute ihren Spielraum eingeschränkt. Außerdem fragten sie, ob die Vertretung finanzieller *US*-Interessen in der *EU* tatsächlich vorteilhaft sei, da dadurch das britische *Pfund* überbewertet werde, was sich wiederum negativ auf die britische Exportindustrie auswirke.

Vor dem Nachfolger oder der Nachfolgerin von *David Cameron* stand aber nicht nur die Frage des Verhältnisses Britanniens zur *EU*, sondern darüberhinaus auch die Frage, wie die Massenbasis der *Tories* zu erhalten sei. Die mit der *EU*-Mitgliedschaft verbundenen Maßnahmen wirkten sich in diesem Punkt negativ aus und trieben die Wähler entweder ins Nichtwählerlager oder zur rechten *UKIP* (*UK-Independence Party*). Eine dieser Regulativen war die Behandlung der Frage des Wohnortes von *EU*-Immigranten. Ein anderer Punkt war die Besorgnis der *Tory*-Wähler über die von der *EU* verordnete Austeritätspolitik, sowie die Frage der Auswirkungen von *EU*-Vorschriften auf kleine und mittlere Unternehmen.

Damit ist vielleicht die Haltung von *Boris Johnson* zu verstehen, der in Vertretung für den Bereich Vermögensverwaltung zuständigen Gruppe der Finanzelite eine Anti-*EU*-Haltung einnahm, um genau diese Wählerschicht für die *konservative* Partei zu erhalten. *Boris Johnson* gegenüber standen *Cameron* und sein Finanzminister *George Osborne*. Diese vertraten die in die finanztechnische und politische Allianz mit den *USA* eingebundenen großen Institutionen der Londoner City. Im Ergebnis kam es zum Riss, der durch die konservative Partei ging und *David Cameron's* Kabinett spaltete. *Michael Gove* und *Johnson* strebten mit ihrer Anti-*EU*-Haltung die Führung in der konservativen Partei an, wurden aber abgestraft, weil sie sich offensichtlich zu weit aus dem Fenster gelehnt hatten. *Theresa May*, die als Innenministerin die drittwichtigste Position im Kabinett innehatte, nahm eine zurückhaltende Pro-*EU*-Haltung ein – und wurde damit Favoritin.

Nach dem Referendum war sie die naheliegende Kompromisskandidatin. Ohne *Cameron* und *Osborne* zu nahe zu stehen, bekam sie das Vertrauen der *US*- und *EU*-nahen Institutionen. Sie war die lachende Dritte in diesem Gezerre, und man präsentierte sie als einzig mögliche Führungsperson, die geeignet sei, Britannien in die *EU*-Austrittsverhandlungen zu führen. Und das in einer Zeit, in der *Labour* vor dem Zerbrechen stand und sich links-extremen Strömungen hingegeben hatte.

Theresa May's Wahl

Nachdem *Boris Johnson* seinen Verzicht erklären musste, war die Wahl der *Theresa May* keine Überraschung mehr, und ihre, kurz nach ihrer Wahl abgegebenen Erklärungen bewiesen ihren Willen zur Macht und ihren Hang zu einem Opportunismus, der gerne gehört wird. So beteuerte sie, im Gegensatz zu ihren früheren Äußerungen und jenen der Konservativen Partei, sich von der bisherigen Austeritätspolitik zu distanzieren, sich "in den Dienst der arbeitenden Bevölkerung zu stellen" und "ein Land für alle zu schaffen und nicht nur für die paar Privilegierten". Weiter wolle sie die zu hohen Gehälter leitender Angestellter ins Visier nehmen und Arbeiter (Arbeitervertreter) in die Vorstände von Konzernen zu heben. Und: "Es ist nicht unternehmerfeindlich, wenn man darauf hinweist, dass das Großkapital sich ändern muss." Dieser letzte Satz, wenn er denn ernst gemeint ist, zeigt eine besondere Fähigkeit britischer Politik, einen gefahrlosen Wandel im Interesse der Eliten herbeizuführen.

Auch die Aufstellungen in ihrem Kabinett zeigten ihren politischen Weitblick. Die Rebellen in der konservativen Führung wurden in verantwortliche Positionen eingebunden und so neutralisiert. *Boris Johnson* bekam das Außenministerium, weitere sieben andere Pro-*Brexit*-Konservative sind im Kabinett - unter 18 Anti-*Brexit*-Mitgliedern. *Michael Gove* wurde das Bauernopfer, er wurde ausgegrenzt, zusammen mit *George Osborne*, Ex-Finanzminister. Sein Name steht für die verhasste Austeritätspolitik.

Wie glaubhaft ist *Theresa May* nun, denn politisch stand sie immer auf dem *neoliberalen* rechten Flügel der Partei? Die Einführung eines Mindestlohnes war ihr ein Greul, ebenso gesetzliche Regelungen gegen Steuerhinterziehung (Auslagerung von Gewinnen in Steueroasen). Kürzungen bei den Leistungen für Arbeitslose wurden mit ihrer Hilfe eingeführt. Die Polizei erhielt unter *Theresa May* als Innenministerin neue Befugnisse zur Überwachung sozialer Medien und von Demonstrationen. Sie verhängte recht drakonische Kontrollmaßnahmen für die Einwanderung aus Nicht-*EU*-Ländern. Und einen Monat vor dem *Referendum* hielt sie eine Rede bei *Goldman-Sachs*: [Zitat] "Ich denke, die wirtschaftlichen Argumente sind klar. Teil eines 500-Millionen-Handelsblocks zu sein, ist bedeutsam für uns.

[...] Ich hoffe, die Wählerinnen und Wähler werden in die Zukunft blicken anstatt in die Vergangenheit."

Ist das eine Wandlung "vom Saulus zum Paulus"? Ihre zukünftige Politik wird diese Frage sicher beantworten. Und wer ist nun *Theresa May*? Zur Elite Britanniens gehörend, war ihr Studium plus Abschluss in Oxford ein Selbstläufer, ebenso die zweijährige Tätigkeit bei der *Bank of England* und den zwölf Arbeitsjahren in der geschäftsführenden Etage bei *Association of Payment Clearing Services*. Das ist eine halbstaatliche Einrichtung, die für die großen britischen Filialbanken arbeitet. Natürlich heiratete sie standesgemäß einen Investmentbanker, der für *Capital International* arbeitet, dessen Firmensitz im britischen *Offshore-Gebiet Isle of Man* liegt, das als Steuerparadies par excellence gilt.

Politik scheint ihr im Blut zu liegen, denn ihr erstes Abgeordnetenmandat erstritt sie im Alter von 34 Jahren, und nun sitzt sie bereits seit zwei Jahrzehnten in der Führung der *Konservativen Partei*. Deren Vorsitz hatte sie 2002-2003 inne. Jetzt gibt sie sich als gewendete patriotische *Konservative* und als Vorkämpferin für die Sache der Arbeiter. Man wird sehen, wie viel sie davon umsetzt. Ihre politische Hausaufgabe ist es, den Austritt Großbritanniens aus der *EU* unter Bedingungen zu vollziehen, die den Zugang der *US*-Banken zum einheitlichen *EU*-Markt weiter gewährleisten, und gleichzeitig der *Konservativen Partei* ihre politische Basis - ihre Wählerschaft - zu erhalten.

Man hat nicht den Eindruck von ihr, dass sie den *Brexit* direkt anfechten wird. Sie scheint einen Umweg gehen zu wollen und zwar über die *Europäische Freihandelszone EFTA*, die sie als eine Basis für *US*-amerikanischen und britischen Einfluss wiederherzustellen beabsichtigt, um durch sie die *neoliberalen* Steuerungsmechanismen der *EU* zu sichern. Wichtiger aber wird ihr sein, den Austritt Britanniens aus der *EU* mit allen institutionellen Hürden, die gebraucht werden, so umzusetzen, dass jeder Versuch einer linken *Labour*-Partei blockiert wird, die demokratische Kontrolle über Industrie und Wirtschaft wieder zu stärken.

Erste politische Entscheidungen von *Theresa May*
Am 15. September 2016 titelte die *Süddeutsche Zeitung*: "Die Regierung in London will mit finanzieller Hilfe Pekings neue Atomreaktoren bauen - zum ersten Mal seit Fukushima. Ein Meiler chinesischer Bauart soll an der

Nordseeküste entstehen." Und der Autor des Artikels, *Björn Finke*, schrieb dazu: "Die neue Premierministerin *Theresa May* hatte das Vorhaben im Juli überraschend gestoppt, um es erneut zu prüfen. Nun gab es die Regierung frei. Weitere neue Reaktoren sollen folgen." Ende des Zitats.

Den besten Freunden Britanniens, den *USA*, dürfte diese Entscheidung genauso wenig gefallen wie der *EU*. Letztere setzt gar langfristig auf den Ausstieg aus der Atomkraft. Kommt hier wieder *W. Churchills* Beichte vor

Jeremy Corbyn, Vorsitzender der Labour Partei

dem *Europarat* 1949 zum Vorschein: "Wir (Briten) haben unsere eigenen Träume?" Aber werden derweil diese Träume nicht zu Alpträumen?

Theresa May arbeitet daran, nicht nur die Atompolitik betreffend. Im Oktober 2016, schon wenige Monate nach dem Referendum, erteilte sie aufkommenden Spekulationen über zur Arbeiterpartei gewendeten *Tories* eine deutliche Absage. Auf ihrem hochgejubelten Treffen mit dem Chef des japanischen Autogiganten *Nissan* versicherte sie ihm die volle Loyalität ihrer Regierung. Es heißt, im Gespräch habe *Theresa May* zugesichert, den Konzern vor möglichen Verlusten infolge des *Brexits* zu schützen. *Carlos Ghosn*, Feind der Gewerkschaften und Antreiber mit der Peitsche bei *Nissan* - die Fabrik in Sunderland exportiert 76 Prozent ihrer Produktion in die *EU* - lobte: "Ich bin zuversichtlich, dass die britische Regierung alle Bedingungen schaffen wird, die es unserer Firma möglich machen, weiter in Großbritannien zu investieren". *Carlos Ghosn* ließ noch erklären, dass *Nissan* in Zukunft zwei weitere Modelle im Werk im nordenglischen Sunderland bauen möchte. Ein erster wichtiger Schritt innerhalb der britischen Autoindustrie seit dem *EU-Referendum*, der rund 7.000 Arbeitsplätze sichert.

So scheint es, dass negative wirtschaftliche Folgen bisher ausgeblieben sind. Die ersten Wachstumszahlen jedenfalls sind besser als erwartet. Das Bruttoinlandsprodukt in Großbritannien zwischen Juli und September ist um 0,5 Prozent gewachsen. Das ist zwar weniger als im Quartal zuvor, doch man hatte eine noch geringere Quote vorhergesagt. Die Premierministerin gab sich danach erleichtert. Sie erklärte [Zitat]: "Die Entscheidung *Nissans* ist eine Anerkennung dessen, dass sich die Regierung dazu verschrieben hat, die richtigen Bedingungen für die Automobilindustrie zu schaffen und zu unterstützen, damit diese weiter wachsen kann - jetzt und in Zukunft."

Und weiter dünkte es *Theresa May,* zu behaupten, dass Britannien trotz eines Bruchs mit der *EU* weitere Unternehmen ins Land holen könnte - über den Weg der Erhebung von noch niedrigeren Unternehmenssteuersätzen im Vergleich zur *EU.*

Die Labour-Party im Fokus

Die Aufmerksamkeit, welche die Medien diesem Spektakel widmeten, unterdrückte Berichte über *Jeremy Corbyn's* "Umbau des Schattenkabinets", genauso wie Meldungen über die Entwicklung der *Labour*-Partei selbst, die inzwischen rasanten Zulauf an Mitgliedern verzeichnet und zur absolut mitgliederstärksten politischen Partei Europas geworden ist. Seit *Corbyn's* Amtsantritt als *Labour*-Vorsitzender sind der Partei weit über 100.000 Menschen beigetreten, davon gut die Hälfte jünger als 40 Jahre, etwa zwei Drittel davon sind Gewerkschaftsmitglieder. Das spricht eine Sprache, die jene sogenannten Trend-Meldungen, junge Menschen seien politikverdrossen oder wollten nichts von Parteien wissen, deutlich in das Reich der Wünsche bestimmter interessierter Kreise verweist.

Labour-Mitglieder vom rechten Parteirand, die unter *Tony Blair* stark wurden und die heute noch Parlamentarier sind, hatten mit allen Mitteln versucht, eine Wiederwahl *Corbyn's* zu verhindern, wohl wissend, dass ihr Einfluss schmelzen würde. Die Gruppe erwirkte sogar ein Gerichtsurteil, welches den Neuen, die noch nicht Vollmitglieder sind, das Wahlrecht absprach. Die Aktivistengruppe *Momentum*, die extra für seine Wiederwahl warb, erlebte eine Überraschung. Die neuen Mitglieder standen an den Wahlkreisbüros Schlange, um sich als Vollmitglieder registrieren zu lassen. Mit einer Zustimmung von satten 62 Prozent der Wahlberechtigten übertraf diese alle Erwartungen. Eine herbe Niederlage für seine parteiinternen Gegner, denen es auch nichts half, dass *Tony Blair,* der für den Fall des Wahlsieges von *Jeremy Corbyn* prognostizierte, der werde *Labour* in eine Katastrophe führen. *Blair* zeterte auch, der harte Linke habe sich nicht genug für die *EU* engagiert und so der *UKIP Partei* zugearbeitet. *Corbyn* verwies danach auf *Labour*-Medienerklärungen, die sich eindeutig und klar von rassistischen Positionen der rechten *UKIP* wie auch von einigen *Tory*-Standpunkten unterscheiden. Damit kam es zu einem langsamen Stimmungsumschwung innerhalb der Fraktion der *Labour-Party*, in der *Corbyns* Gegner bisher die Mehrheit hatten. Einige der sogenannten moderaten Abgeordneten der *Labour-Party*, die *Corbyn* bisher bekämpft hatten, rückten ab von ihrer harten Linie ihm gegenüber und bewarben sich um Posten im Schattenkabinett.

Die Wendung der *Labour-Party* von einer sich der *Tory*-Klientel anbiedernden *Labour,* wie es unter *Tony Blair* geschah, kam überraschend und lässt Fragen aufkommen. Wie konnte die Wiedererstehung - vielleicht kann man ja auch von Wiedergesundung reden - einer wie von Metastasen falscher Klassenpositionen durchsetzten Arbeiter-Organisationen so schnell vor sich gehen? War es das Werk des charismatischen und sprachgewaltigen Kindes aus der Arbeiterklasse, oder waren es Inhalte als treibende Kraft?

Wahrscheinlich war der richtige Mann zur richtigen Zeit an der richtigen Stelle. *Corbyns* Engagement kam zunächst der *Friedensbewegung* zugute, in der er immer wieder kompromisslos das Atomwaffenprogramm abgelehnt hat. Jetzt verspricht er eine *Friedenspolitik* unter *Labour.* Zusätzlich hat er das Verhältnis zur Wiege der Partei, den Gewerkschaften, bereinigt, ist zurückgekehrt zu der Gewichtung der *Labour*-Politik als sozialistisch im Dienste der lohnabhängigen Mehrheit. Wie er das allerdings zu übertragen gedenkt auf eine reale Politik, im Falle seiner Wahl als Premierminister, wird er noch darstellen müssen.

Britischer Wissenschaftler und Ökonom ist für den Brexit

Professor *Steve Keen* lehrt an der *Kingston University* in London. Schon im Vorfeld des *Referendum* kritisierte er führende Politiker in Brüssel, die eine aggressive Haltung gegenüber Britannien eingenommen hatten: [Zitat] "Der *Brexit* ist die Folge eines fehlerhaften wirtschaftlichen Systems. Der *Euro* und der *Vertrag von Maastricht* haben ein komplett fehlerhaftes System erzeugt ... [Die *EU* versucht nun, das Unhaltbare zu verteidigen] ... und das tut sie, indem sie eine zweite Berliner Mauer errichtet, indem sie sagt, jedes Land, das die *EU* verlässt, muss bestraft werden, damit nicht andere Länder angeregt werden, die *EU* ebenfalls zu verlassen."

Und weiter erklärt Professor *Steve Keen*, dass Englands Wirtschaft auch autark existenzfähig sei und der *EU* nicht bedürfe: [Zitat] "Großbritannien betreibt ja schon jetzt zu einem gewissen Grad Handel mit dem Rest der Welt. [Die seit dem *Referendum* beobachtete Abwertung der britischen Währung wird das unterstützen.] Die Regierung wird aber eine stärkere Industriepolitik betreiben müssen. Sie verlässt sich derzeit zu stark auf den Finanzsektor."

Professor *Steve Keen* bekam sogar unbeabsichtigten Beistand deutscher Wirtschaftsfachleute, die die Unhaltbarkeit der Situation in Europa erkannt hatten, die geprägt ist von einem Kreislauf des allgemeinen Defizits. In der *Sparkassenzeitung* vom 21. Oktober 2016 erschien ein interessantes Interview mit zwei Chefökonomen. *Torsten Windels* von der *Norddeutschen Landesbank (NordLB)* und *Michael Wolgast* vom *Deutschen Sparkassen- und Giroverband (DSGV)* fanden sehr kritische Anmerkungen zur gegenwärtigen Wirtschaftspolitik in Europa.

[Zitat Interview-Frage] "Das Wachstumsmodell Deutschlands mit hoher

Exportorientierung erzeugt erhebliche Ungleichgewichte. Muss es eine Art von Transfer geben?"

[Zitat Antwort *Windels*] "Wenn wir systematisch Exportüberschüsse produzieren, weil wir sehr wettbewerbsstark sind, dann brauchen wir Absatzmärkte. Und die müssen wir organisieren. Also muss man einen Teil der Exportüberschüsse auch in die Finanzierung der Absatzmärkte stecken. Wir brauchen Länder wie Spanien zum Kauf unserer Überschussproduktion. Wir zahlen also netto in die *EU* ein, und diese verteilt Mittel zum Beispiel via Strukturfond. Es gibt ja keine einheitliche raumwirtschaftliche Entwicklung. Es ist Unsinn, Schwerin zu sagen, du musst Dich nur hinreichend anstrengen, dann wirst Du Hamburg. Deswegen gibt es bei uns den Länderfinanzausgleich. Bayern sagt immer, wenn Niedersachsen etwas fleißiger wäre, müsste München kein Geld einzahlen. Da sage ich: Seid froh, dass wir Euch *BMWs* abkaufen und für Euch Maschinenbauingenieure [auf unseren Universitäten] ausbilden."

[Zitat Frage] "Aber würde Bayern nicht mit einem gewissen Recht sagen: Wir verkaufen Euch die *BMWs* und müssen Euch das Geld dafür noch mitliefern?"

[Zitat Antwort *Windels*] "So ist es, ja. Wenn Ihr das nicht tut, kaufen wir die *BMW's* nicht mehr. Global gesehen, ist es das deutsche Modell."

[Zitat Bemerkung *Wolgast*] "Ein Extremmodell, in dem man dauerhaft seine Exportüberschüsse verschenkt, nur um weiter Absatzmärkte zu haben, halte ich für Unsinn. Das kann für eine Zwischenzeit oder in einer Anpassungskrise sinnvoll sein. Aber langfristig wäre das ein törichtes Modell."

Wie weiter?

Der Erosion in die Glaubwürdigkeit von Slogans wie "there is no alternative" in Europa, vertreten durch Medien und seitens hochrangiger *EU*-Politiker in Brüssel und Straßburg, nahm nach dem *Brexit* sogar noch zu. Nicht nur im Kreise informierter Eliten, auch beim einfachen Mann auf der Straße. Die von der *neoliberalen* Wirklichkeit betroffenen Volksschichten entwickelten Misstrauen, ein Misstrauen gegen die Versprechungen ihrer zungenfertigen Propheten, einen Unglauben, der resistent geworden war gegen Aufrufe vom Typ: "Wir schaffen das nur gemeinsam!"

Das Ergebnis des Referendum im Vereinigten Königreich, das sich gegen weitere *EU*-Mitgliedschaft aussprach sowie die Erfolge der Rechtspopulisten in Frankreich, Österreich, Holland und anderswo, der Schock der *USA*-Präsidentenwahl, hatten gleiche Ursachen. Sie ließen keinen anderen Schluss zu, dass die Erbarmungslosigkeit der *neoliberalen* und globalisierten Welt dabei war, Gesellschaften umzuschichten.

Der *Brexit* und die nicht mehr zu leugnenden Veränderungen in der Bewusstseinslage nicht unbedeutender Teile der Menschen in anderen *EU*-Ländern waren Herausforderungen, denen sich das *EU*-Establishment zu stellen hatte. Man wurde nervös – sah das als Bedrohung an, und dem musste man etwas entgegensetzen. Die Machteliten der *EU* sind nicht besser als anderswo in der Welt: sie setzen immer auf eine militärische Option. Und die hieß: Weitergehende Militarisierung der Gemeinschaft, um endlich zu Weltmachtstatus zu kommen – auf Augenhöhe mit den *USA*. Dieser Wunsch der *EU*-Generäle, vornehmlich deutscher Provenienz, zur Erlangung *EU* autonomer Fähigkeit, Krieg zu führen, ist schon lange latent. Geübt hatte man ja schon: Siehe Jugoslawien und Libyen, dem durch europäische Geheimdienste herbeigeführten Umsturz in der Ukraine und dann nach der gleichen Masche begonnenen Krieg in Syrien – immer mit den *USA* als Flankenschutz.

Freilich konnte man nach dem *Referendum* in Britannien fragen: Hatte sich die Option einer militärischen *EU*-Weltmacht mit dem *Brexit* nicht zerschlagen? Immerhin war Britannien noch vor Frankreich die potenteste Militärmacht in der *EU*. Aber auch aufgrund starker Einbindung in die *NATO* und seiner bedingungslosen *US*-Orientierung, war Britannien jene starke Kraft, die nachhaltig ein zügiges Voranschreiten zu einer *EU*-Militärmacht behinderte.

Und nun wittert Brüssel nach dem *Brexit* die Chance, in harmonischer Einigkeit mit den derzeit führenden zentraleuropäischen Machteliten, endlich, endlich einen Durchbruch hin zu einer eigenständigen *EU*-Militärmacht bis hin zum Aufbau einer *EU*-Armee zu erreichen. Sie wirken wie befreit und unausgesprochen scheinen sie ihrem Schicksal zu danken, dass man nun den bisherigen Querulanten und Bremser von der Insel los ist. Denn es konnte ihnen nicht schnell genug gehen. Schon unmittelbar nach dem Referendum wurden Interviews mit Militärs und den zuständigen Politikern und der Ministerin lanciert, mit den Tenor: Wir dürfen uns nicht aufhalten lassen, wir müssen auch unabhängig von den *Vereinigten Staaten* eigenständige Kriegsoptionen beschließen dürfen. Dem stehen (aber noch) der Hegemonieanspruch der *USA* und die *NATO*-Verträge entgegen.

Literatur

Paul Mason: Es ging nicht um Europa - in Le Monde Diplomatique, Juli 2016.

Andreas Wehr: Der Brexit und die Arbeitsimmigration, Marxistische Blätter 5/2016

Hans Werner Sinn: Deutschland ist der größte Verlierer, Handelsblatt, 3.7.2016

Hermann Glaser-Baur: Phänomen Labour - Phänomen Corbyn? Aus UZ, 28.10.2016

Sascha Zastiral: Gute Nachrichten für Theresa May. Die Regierung stellt sich auf harte Verhandlungen ein - aus Zeit-Online, 29.10.2016

Der Brexit, nur ein Wetterleuchten?

Oder war der Volksentscheid in Britannien ein Wink mit dem Zaunpfahl europaweiten Zustimmungsverlustes für die *EU* und deren aktueller Politik? Dass nicht nur die Briten ihren Zorn deutlich machten, zeigen mehrere Beispiele: Die Referendumsniederlage über die Absichten zur Änderung der Verfassung des italienischen Ministerpräsidenten *Renzi*, der mittels einer Präsidialverfassung das *Euro*-Regime in Italien retten wollte. Die Volksabstimmung geriet zu einem Klassenvotum. Nicht nur das arme Mezzogiorno, sondern auch Arbeiter in den industriellen Zentren des Nordens sowie - anders als in Britannien - die intellektuelle städtische Jugend waren nicht zu gewinnen, trotz *Renzis* Propaganda und der von ihm angekündigten angeblich trüben Aussichten für die Zukunft von Italien. Umfragen ergaben für die *Euro*-Gegner eine Mehrheit, womit die populistisch gefärbte mittelstandsdemokratische Protestbewegung *Cinque Stelle* die stärkste Partei würde. Die Entwicklung hin zur nationalen Souveränität Italiens ist damit für Brüssel zum Damoklesschwert geworden.

Die erst nach Monaten gebildete wacklige Minderheitsregierung in Portugal, die schon nach ihrer Bildung das Kains-Zeichen eines Bruchs mit der *EU* trägt. Die zahlreichen Proteste auf den Straßen Griechenlands gegen das Austeritätsdiktat der *EU*, welches wirklich kein Zeichen großzügiger und partnerschaftlicher Hilfe für Griechenlands zerrütteter Volkswirtschaft ist.

Der *EU*-Streit über Verteilungsfragen von Flüchtlingen, der tatsächlich nicht geeignet ist, ein europäisches Wir-Gefühl zu vermitteln, wie es die Politiker herbeizureden sich bemühten. Diese Aufzählung ist unvollständig, aber sie zeigt auf, dass der *Brexit* nicht nur spezifisch für Britannien war, und dass es europaweite Unzufriedenheiten mit dem Konstrukt *EU* gibt.

Selbst in Deutschland konnte eine massive Ablehnung der *EU*-Freihandelsabkommen mit Kanada und den *USA*, bekannt unter den Abkürzungen *CETA* und *TTIP*, von Politikern und den Medien nicht mehr weggeredet werden. Eine wuchtige Opposition der Basis, die sich aus unterschiedlichen gesellschaftlichen Klassen zusammensetzte, reklamierte die "Geheimniskrämerei" in Brüssel. Sie stellte die Willkürlichkeit der Staats- und *EU*-Apparate in Frage sowie gewisse Regelungen der *EU*-Institutionen selbst. Ergänzend kam es u.a. auch zur starken Zerfaserung der etablierten Parteienlandschaft, zur Wiedergeburt von Nationalismus und den protektionistischen Ideen, speziell in den peripheren Ländern der *EU*. Auch Deutschland ist davor nicht immun.

Dieses Gemenge an Gefahren für die *EU* wurde von den Eliten in Brüssel und in den Hauptstädten sehr wohl erkannt. Sie versuchten und versuchen immer noch, diese Tendenzen mit Begriffen wie "rechter Populismus" zu bekämpfen, allerdings mit wenig Erfolg. Die Bedrohung für die *EU* bleibt. Die sogenannten rechtspopulistischen Parteien gewinnen immer mehr an Zulauf. In Britannien hat dies zum Sieg der *Brexit*-Kampagne geführt, in Frankreich entwickelte die *Front National* mit *Madame Le Pen* zu einer Volkspartei. Österreich ist mit knapper Not daran vorbeigeschrammt, dass ein Rechtspopulist Staatspräsident wurde. Das Gespenst schaut aus allen Fenstern in Europa und entsprechend der Gefahr, wird aus allen Rohren dagegen gefeuert. Als rassistisch, chauvinistisch und nationalistisch wird er dargestellt - und in der Tat öffnet die Mobilisierung der Populisten gegen die Migration der historischen Rechten den Zutritt zur breiten Masse, wie Brandattentate und hässliche Szenen bei der Einquartierung von Migranten und Migrantinnen gezeigt haben. Hier gilt es aber genauer und differenziert hinzuschauen, und man erkennt dann, dass es den auf der Straße protestierenden Unter- und Mittelschichten eher darum geht, ihren persönlichen Absturz in die Aussichtslosigkeit zu verhindern. Sie wollen die soziale Sicherheit zurück, sie wollen die demokratische Kontrolle über ihren Staat wieder haben, der von supranationalen Eliten vereinnahmt wurde. "I want my country back" titelte der *UKIP*-Leader *Nigel Farage* vor dem *Brexit*-Referendum. Darin liegt mehr als dumpfer, stiernackiger Faschismus. Es ist eher ein diffuser und unklarer Instinkt, ein Drang gegen die Eliten.

Beim *Referendum* richtete er sich gegen die *Tories*, für die sich ihre Initiative gegen sie selbst gewendet hatte. Aus ihrer Absicht, die nationalkonservative Opposition zurückzugewinnen, wurde eine Kampagne sozialer Argumente, die von Arbeitern, Gewerkschaftern und den Geringverdienern aufgegriffen wurde und zu einer hörbaren linken *EU*-Austrittsforderung führte (*Lexit*).

In Griechenland ist die soziale Opposition (noch) von einer sich sozialdemokratisch gebenden Linken dominiert, einer Strömung, die sich mit den Rechtspopulisten ins gemeinsame Koalitionsbett legte und die sich nicht schämte, das Schockprogramm der *EU* gegen ihre eigenen Wähler durchzusetzen. Für beide Gruppierungen dürfte es deutliche Rechtfertigungsprobleme geben.

Und die Eliten in Brüssel und den Hauptstädten? Sie starren wie ein Kaninchen vor der Schlange auf diese Entwicklungen, wohl wissend, dass sich die *Euro-Krise* auswachsen kann – zu einer Krise, die die gesamte Weltwirtschaft zerrütten könnte. Rezepte dagegen bieten sie nicht an, außer dem Stereotyp "weiter so", oder "es gibt keine Alternative". Und sie denken an militärische Optionen gegen inneren Widerstand.

Das Elend der *neoliberalen* Ökonomie hat begonnen sich auszuwirken, die Parteienlandschaften sind ergriffen worden. Das ist neu – zumindest seit Jahrzehnten unbekannt. Die politischen Eliten hatten es sich angewöhnt, daran zu glauben, das Ende der Geschichte erlebt zu haben. Und nun zerbröseln Volksparteien, oder sie zerbrechen wie jene in Italien. Gestandene Parteien verloren und verlieren weiter ihren Anhang, speziell aus der bürgerlichen Unter- und Mittelschicht, die sich marginalisiert und nicht mehr vertreten fühlt, oder aber von Verlustängsten befallen ist. Das Zauberwort "Globalisierung" büßt zunehmend an Zugkraft ein. Seine Glaubwürdigkeit wird immer mehr in Frage gestellt, weil man erkennt, dass die Teilung der Gesellschaft sich verbreitert – bis in die Mittelschichten hinein. Auch das ist neu, daher versucht man abzulenken. Aber "Brot und Spiele", d.h. Sport, Kultur, TV samt Realityshows usw., reichen kaum mehr zur Ruhigstellung der Betroffenen, weil man über die immensen Verdienste der Akteure redet, ihnen versucht nachzueifern. Diese jedoch sind im Vergleich zu den Superreichen nur "arme Schlucker". Sie sind, wie auch eine breite Schicht der elitären Politiker, nur Wasserträger, die der Herrschaftssicherung für die Superreichen dienen. Auf der anderen Seite steht eine immer größer werdende Zahl von Chancenlosen oder Verarmten, die wie ein Sediment langsam zu Boden sinken und aus deren Zahl es nur ganz ganz wenigen ein Wiederaufsteigen gelingt. Die werden dann von den Medien herumgezeigt, ganz nach dem Motto: "Seht her, jeder hat eine Chance." Das führt dann u.a. zu beschämenden Auftritten in den unzähligen Castings-Shows.

Die Herrschaftssicherung ist für die Superreichen Dauerthema. Sie erfanden und erfinden stets neue Varianten ihrer Politik: Zuletzt haben sie begonnen, einige aus ihren Reihen ins Rampenlicht der Politik zu stellen. Erstmalig mit *Berlusconi* in Italien und später mit *Trump* in den *USA*, nahmen sie ihr politisches Schicksal selbst in die Hand. Diese großartigen Blender predigten die "Stärkung ihrer nationalen Ökonomie" (*Berlusconi*) oder den Protektionismus (*Trumps* "America first"). Argumente, welche auch die Rechtspopulisten verwenden, und sie haben doch nichts anderes im Sinn als Herrschaftssicherung. Allerdings: Hinter *Trumps* "politischen Entscheidungen" steckt noch mehr - der Wille, seine zentralen Wahlkampfversprechen umzusetzen. In wenigen Tagen unterzeichnete *Trump* zwölf Dekrete. Als erstes "fiel" sofort *Obamacare* seinem Rotstift zum Opfer. Es folgten u.a. die Dekrete zum Bau einer Grenzmauer zwischen *USA* und Mexico, zum Ausstieg aus *TPP* (*pazifisches Freihandelsabkommen*), zum Weiterbau der durch ein *Sioux*-Gebiet verlaufenden Rohöl-Pipeline aus dem kanadischen Alberta, zum Abbau von Umweltauflagen bei vielen Infrastrukturprojekten, zur Erschwerung von Abtreibungen, zum allgemeinen Einstellungsstopp bei Bundesbehörden und Ministerien. Das Militärbudget wurde von ihm dagegen stark erhöht.

Als recht unsinnig und diskriminierend empfanden viele Menschen das 90-tägige Einreiseverbot für Menschen aus sieben als muslimisch gekennzeichneten Ländern: Irak, Iran, Jemen, Libyen, Somalia, Sudan und Syrien. Es wurde kolportiert, dass damit "radikal-islamistische Terroristen von den Vereinigten Staaten ferngehalten" werden sollten. "Thema verfehlt" würde heute ein Schüler heute benotet, wenn er darüber hätte ein Szenario entwickeln sollen, denn selbst das konservative *Cato-Institut* hat festgestellt, dass bislang niemand aus diesen Staaten einen Anschlag auf Menschen in den *USA* ausgeübt hatte. Solche Terrortypen kamen bisher aus anderen arabischen Staaten wie Ägypten, den arabischen Staaten auf der Arabischen Halbinsel. Der Erlass greift übrigens eine Liste auf, die noch von der Regierung *Obama* erstellt worden war. *Trump* ist nicht dessen Erfinder. Ebenfalls die Idee, eine Mauer nach Mexico hin bauen zu lassen, ist nicht dessen politischem Erfindungsreichtum entsprungen. So stammt die Idee zu dem Vorhaben aus der Zeit von *Bill Clinton*.

Hinter dem Aktionismus von *D. Trump* grinst etwas anderes: Erstens, die Furcht vor (Wert-)Verlust seiner breiten privaten Geschäftsbasis - seinem Immobilienimperium, was trotz seiner Größe noch der reichen, aber mittelständischen Ökonomie der *USA* zugehörig ist. Zweitens: Er hat dem *neoliberalen* und transnationalen Establishment in Washington, das die Wahlschlappe nicht hinzunehmen bereit ist, trotzig den Fehdehandschuh vor die Füße geworfen. Er hält deren Wirtschaftsmodel für ineffektiv, ja für das mittelständische *USA* sogar schädlich.

Als *Ronald Reagan* die *neoliberale* wirtschaftspolitische Grundausrichtung eingeführt hatte, änderte sich diese Linie nicht mehr, unabhängig davon, welche der beiden Parteien den Präsidenten stellten. Dadurch bildete sich in Washington eine solide Basis gleicher global-wirtschaftlicher Interessen. Das will *Trump* ändern und er hat begonnen, das *US*-amerikanische *neoliberale* Wirtschaftsgebäude rigoros einzureißen. Dabei ist *Trumps* Präsidentschaft alles andere als stabil. Und *Trump* weiß das, denn er tut etwas, das ein "Heroe" in solchen Situationen immer tut. Er spricht seine Wähler direkt an, mobilisiert sie. Der Türke *Erdogan* hatte es ihm wenige Monate schon vorgemacht.

Die Botschaft ist: "Ich mache nicht nur Sprüche, ich werde liefern", und er scheint entschlossen, auf seinem schwankenden Schiff gegen das vereinte etablierte Machtkartell durchzuhalten. Gelingt es ihm, und dazu braucht er auch *Theresa May* und den Finanzplatz London, wird sich die *EU*, speziell aber die extrem auf Export getrimmte deutsche Wirtschaft, auf Konfrontation statt auf Kooperation mit den *USA* einstellen müssen.

Die Zeichen der Zeit in den *USA* stehen auf "Entwicklung zu einer Präsidialdiktatur", so wie *Berlusconi* es in Italien einführen wollte, so wie *Renzi* es über einen Volksentscheid erreichen wollte und wie *Erdogan* es in der Türkei mit Brachialgewalt durchsetzt. Dem zu begegnen ist in den *USA*, aber auch in der *EU*, Gebot für alle gesellschaftlichen und demokratischen Kräfte. Die Chancen stehen nicht schlecht.

Heiner Flassbeck, 2003 bis Ende 2012 Chefökonom der *UNO-Handels- und Entwicklungsorganisation UNCTAD* in Genf, sah in der online Ausgabe des *Handelsblatts* die Demokratie in Gefahr: [Zitat] "Wenn die Wirtschaft in den nächsten vier, fünf Jahren immer tiefer in die Krise rutscht und die

Arbeitslosigkeit weiter steigt, dann wird die Demokratie vor die Hunde gehen." Und der *US*-Amerikanische und demokratische Starökonom *Larry Summers* hat unlängst eingeräumt, dass es eines gewissen [Zitat] "verantwortlichen Nationalismus" bedürfe, um den Populismus einzudämmen. Er hat, wie *Lenin* schon 100 Jahre vor ihm, erkannt, dass die nationale Frage für die Menschen von immenser Bedeutung ist. Das hat eigentlich weniger mit Nationalismus, Chauvinismus oder Rassismus zu tun. Es ist vielmehr der Wunsch der Menschen, in einem überschaubaren kulturellen und ihnen vertrauten Umfeld zu leben. Deshalb greift man gerne zu einfachen Erklärungen, wozu auch die Schuldzuweisungen an Minderheiten gehören. Vor etwa 70 Jahren und mehr waren es noch die Juden, heute haben andere Volksgruppen deren Stellung in den Gehirnen von Hasspredigern und Verführten eingenommen.

Die Wiederbelebung dieser "überschaubaren Welt" ist den global aktiven Konzernen und deren superreichen Eignern in der *EU* und ihren politischen Eliten versperrt. Der Italiener und Medienmogul *Berlusconi,* narzisstisch, selbstverliebt, ohne ein Gefühl für Recht und ausgestattet mit der Gabe, den richtigen Moment zur richtigen Zeit zu erkennen, um Massen für sich zu begeistern, musste nach zehn Jahren scheitern - weil er die Fessel *EU* nicht los wurde, weil ihn die Eliten der *EU* fallen ließen. Gut zehn Jahre später konnte dieselbe Elite den *Brexit* nicht verhindern und sie reagierte mit Starrsinn. "Weiter so", gab der Kommissionspräsident *Juncker* nach dem *Brexit*-Votum bekannt, weil er mit den inneren Zwängen des supranationalen Konstruktes *EU*, in Verbindung mit der Einheitswährung des Euro, der als Gipfel der Konföderation mit dem Namen *EU* bezeichnet wurde, keine andere Alternative erkennen konnte.

Wie konnte es dazu kommen?

Die einstige Zustimmung Frankreichs zur Wiedervereinigung Deutschlands und der Auflösung der *DDR* erkaufte sich damals die Bundesrepublik Deutschland mit ihrer Billigung zum *Euro*-Projekt Frankreichs. Mit genau diesem Vorhaben verband Frankreich den Wunsch, der Zinsdiktatur der Bundesbank mit ihrer Hartwährungspolitik, im Rahmen gemeinsamer Institutionen auf europäischer Ebene, ein Ende bereiten zu können. Die *Kohl*-Regierung der damaligen *BRD* witterte unvergänglichen Ruhm und walzte alle Bedenken der vom ehemaligen deutschen Wirtschaftsminister *Ludwig Ehrhard* geprägten Wirtschaftsführer platt. Sie hatten sich gegen die Einführung des *Euro* ausgesprochen, denn sie sagten voraus, dass die peripheren südeuropäischen Staaten eine Belastung für den Euro sein würden. Doch Bundeskanzler *Helmut Kohl* setzte sich durch, der *Euro* kam. *Schäuble* und andere deutsche Wirtschaftspolitiker versuchten danach, den *Euro* auf das reiche Kerneuropa zu beschränken. Auch das gelang nicht, denn es kam die Erweiterung nach Osten unter Bundeskanzler *Schröder*. Aus Gründen, die mit der Russlandpolitik zusammenhingen (und es heute noch tun), konnte man jenen Staaten den Zutritt zum Club nicht verwehren. Diese Politik führte dann schließlich zum Ukrainekonflikt.

"Bei Einführung des *Euro* hatte der Club die heimliche Absicht, das schwache und *EU*-Gründungsmitglied Italien auszuschließen", schreibt *W. Langthaler* in seinem Buch "Europa zerbricht am Euro". Dazu kam es nicht. Stattdessen nahm Kanzler *Gerhard Schröder* sogar das extrem verschuldete Griechenland in den erlauchten Kreis auf. Und das Konsumwunder geschah – ausgelöst vom ungebremsten Kreditboom, der Nachfrageblasen erzeugte und Immobilienwerte in die Höhe schießen ließ. Zehn Jahre lang sanken in der Eurozone die Zinsen.

Woher das Geld für den Konsum im Süden kam, der wie eine Rakete in den Himmel stieg, war unsichtbar. Die Menschen vertrauten auf "die da oben", was nachhaltige Wirkung ausübte. Man sah allgemein mit dem europäischen einheitlichen Zahlungsmittel den Silberstreif am Horizont für ein einiges Europa. Ja – bezahlt wurde, aber mit geliehenem Geld (Krediten) aus dem Strukturfond der *EU*, der in die Länder des Südens floss.

Zu diesem hatten sich unlängst, wie bereits beschrieben, schon deutsche Wirtschaftsfachleute kritisch geäußert, einem Fond, in den alle Mitglieder der Eurozone einzahlen – entsprechend ihrer Wirtschaftskraft.
Hier ist Deutschland die beitragsstärkste Nation, weil deren Wirtschaftlichkeit aus Sicht der Kapitaleigner höher ist als in jedem anderen *Euro*-Land. Und das wiederum liegt daran, dass sich keine der vergangenen deutschen Regierungen an eine zentrale Vereinbarung gehalten hat, die bei *Euro*-Einführung von allen Staaten der *Währungsunion* getroffen worden war, und über die in Deutschland aber kaum jemand spricht, erläutert *Heiner Flassbeck* in seinem Interview "Unsere Arroganz rächt sich jetzt", erschienen in den *Aachener Nachrichten* am 19.1.2017. Und weiter: [Zitat] ..."Diese Vereinbarung besagt, dass sich in den *Euro*-Ländern die Lohnentwicklung an den Produktivitätsfortschritten der Wirtschaft orientieren soll. Frankreich

hat sich daran gehalten, aber Deutschland nicht. Über Jahre sind hier die Lohnanpassungen deutlich unter der Produktivitätsentwicklung geblieben. Anders ausgedrückt: Deutschland lebt seit Jahren massiv unter seinen Verhältnissen. Deshalb konnte die deutsche Exportwirtschaft ihre Konkurrenz aus anderen *Euro*-Ländern an die Wand drücken. Die Folge davon sind enorme Exportüberschüsse der deutschen Wirtschaft."

Man konnte es sich also leisten, den Strukturfond zu füllen, um sich damit Märkte in anderen, u.a. südlichen europäischen Ländern zu kaufen. Das ging, wie gesagt, zehn Jahre lang gut. Als dann aber 2007/2008 in den *USA* die Immobilienkrise ihre Fratze erhob und nach Europa herüberschwappte, wurde es ernst - auch für die Konjunkturen in der *EU*. Das globale Finanzsystem schwankte in seinen Grundfesten, nur weil Millionen von kleinen und mittleren Einfamilienhäusern in den *USA* während der Hochkonjunktur einen in den Himmel geschossenen scheinbaren Wert bekamen - ihre Bewohner trotz hoher Hypotheken sich reich gerechnet hatten. Sie ließen sich von Kreditangeboten ihrer Banken zu noch mehr Konsum verführen. Denn es war ja so leicht, an Geld zu kommen - und zurückgezahlt wurde wiederum mit geliehenem Geld. Aber weil ja kein Baum in den Himmel wächst, kam es wie es kommen musste. Irgendwann ließ die Nachfrage nach, ein sich selbst antreibender Kreislauf begann, bis die Katastrophe offenbar war. Die Häuslebesitzer konnten ihre Kredite nicht mehr bezahlen - weil die Banken ihnen keine Darlehen mehr gewährten. Viele von ihnen waren inzwischen arbeitslos. Das geliehene Geld war verbraucht, das Haus war relativ wertlos geworden. Im Ergebnis, dass die Banken auf ihren faul gewordenen Darlehen sitzen blieben. Und weil jeder Kredit von den Banken rückversichert wird, breitete sich die Krise aus, so wie ein Tintenfleck auf Löschpapier - kam auch bis in die *EU*, deren Mitglieder, gebunden an den Euro, sich nicht schützen konnten. Nur Deutschland mit seinem überproportionalen Exportüberschuss hatte eine Chance.

So mancher Politiker im Süden mag zu diesem Zeitpunkt den Beitritt zur Eurozone bedauert haben, denn sie sahen keinen Ausweg. Sie mussten an zwei Fronten kämpfen: gegen die eigene Bevölkerung mit Austeritätspolitik und gegen die *Europäische Zentralbank* sowie deren Rückzahlungs- sowie Zinsforderungen. Denn gefesselt an den *Euro*, gab es für die betroffenen Staaten im Süden nicht den üblichen Weg der Abwertung der eigenen Währung zur Wiederherstellung der Wettbewerbsfähigkeit. Ohne Währung und ohne autonome Wirtschaftspolitik konnte dem Süden innere Abwertung, Lohndeflation und in Folge Austerität, aufgezwungen werden. Das *Euro*-Regime wurde zum Brecheisen gegen die Schuldnernationen der Peripherie, wobei Deutschland damit wohl oder übel die Rolle des "primus inter pares" spielte.

Aber so funktioniert das auf Dauer nicht. Einerseits ist nicht abzusehen, dass die Lohndeflation in Deutschland beendet werden wird, d.h. die anderen *EU*-Nationen können Deutschland nicht einholen, andererseits werden globale Handelspartner ja durchaus, im Gegensatz zu *Euro*-Ländern, ihre eigene Ökonomie schützen wollen: durch Abwertung ihrer nationalen Währungen. In diese Lage, die eigene Konjunktur durch Abwertung des *Pfunds* zu schützen, eigene zollpolitische Entscheidungen treffen zu können, hat sich Britannien durch den mutigen Entscheid, aus der *EU* und dem allgemeinen Freihandelsabkommen auszutreten, nun versetzt.

Vorläufig aber und für den Rest der *EU* wird der deutsche Export weiterhin erfolgreich sein, während der europäische Süden in Stagnation feststeckt und die dortige Industrie verfällt. Nur wenige Ausnahmen dort werden sich in den Export retten können. Die gesellschaftlichen Widersprüche im Süden sind dabei, eine breite Rückwendung zum Nationalstaat zu befördern. Eine denkbare Lösung für die Staaten des Südens wäre eine geordnete Wiedereinführung von unabhängigen nationalen Währungen. Eine andere wäre eine *EU*-weite Einführung einer solidarischen Finanzierung der Entwicklung einer südeuropäischen, wettbewerbsfähigen Industrie. Doch die *Euro*-Eliten in Brüssel halten an ihrem bisherigen Spar-Modell fest, was für die Briten ein nicht zu unterschätzender Grund gewesen sein mag, sich gegen die *EU* zu entscheiden.

Ein Ende dieser tragischen Entwicklung wäre nur abzusehen, wenn, so wie es der Ex-Präsident der *USA*, *Barak Obama,* vorgeschlagen hatte, der Binnenkonsum in Deutschland gesteigert würde, wenn staatliche Investitionen getätigt würden. Auch *Heiner Flassbeck,* bereits zitierter Wirtschaftswissenschaftler, rät in der online Ausgabe der *Aachener Nachrichten* vom 19.1.2017: "Die entscheidende Aufgabe ist, wir müssen die Diskrepanz zwischen der wirtschaftlichen Entwicklung in Deutschland und den beiden großen Euro-Partnern Frankreich und Italien überwinden. Das geht nur, wenn in Deutschland die Reallöhne deutlich steigen." [Zitat *Flassbeck*]

Und das wäre machbar. Die deutschen Arbeitgeber und Unternehmer aber reagieren hinhaltend, in Wahrheit jedoch ablehnend. *Flassbeck* weiter: "Denn die Lohntarife sind im laufenden Jahr gerade einmal knapp unter 2,5 Prozent gestiegen. Das ist viel zu wenig, um den anderen Ländern perspektivisch eine Möglichkeit zu eröffnen, im *Euro* zu bleiben." Und eine kämpferische deutsche Arbeiterklasse, die das auf breiter Front durchsetzen könnte, ist weit und breit nicht zu sehen.

Bleibt also nur der Weg, dass die geschädigten Nationen im Süden diesem Schrecken ein Ende bereiten und ihren eigenen *Exit* durchziehen?

Frankreich steht trotzig zum *Euro* wie ein Felsen in der *EU*-Brandung, weil dort die staatstragenden Eliten bisher nicht einsehen mochten, dass die eigene Idee eines supranationalen Konstruktes sich für sie ins Gegenteil verkehrt hat und in die Hände ihrer deutschen Konkurrenten gelangt ist. Sie begriffen jahrelang nicht, dass das anfangs euroskeptische Deutschland zum Hauptprofiteur des *Euro*-Konstruktes geworden ist. Aber auch das hat keinen dauerhaften Bestand, denn die politischen und wirtschaftlichen Eliten in Frankreich werden versuchen, den Kurs auf "Modernisierung", jenseits historischer politischer Standorte zu stellen. Man wird versuchen wollen, das deutsche Modell zu kopieren, hoffend, dass es so irgendwie doch noch gelingen könnte, *Madame Le Pen* dauerhaft von der Macht fern zu halten. Schafft man das nicht, wird es stürmisch an den Börsen.

Ähnlich sieht es in Südeuropa aus. Die dortigen politischen Eliten können sich gegen ihre nationalen Opponenten und potentiellen Massenbewegungen alleine nicht mehr halten und sie knüpfen ihre Macht bedingungslos an das Zentrum der *EU*. Das kann auch keine Dauerlösung sein.

Und Deutschland? Ging es nicht bei dem vom französischen Präsidenten *Mitterand* erdachten europäischen *Supranationalismus* darum, die deutsche Wirtschaftsmacht zu beschränken? "Die aus demokratisch-linker Sicht notwendige Neuorientierung der *EU*, die Herstellung der vollen deutschen Souveränität wäre wünschenswert", schreibt so *W. Langthaler* sinngemäß. "Einerseits könnten dann die Anhänger von *liberaler* Wirtschaftspolitik im Sinne *Ludwig Erhards* an der Beständigkeit der Konjunktur Deutschlands zum eigenen Nutzen oder Schaden arbeiten und nicht zu jenem anderer Nationen. Andererseits wäre so die Peripherie Europas aus dem Gefängnis *EU* befreit. Und last not least müsste auch daran gedacht werden, dass ein Ausgleich mit Russland desto notwendiger wird, je länger sich dessen Realisierung hinauszögert." Hände reichen, nicht nur innerhalb der *EU* und nach Westen hin, sondern auch nach Osten und unbesehen der politischen Führer dort, sollte im Stammbuch des politischen und wirtschaftlichen Deutschlands stehen.

Was hat das nun mit Britannien und dem *Brexit* zu tun? Antwort: Alles, denn das Eine ist nicht denkbar ohne das Andere! Der *Brexit*, eine Antwort der Briten auf oben skizzierte europäische Entwicklungen, war ein historischer Einschnitt, der nicht nur zufällig in Großbritannien eintrat. Denn in anderen *EU*-Ländern des Südens ist die historische Situation nicht vergleichbar mit jener Britanniens. Im Süden überwog bei den dort herrschenden Eliten bisher das Prinzip Hoffnung, oder die Zurückhaltung gegenüber neuerlichen Veränderungen. So war es offenbar unvermeidlich, dass sich der erste *EU*-Austritt in der Mitte der Union ergab. Das wiegt doppelt und wirkt vielleicht beispielhaft für die anderen Völker an der *EU*-Peripherie. Und das ist die Krux für ein Gerichtsurteil oder irgendeine mögliche, in einigen Bevökerungsschichten Englands erfolgreiche Gegenkampagne zum *Brexit*. Die Rauchwolke des Vulkanausbruchs *Brexit* steht am Himmel und ist weithin sichtbar als Kainsmal der *EU*. Wirkliche Relevanz bekommen deshalb Versuche, die Wirkungen des *Brexit* auszuradieren, nicht mehr. Weiterführende Entwicklungen, für die die Briten in ihrer Geschichte schon öfters Vorbild waren, stehen auf der Tagesordnung, deren Agenda an eine Vision erinnert, die schon *Winston Churchill* in seinen charismatischen Reden nach den zwei Weltkriegen ausmalte. Für die Bewältigung der Zukunft seines Landes berief er sich auf den historischen Mut, die Tatkraft, die Kreativität und die Zuversicht seiner Landsleute. Alles Eigenschaften, die England in vergangenen Jahrhunderten immer wieder aus Krisen herausgeführt hatten. Und in der Tat ist Großbritannien, das sogenannte *Global Britain* als neue Leitidee, nach dem *Brexit* nicht ohne Handlungsspielraum, wie erste bekannt gewordene Planungen der *Universität Oxford* beweisen, die eine Nebenstelle in Paris eröffnen wird.

Die britische Premierministerin *Theresa May* wird, wie *Margret Thatcher* vor ihr mit *Ronald Reagan*, Schulterschluss mit den *USA* suchen und Präsident *Donald Trump*. Das wird sie benötigen, denn mit einem Mix aus einem Netz von bilateralen Freihandelsabkommen (innerhalb und außerhalb des *Commonwealth*) und Protektionismus, gepaart mit steuerlichen Maßnahmen, will sie mit ihrer Politik die Inselkonjunktur aus dieser Phase herausführen, in einer möglichen Allianz mit dem "großen atlantischen Bruder" *USA*, der Flankenschutz bieten könnte, so scheinbar ihre Hoffnung.

Literatur
W. Langthaler: Europa zerbricht am Euro. Promedia, 2016
Hans Rudolf Peters: Wirtschaftspolitik. Oldenbourg Wissenschaftsverlag, 2000

Einige Stimmen zum Brexit-Beschluss des Britischen Parlaments

Ex-Premierminister *David Cameron* verbreitete auf Twitter ein Foto, das den britischen *James Bond*-Schauspieler *Daniel Craig* mit einem T-Shirt zeigte, und auf dem der sich für den Verbleib in der *EU* ausspricht. Der bekannte Darsteller steht mit seiner Meinung nicht alleine, denn er sieht an seiner Seite eine Reihe beliebter Prominenter, die an den *Brexit* mit Bauchschmerzen denken. Fußballspieler *David Beckham,* der Dartspieler *Bobby George* und die Bestseller-Autorin *Joanne K. Rowling* sind sich einig mit *Daniel Craig.* *Bobby George* veröffentlichte sogar einen drastischen Kommentar: "It only takes 5 seconds to stop people fucking with your future ... and mine!". Schon rund 300 britische Schauspieler, Musiker und Schriftsteller hatten in einem offenen Brief für einen Verbleib in der *EU* geworben. Zu den Unterzeichnern gehörten u.a. *Keira Knightley, Patrick Stewart, Benedict Cumberbatch und Jude Law. David Cameron* kommentierte *Daniel Craig's* Initiative: "It's great to see *Daniel Craig* is planning to vote remain on Thursday."

Für einen Austritt mit provokativen und drastischen Worten plädierte der Frontmann der Band *The Who, Roger Daltrey.* Er beschimpfte laut den Presseberichten die Brüsseler *EU*-Nomenklatura als unflexible Bürokraten, dem sich der Schauspieler *Michael Caine*, erfolgreicher Hollywood-Schauspieler, gebürtiger Brite, anschloss. Er habe die Nase voll von der *EU* und brachte seine Meinung auf den Punkt: "Wir können uns nicht von tausenden gesichtslosen Beamten rumkommandieren lassen." Die Schauspielerin *Elizabeth Hurley* hat ebenfalls genug von den *EU*-Vorschriften: "Wenn ein *Brexit* bedeutet, dass wir jetzt wieder richtige Glühbirnen verwenden dürfen, dann bin ich natürlich für einen *Brexit*."

Bittere Stimmen von Festland-Immigranten zum *Brexit* und den Folgen publizierte *TheGuardian*, eine linksliberale, als nonkonformistisch und sozialreformistisch geltende Tageszeitung aus Manchester. Zielgruppe der Zeitung *TheGuardian* sind insbesondere die pragmatisch-progressiven, intellektuellen Akademiker, Kulturschaffende und Studenten.

In ihren online Ausgaben, Ende Juli 2017, veröffentlichte die Zeitung Interviews mit gemischt-nationalen Ehepaaren, die aus Ihrem Frust, ihrer Enttäuschung, ihrer Ratlosigkeit nach dem *Brexit*-Beschluss keinen Hehl machen. Es sind Menschen, die schon Dekaden auf der Insel leben und die sich nun verraten, bedroht und vertrieben fühlen, Menschen die ihre Zukunft verloren haben und nur in der Flucht von der Insel ihre Rettung vor weiterem Unheil sehen. Beispielhaft für viele, greift *TheGuardian* u.a. ein Schicksal heraus - von einem jungen Griechen, der mit seiner deutschen Frau nach Britannien kam:

"Wir kamen her als Teenager, [...] studierten hier, wir ließen uns hier nieder, [...] und dachten niemals daran, hier wieder wegzugehen. Hier war unser Zuhause." Ihre Entscheidung [wegzugehen] , schreibt die Zeitung weiter, wurde ihnen erleichtert dadurch, dass man Steine in die Fenster ihrer Wohnung geworfen hatte - schon 24 Stunden nach dem *Referendum*, und dass ihre sechs-jährige Tochter weinend nach Hause kam, weil auf dem Schulhof eine Mitschülerin ihr höhnisch gesagt habe, sie müsse nun bald raus aus dem Land.

"Ich fühle mich verraten", sagt er. "Ich habe hier alles gegeben, 16 Stunden Dienst im Krankenhaus, und werde so behandelt - gehässig behandelt. Es macht einen fühlen, nichts wert zu sein, nicht gut genug zu sein für Britannien. Es bricht mir das Herz, und nun werden wir gehen."

Ende gut, alles gut?

Jeremy Corbyn, Leader der *Labour Party*, lieh den *Tories,* damit *Theresa May* die Stimmen der meisten seiner Abgeordneten beim parlamentarischen Beschluss über den *Brexit*. Er forderte gleichzeitig: "It doesn't mean, we agree with the government on the economy for the future. It does mean, we have to build good relations with everybody across Europe." Und weiter forderte er: "The government does not have a blank cheque to set up an offshore tax haven in Britain", und ergänzte: "All that it has his authority to proceed with negotiations, which is what the referendum was about."

Jeremy Corbyn meinte damit, dass trotz des *Brexits*, Britannien ein Teil Europas sei und die Pflicht habe, mit allen Ländern Europas gleichberechtigte und gute Beziehungen aufzubauen. Er meinte weiter, dass eine mögliche Konkurrenzsituation zu Europa, z.B. der Art, in Britannien ein Offshore Steuerparadies zu errichten, vermieden werden müsse. Und was auch nicht zweckdienlich sei für das allgemeine Wohlergehen, weder für die Beziehungen zu Europa, noch für die britischen arbeitenden Menschen, die Angst um ihre Arbeitsplätze haben oder auch schon im Prekariat leben. *Jeremy Corbyn* hat sich damit klar positioniert und dafür selbst aus seiner Partei erhebliche und derbe Kritik empfangen. Dabei auch von einigen Personen, die es nicht wert sind, überhaupt erwähnt zu werden, die aber unter *Tony Blair* Karriere gemacht hatten.

Was meinte *Jeremy Corby*n mit dem *offshore tax haven*?

Er prangerte den Missbrauch einiger vom britischen *Empire* übrig gebliebener Überseegebiete als Steuerparadiese an. Jene Mikro-Territorien, die Teil Großbritanniens sind, aber aus historischen Gründen gewisse Eigenständigkeit pflegen dürfen. Im Jahr 2002 hatte das Londoner Parlament den *British Overseas Territories Act* verabschiedet. Damit hatte Großbritannien die abhängigen Gebiete als Überseegebiete benannt und ihren Bürgern die volle britische Staatsangehörigkeit gegeben. Das bedeutete die Übernahme der Menschen in diesen Gebieten in die außenpolitische Obhut des *UK* bei Beibehaltung ihrer inneren Autonomie.

Hongkong, das auch dazu gehörte, wurde an China zurückgegeben. Die anderen übriggebliebenen kolonialen Besitztümer sind meist kleine Inselgruppen mit einer Einwohnerzahl, die für eine Eigenstaatlichkeit nicht ausreicht. Ihre Bevölkerungen sind das Ergebnis von unterschiedlicher Besiedlung in den vergangenen drei Jahrhunderten, weil teilweise die Gebiete zuvor unbewohnt waren, z.B. Bermuda. Es gibt insgesamt 14 *British Overseas Territories*, wobei die im Ärmelkanal vor Frankreich liegenden Inseln sowie die Isle of Man in der Irischen See zwischen England und Irland nicht dazu gehören.

Isle of Man, **Jersey** und **Guernsey** haben einen Sonderstatus. Sie sind *Crown Dependences*, Besitzungen der britischen Krone, dem Königshaus direkt unterstellt, also weder dem *UK* zugehörig, noch sind sie eine Kronkolonie. Es sind gesonderte Rechtssubjekte und gehörten gemäß britischer Rechtsauffassung auch vor dem *Brexit* nicht zur *EU*. Über die Beitrittsverträge des *UK* zur *EU* von 1974 galt der Einfachheit halber ein Teil des *EU*-Zollrechts auf den Inseln. Daraus folgerte der deutsche *Bundesgerichtshof,* in seiner Entscheidung vom 1. Juli 2002 messerscharf: "[...] die Kanalinseln als Bestandteil des *Vereinigten Königreiches*, [sind] wenn auch unter Beachtung seines verfassungsrechtlichen Sonderstatus zur *Europäischen Union* gehörig, [...]." Das war gleichsam deutsch-imperiales Wunschdenken, was nun obsolet sein dürfte.

Die **Isle of Man** in der Irischen See, bis zum 13. Jahrhundert Teil des norwegischen Königreichs der Hebriden, kam 1266 im *Frieden von Perth* zu Schottland und später zum *UK*. Die Insel behielt aber in den folgenden Jahrhunderten ihre parlamentarische Autonomie. Damaliger Erwerb der Inselbewohner war der Schmuggel, den König *Georg III* 1765 unterband, indem er sich die Herrschaft über die Insel sicherte. Steuer und Zolleinnahmen kamen ab sofort in das britische Finanzministerium. Dabei blieb es weitgehend bis heute.

Die ursprüngliche Sprache der Insel war das *Gälisch* (*Manx-Gälisch*), eine keltische Sprache. Inzwischen ausgestorben, gibt es aber erfolgreiche Versuche der Wiederbelebung. In manchen Schulen wird *Manx* unterrichtet. Das Oberhaupt der Insel ist der *Lord of Mann* (doppeltes "n"). Es ist ein Amt, das seit 1765 vom Monarchen persönlich ausgeübt wird, derzeit also von *Elisabeth II,* die natürlich Vertreter für ihr Amt hat.

Das Parlament der Insel, der *Tynwald Court,* bestehend seit dem Jahr 979, ist das älteste durchgängig arbeitende Parlament der Welt. Das *House of Keys* besteht aus 24 Abgeordneten, die keiner Partei angehören. Aus dieser Versammlung wird das *Legislative Council,* der Ministerrat gewählt.

Als Steueroase ist *Offshore Banking* aufgrund eines Körperschaftssteuersatzes von Null Prozent (!) ein bedeutender Wirtschaftszweig der Insel. Viele Firmen aus dem *UK* oder anderen *EU*-Staaten, außer Deutschland, das ein spezielles Abkommen mit der Isle of Man hat, haben dort - ohne angebundene Produktion - ihren Sitz.

Land und Fischereiwirtschaft ergänzen die Bruttowertschöpfung auf der Insel, und nicht zuletzt ist der Tourismus ein großer Arbeitgeber. Der Südwesten der Insel zählt zu einem der artenreichsten Fauna- und Flora-Unterwasserküsten in Europa, das viele Tauchtouristen anzieht. Wie auch die Kanalinseln, hat die Isle of Man eine eigene Währung - paritätisch zum *britischen Pfund*. Niedrige Steuersätze führen dazu, dass Logistik-Unternehmen und Flugzeugreeder gerne ihre Registrierungen auf der Insel vornehmen lassen.

Die **Kanalinseln**, Überbleibsel aus historischer Zeit, als die Normannen 1066 in England einfielen, sind in zwei separate, selbstverwaltete Bezirke (Vogteien) unterteilt: Jersey und Guernsey mit drei weiteren Mikroinseln. Jeder der Bezirke hat ein eigenes Parlament, dessen Vorsitzender gleichzeitig oberster Inselrichter ist. Sark, eine der Mikroinseln im Bezirk Guernsey, ist ein Feudalstaat unter der Herrschaft eines *Seigneur von Sark*, dem ein Parlament beigeordnet ist.

Auf den Inseln gibt es eigene Banknoten und Münzen, die neben dem britischem Geld in Umlauf sind. Sie gelten weder in Großbritannien noch in Nordirland als gesetzliches Zahlungsmittel, werden aber meistens trotzdem akzeptiert.

Die wirtschaftliche Bedeutung der Kanalinseln liegt im Tourismus. Speziell Jersey wird von verschiedenen europäischen Fluglinien angeflogen. Danach ist der Finanz- u. Kapitalsektor als zweitwichtigster Wirtschaftszweig an der Bruttowertschöpfung beteiligt. Aufgrund niedriger Steuersätze, die ausländische, speziell britische, Kapitalanleger dazu bringt, ihre Gewinne nach dort zu verschieben, sind etwa ein Viertel aller Arbeitnehmer auf Jersey in dieser Branche beschäftigt. Die Landwirtschaft der Kanalinseln (Kartoffelanbau, Milchwirtschaft) hat nur noch eine untergeordnete Bedeutung, obwohl sie das Erscheinungsbild der Inselflächen prägen. Blumenzucht für den Export wird durch das milde Golfstromklimas begünstigt. Ein erheblicher Anteil des britischen Bedarfs an Lavendelöl kommt von Jersey.

Alle weiteren exterritorialen Gebiete des *UK*, außer Gibraltar, liegen außerhalb Europas.

Gibraltar ist wohl die bekannteste exterritoriale Besitzung Britanniens, bei der man zuerst an die Affen auf dem Felsen denkt. Weil es heißt, dass der Felsen solange zum *UK* gehört, solange es Affen auf dem Felsen gibt, kann man, je nach eigenem politischen Standpunkt, bei dem Gedanken an die Affen vielleicht insgeheim um ihre Existenz bangen, oder man kann ihnen die Affenseuche wünschen.

Gibraltar ist vielleicht das umstrittenste Überseeterritorium Britanniens. Es besitzt seit 2006 eine Selbstverwaltung, die alle inneren Bereiche umfasst, so auch die Binnenwirtschaft und Steuerpolitik. Außenpolitik, innere Sicherheit und militärische Verteidigung bleiben ausgeschlossen. Der Gouverneur Gibraltars wird von London ernannt, dem das Militär und ebenfalls die Polizei unterstehen.

Im *Vertrag von Utrecht*, 1713, erlangte die *Englische Krone* die Hoheit über die Halbinsel mit dem Felsen. Seitdem hat Spanien mit verschiedenen Mitteln versucht, die Souveränität über das Territorium zurückzubekommen. Es gab sogar zwei Volksabstimmungen, in denen die Bevölkerung von Gibraltar über einen Wechsel zu Spanien zu entscheiden durfte. Die Ergebnisse waren deutlich: am 10. September 1967 und am 7. November 2002 gab es eine über 90 prozentige Ablehnung jeglicher Veränderung.

Gibraltar ist eines der am dichtesten besiedelten Gebiete der Erde. Obwohl von nur 32.000 Menschen bewohnt, lag 2012 die Bevölkerungsdichte bei über 5000 Einwohnern pro Quadratkilometer. Die meisten Menschen Gibraltars, die einen britischen Pass besitzen, sind britischer (27 Prozent), spanischer (24 Prozent), italienischer (19 Prozent) oder portugiesischer (11 Prozent) Herkunft. Der Rest kommt aus anderen oder Mittelmeer-Anrainerstaaten.

Der militärische Belang des Felsens, der eng mit dessen wirtschaftlicher Bedeutung verknüpft ist, mag oberflächlich betrachtet, seit dem Jahrhundert, als die *Royal Navy* unbesiegbar war, gesunken sein. Aber noch in den 1950er Jahren hatte sie eine Annektion der Kronkolonie durch den spanischen Faschisten und *Diktator Franco* verhindert. Die militärische Option am Felsen mag von London demnach als eine Art Rückversicherung betrachtet werden. Man weiß ja nie, was kommt. Eines aber ist real: Die Wirtschaft Gibraltars wird vor allem vom Tourismus bestimmt. Daneben und unter der Oberfläche trägt das exterritoriale Finanzwesen und seit neuem die wachsende Zahl in Gibraltar angesiedelter internationaler Anbieter von Online-Sportwetten sowie -Casinos zur wirtschaftlichen Bedeutung der

Halbinsel bei. (*Abstract of Statistics*, 2013 H.M. *Government of Gibraltar*). Die Währung dort ist das *Gibraltar Pfund*, das 1:1 mit dem britischen *Pfund* verrechnet wird.

Anguilla und **die Britischen Jungferninseln** gehören zu den vielen kleinen Inseln in der Karibik. England annektierte sie Mitte des 17. Jahrhunderts und gliederte sie in das Kolonialreich ein. Wirtschaftliche Bedeutung erlangten die Inseln als Lieferant für Rohrzucker für das Mutterland. Eine wachsende Anzahl aus Afrika deportierter Sklaven arbeiteten auf den Plantagen, was dazu führte, dass heute zirka 90 Prozent der Bevölkerung afrikanischer Abstammung ist. In 1834 wurde die Sklaverei offiziell abgeschafft. Im Jahr 1956 löste London die Kolonie Leewards Islands Federation, zu der die Britischen Jungferninseln gehörten, auf. Die Jungfern Inseln wurden Kronkolonie, die 1967 eine eigene Verfassung mit stärkerer innerer Autonomie erlangte (Info aus: *Our History,* Website der Regierung der Britischen Jungferninseln). Anguilla musste bis 1980 auf die innere Unabhängigkeit warten.

Das Gewerbe auf den Inseln floriert, es ist stark vom Tourismus geprägt. Insbesondere Kreuzfahrtpassagiere, hauptsächlich aus den *USA*, besuchen die Inseln. Neben dieser Einnahmequelle der örtlichen Tourismusindustrie, ist der Verleih von Booten und Yachten für Angelausflüge nicht unerheblich. Die Landwirtschaft auf den Inseln ist inzwischen unbedeutend geworden. Als offizielle Währung gilt seit 1959 der *US-Dollar.*

Als Steueroase bieten die Jungferninseln Unternehmen, etwa seit Mitte der 1980er Jahre, die verlockende Möglichkeit, mit Briefkastenadressen ansässig zu werden. Seit dieser Zeit wächst die Zahl solcher Gesellschaften kontinuierlich. Sie hat 2015 sozusagen astronomische Höhen erreicht, welche in die Hunderttausende gehen, bei einer Bevölkerungszahl von unter 40.000. Das öffentliche Einkommen der Inseln ist durch die Erhebung von Gebühren für die Gründung und Duldung solcher Gesellschaften ein fester Faktor im Staatsbudget der Inseln geworden (*Spiegel online* vom 31.7.2015: "Ducati streicheln unter Palmen" - Artikel und Fotoserie über Steueroasen).

Bermuda blickt auf eine wechselvolle Geschichte, deren Beginn auf 1609 datiert wird, als englische Siedler, die nach Virginia in Nordamerika wollten und dort nach einem schweren Sturm strandeten. Schon 1620 wurde Bermuda eigenständige Kolonie, wohin 1783 die *Royal Navy* nach der *US-amerikanischen Unabhängigkeit* ihre in der westlichen Hemisphäre wichtigste Basis verlegte. Nach dem Zweiten Weltkrieg wurde Bermuda zu einer erfolgreichen Steueroase. 1995 lehnte dessen Bevölkerung eine Unabhängigkeit ihrer Insel in einem Referendum ab.

"Bermuda ist 35 Kilometer lang und maximal 3 Kilometer breit; die registrierte Landfläche beträgt 53 Quadratkilometer. Damit ist Bermuda halb so gross wie das nordfriesische Sylt, 45 mal kleiner als das kanarische Teneriffa und 100 mal kleiner als das sundanesische Bali. Die Bermudianer sehen diese Relationen allerdings etwas anders: Bermuda ist immerhin 30 mal größer als Monaco. Auf Bermuda ist es gemütlich wie in einer Nussschale. Und zudem ist kein Haus mehr als einen Kilometer vom Meer entfernt, was auch nicht übel ist". (Zitiert aus "*Bermuda*", erschienen in der «*Flags of the Nations*» *Stamp Collection*, 1990, *Markus Kappeler*).

Die allerwichtigste Einnahmequelle Bermudas ist der Fremdenverkehr aus den *USA*, mit einem Anteil von 40 Prozent am *BIP.* Dicht darauf folgt dann schon die Finanzindustrie. In dieser Steueroase siedelten sich viele Kreditinstitute und Versicherungen an sowie international tätige Konzerne, z.B. der Spirituosenhersteller *Bacardi,* und natürlich Reedereien.

Diese Entwicklung erlebte erstmalig eine Unterbrechung, als auf einem *G-20* Gipfeltreffen Maßnahmen gegen die Steuerflucht diskutiert wurden. Einige der Konzerne verließen daraufhin die Insel und siedelten sich in einem anderen Steuerparadies an.

Die karibischen **Cayman Islands** erwarb Britannien 1670, zusammen mit Jamaika, von Spanien. Bis um 1730, als die ersten Siedlungen entstanden, war die kleine Inselgruppe südlich von Kuba Piratenstützpunkt. Die ersten dauerhaften Bewohner begannen bald mit dem Anbau von Baumwolle und Zuckerrohr. 1831 erhielten die Inseln ihre erste Selbstverwaltung und 1937 begann dort das Zeitalter des Tourismus, als ein erstes Kreuzfahrtschiff in George Town, der Hauptstadt, vor Anker ging. Als 1959 Jamaika, zu dessen Kolonialgebiet die Cayman Inseln gehörten, selbstständig wurde, entschieden sich die Caymans weiterhin für den kolonialen Status als britische Kronkolonie. Folgerichtig wurde 1971 dort ein britischer Gouverneur eingesetzt, und in 1972 trat eine Inselverfassung in Kraft, die innere Autonomie der Inseln regelnd.

Die schon lange während Steuerfreiheit auf den Inseln führte dazu, dass sich hier hunderttausende Firmen registrierten, dabei auch deutsche Banken und Hedge Fonds. Die Cayman Inseln wurden weltweit bekannt als Steueroase. Einnahmen hatte die Inselregierung durch die Erhebung von Verwaltungsgebühren für die Briefkastenfirmen sowie eine 20-prozentige Zollabgabe auf alle Importgüter.

Dem Ruf als Steueroase wollte die Inselregierung durch bilaterale Abkommen (Unterstützung mit Steuerinformationen) entgegenwirken, indem sie mit Japan, den Niederlanden, Südafrika und Irland entsprechende Abkommen schloss. (*Neue Züricher Zeitung online* vom 30.3.2009: Unilaterale Steuerabkommen im Vorfeld des *G-20*-Gipfels).

Dem folgte im Januar 2016 eine *EU*-Verlautbarung über die Bekämpfung von Steuerflucht, in der u.a. die Cayman Inseln genannt werden (*Trend. at* online vom 28.1.2016: "*EU* will neue schwarze Liste von Steueroasen"). Die bekundete Bereitschaft der Cayman Inseln, Informationen über Anleger künftig an die Behörden der Herkunftsländer zu liefern, führte offensichtlich zu einem Einbruch der Staatseinnahmen der Inseln. Diese Entwicklung wiederum veranlasste das britische Außenministerium, die Inselregierung aufzufordern, weitere Einnahmequellen zu suchen (*faz.net* vom 3.9.2009: "Cayman-Inseln vor dem Staatsbankrott").

Die **Turks- und Caicosinseln** sind die südöstlichen Ausläufer der Bahamas. Sie liegen geographisch schon im Atlantik, werden aber noch zur Karibik zugehörig gezählt,

Sie wurden relativ spät, 1776, Teil der britischen Kolonie der Bahamas und blieben das bis 1848. Danach kamen sie politisch zu der ebenfalls britischen Kolonie Jamaika, die 1959 ihre Selbstständigkeit erhielt. Die Inseln jedoch verblieben bei Britannien und wurden Kronkolonie. Mit 41.000 Bewohnern deutlich zu klein für die Unabhängigkeit, gab man in 1982 derartige Bestrebungen auf und schaffte sich stattdessen eine eigene Verfassung an. 2009 kam es zu einem politischen Skandal zwischen London und den Inseln, die inzwischen zu einem touristischen Paradies geworden waren, mit kilometerlangen weißen Sandstränden, Korallenriffen und immerwährender Sonne. Diese geradezu idealen Voraussetzungen für florierenden Fremdenverkehr, für innere finanzielle Autonomie, hatten offensichtlich manchen Regierungsverantwortlichen auf den Inseln zur

Korruption verleitet und zu Ineffizienz der Verwaltung geführt. London musste handeln. Die Inselregierung wurde kurzerhand abgesetzt, die Inselverfassung außer Kraft gesetzt, die Inseln wurden dem Gouverneur direkt unterstellt. London begründete diesen Schritt mit politischer Amoralität, Unreife und genereller Inkompetenz der Regierung in praktisch allen Bereichen. *BBC* berichtete, dass Mitglieder der Inselregierung Land der Krone verkauft hätten, um sich zu bereichern. Das Londoner Außenministerium erklärte, dass die Verfassung der Inseln suspendiert bleiben sollte, bis der Sumpf ausgetrocknet sei. 2011 sollten dann wieder Parlamentswahlen stattfinden (*Spiegel-online*, 15.8.2009: "Karibikinseln Turks & Caicos, Briten putschen im eigenen Paradies"). - Die ausschließlich auf Fremdenverkehr basierte wirtschaftliche Selbstständigkeit der Inseln war anscheinend nur ein Traum, denn *EU*-Steuerkommissar *Pierre Moscovici* setzte die Inseln in 2016 auf die schwarze Liste der internationalen Steueroasen (*Trend.at* online vom 28.1.2016: "*EU* will neue schwarze Liste von Steueroasen").

Das **Britische Territorium im Indischen Ozean** ist ein Gebiet, das nur den Chagos-Archipel umfasst. Die Inselbewohner, die Chagossianer, wurden 1966 zwangsumgesiedelt. Sie leben seitdem auf Mauritius, den Seychellen und in Großbritannien. London verpachtete daraufhin die Inseln an die *USA*, die auf der Insel Diego Garcia gemeinsam mit Großbritannien einen Militärstützpunkt betreiben.

Die **Falklandinseln**, im Südatlantik gelegen, werden seit 1833 von Argentinien beansprucht. Die 3.000 Einwohner der Inseln stammen überwiegend von Einwanderern von den Britischen Inseln ab. Seit 1985 regelt eine eigene Verfassung die innere Autonomie der Inseln.

Infolge des Falklandkrieges zwischen Britannien und Argentinien im Jahr 1982, wurde die Dauerpräsenz der britischen Streitkräfte auf den Inseln deutlich verstärkt. Neben der Überwachung der Inseln, sind diese vorrangig für das Räumen von Minen und Munition aus Zeiten des Falklandkrieges zuständig. Wirtschaftlich sind die Inseln bis heute bedeutungslos. Allerdings scheint die Entdeckung von großen Ölfeldern dort in den späten 1990er Jahren das Hauptmotiv für Britanniens Festhalten an den Inseln zu sein. Erstes Öl wurde im Mai 2010 gefunden.

Montserrat, in der Nachbarschaft zu den Jungfern-Inseln gelegen, gehört geografisch zu den kleinen Antillen in der Karibik. Politisch war es seit 1674 Mitglied einer Konföderation englischer Inselkolonien. Frühe Siedler bauten Tabak, Zuckerrohr und Baumwolle an, wofür sie Sklaven aus Afrika einkauften. Deren Nachkommen bilden heute die Bevölkerungsmehrheit. 1871-1956 war Montserrat Teil der Kolonie Leeward Islands, die aufgelöst wurde und es kam 1958 zur Westindischen Föderation. Nach Auflösung auch dieser Kolonie, entschieden sich die Inselbewohner in einer Abstimmung dafür, wieder britische Kronkolonie zu werden. Es ist auf Grundlage seiner Verfassung heute Britisches Überseegebiet und beherbergt die Universität der Westindischen Inseln. Als ein Finanzstandort (*Offshore Tax haven*) ist Montserrat nicht bekannt geworden.

Die Inseln **St. Helena**, **Ascension** und **Tristan da Cunha** sind seit September 2009, als sie eine eigene Verfassung erhielten, britisches Überseegebiet im südlichen Atlantik. Haupterwerb der Inseln ist der Fischfang und dessen Verarbeitung, der Hummerfang, die Landwirtschaft und der Tourismus. Das reicht offensichtlich nicht zur finanziellen Selbstständigkeit der Inseln, weshalb sie auf die Unterstützung Großbritanniens angewiesen sind. Auch diese Inseln sind bislang nicht als Finanzstandort bekannt geworden.

Die **Pitcairninseln**, die Inseln der Meuterer von der Bounty, die sich 1789 dort versteckten, liegen mitten im südöstlichen Pazifik. Sie gehören administrativ zu den Britischen Überseegebieten, die erst 1838 britische Kronkolonie wurden. Aber nur die zweitgrößte Insel, Pitcairn, ist von weniger als 50 Einwohnen bewohnt - von den von Inzucht geschädigten Nachfahren der Meuterer und ihren polynesischen Frauen.

So isoliert wie das Paradies Pitcairn, mit weißen Stränden und kristallblauem Meer, gibt es keinen Ort auf der Erde: Etwa 5.000 Kilometer von Neuseeland im Osten und dann 5.700 Kilometer von Südamerika im Westen entfernt. Niemand will da wohnen, denn selbst die einheimischen Jugendlichen verlassen die Inseln. Der Fremdenverkehr kommt nicht auf die Füße, obwohl die Inseln eine reichhaltige Natur besitzen und ganzjährig ein angenehmes Klima zwischen 19 und 24 Grad Celsius anbieten.

Die Insel wirke zwar wie in der Mitte von Nirgendwo, sagte *Jacqui*

Christian, die Repräsentantin von Pitcairn in Europa, dem *Telegraph*. Doch sie lockte: "Aber wenn man einmal da ist, ist man mit der Welt verbunden wie überall - die Insel besitzt Elektrizität und jetzt auch Internet. Es ist ein besonderer Ort, und es ist wunderbar, die Sterne ohne Luftverschmutzung zu sehen. Das Wasser ist so blau wie nirgends." (*Der Spiegel online* vom 21.2.2015: "Trauminsel sucht Bewohner").

Südgeorgien und die **Südlichen Sandwichinseln** sind ein britisches Überseegebiet süd-östlich der Falklandinseln, das ebenso von Argentinien beansprucht wird. Es gibt dort nur Forschungsstationen. Ansonsten sind die Inseln von Menschen unbewohnt.

Die Inseln sind aber wichtige Brutgebiete einiger Meeressäuger (Seelöwen, See-Elefanten) sowie von Königspinguinen und Goldschopfpinguinen. Die von norwegischen Walfängern im vergangenen Jahrhunderten eingeschleppten Rentiere, die dort nicht hingehören, versucht man auszusiedeln, oder wenn nötig, abzuschießen.

Das Rechtssystem der *British Overseas Territories* ist vom Mutterland unabhängig: Es ist dem des Mutterlandes ähnlich und weist aber einige Unterschiede aus örtlichen Gründen auf. Jedes der Territorien besitzt ein eigenes Gerichtswesen, verfügt über Anwälte und Richter. Nur, wenn das Gebiet oder die Bevölkerungszahl zu klein ist, stellt das *UK* die gesetzlichen Rahmenbedingungen.

Die **Beziehungen** der *British Overseas Territories* zum Mutterland regelt das *Außen-* und das *Commonwealthministerium*. Diese wahren einerseits die Interessen der Überseegebiete, andererseits entwickeln diese Ministerien die Politik des *UK* gegenüber den Überseegebieten, die die Ministerien in einem Papier festgehalten haben: *Partnership for Progress and Prosperity, Britain and the Overseas Territories.*

Die Überseegebiete mit einheimischer Bevölkerung unterhalten eigene Gesandtschaften in London (außer Bermuda). Daneben gibt es die *United Kingdom Overseas Territories Association,* die ebenfalls die Belange aller Überseegebiete in London vertritt.

Bei diesen Interessen geht es natürlich um finanzielle und wirtschaftliche Fragen, die mit dem Entwicklungshilfeministerium beraten werden.

Verständlicherweise drängt London die Gebiete, an ihrer finanziellen Autonomie festzuhalten oder daran zu arbeiten.

Das sind die Voraussetzungen, denen auch *Jeremy Corbyn* gegenüberstehen würde, wenn die *Labour-Party* die Parlamentsmehrheit besäße. Von den sechzehn exterritorialen Gebieten des *UK* sind es die Isle of Man, die Kanalinseln, Anguilla, die Britischen Jungferninseln, die Cayman Inseln, die Turks & Caicosinseln und Gibraltar, die er als *Offshore Tax Haven* identifizierte. Wie er damit schließlich umgehen würde, müsste er jedoch noch unter Beweis stellen.

Der konservative Ex-Premier *David Cameron* hat sich gerne vorbildlich gezeigt und einige lange Reden gegen Steuerflucht gehalten. Allerdings zog er sich auch zurück auf die Position, dass die Regierung keinen Einfluss auf die Gesetzgebung in den exterritorialen Gebieten des *UK* habe, und dass London die Politik der Regierungen der *Crown Dependencies* und der Überseegebiete respektieren müsste.

Diese Haltung dürfte allerdings seit dem rigorosen Eingreifen des Außenministeriums gegenüber der Regierung der Turks & Caicosinseln, die mit dem Argument der Korruption und politischer Amoralität, Unreife und genereller Inkompetenz kurzerhand abgesetzt wurde, Kratzer bekommen haben. *Jeremy Corbyn* muss sich starke Verbündete suchen, wenn es ihm wirklich gelingen soll, eine generelle Lösung gegen Steuerflucht auf den *Offshore Tax Haven* herbeizuführen.

Bilanz

Waren die *EU*-Gegner in Britannien sich alle einig in ihrem NEIN zum weiteren Verbleib in der Gemeinschaft? Hatten sie alle gleiche Antworten, waren alle von den gleichen Gefühlen bewegt? Sicher nicht, so wie sie uneinig gewesen sein mussten in ihrer Beantwortung auf die Frage, was Premier *David Cameron* gemeint haben mag mit seiner propagandistischen Bleibeformel "nur gemeinsam schaffen wir das"!

Diese Plattitüde hat er als gewiefter Politiker absichtlich so unpräzise gehalten, weil auch er wusste, dass es quer durch die Klassengesellschaft in Britannien sehr wohl recht unterschiedliche Erwartungshaltungen gegenüber der *EU* gab.

Unter anderem abhängig von der ethnischen Herkunft seiner Landsleute und ihrem intellektuellen Stand sowie dem Standort im Arbeitsleben, den Erwartungen, eine Lebensperspektive entwickeln zu können, wozu entscheidende Fragen gehören, wie Recht auf Arbeit, Recht auf bezahlbare Wohnung und Lebensqualität. Damit kämpfte er aber vergebens wie gegen Windmühlenflügel an, denn mit seiner Formel erreichte er nicht oder nur unzureichend jene Massen, für die, neben den schon oben beschriebenen Ursachen, etwas anderes wichtiger schien. Es war die Frage der nationalen Identität, die aus der Geschichte der Insel herrührt, überkommen vom einst globalen *Empire*, dem mächtigsten Kolonialreich in der Zeit der menschlichen Zivilisationen. Weite Kreise seiner Landsleute hatten oder empfinden immer noch Abneigung gegenüber jedem politischem Einfluss, der als kontinentale Einflussnahme erkannt wird.

Diese nationale Identität hat historische Ursachen. Sie begann sich mit der Ausbildung der *Anglikanischen Kirche* in Opposition zum *Katholizismus* zu entwickeln, erlebte weitere Schübe, als sich Britannien 1588 gegen Eroberungsgelüste der *Spanischen Armada* zur Wehr setzte, erreichte neue Höhen mit *Nelsons* Sieg bei Trafalgar über *Napoleons* Flotte und bestätigte sich zuletzt mit einem unter *Winston Churchill* erkämpften Sieg gegen Nazideutschland.

Die *Leave*-Kampagne mit dem Slogan "We want our country back", hat diese Identitätsgefühle der Massen bedient und hat klassenübergreifend bei sehr vielen Menschen Erfolg gehabt.

Unter diesem Vorzeichen, der ganz anderen Identität der Briten gegenüber jener der Kontinentaleuropäer, speziell jener der Deutschen, die den *Nationalsozialismus* hinter sich hatten und eher zum Gegenteil tendieren, trat 1973 Britannien - 1975 von einem *Referendum* bestätigt - der *Europäischen Wirtschaftsgemeinschaft* (*EWG*) mit rein ökonomischen Absichten bei. Das ist heute noch in der britischen Öffentlichkeit wirksam und das erklärt die von Kontinentaleuropäern verbreitete Herabsetzung der Britischen Politik mit dem Slogan der Rosinenpickerei Londons.

Begonnen hatte schon Premierministerin *Margret Thatcher* mit dieser Rosinenpickerei, als sie 1988 Sonderkonditionen aushandelte. Sie lehnte jedes Übereinkommen, das über den gemeinsamen europäischen Binnenmarkt hinausging und in Richtung politische Union ging, kategorisch ab. Eine Dominanz von Brüssel und ihre Akzeptanz gegenüber einer nicht gewählten europäischen Kommission bedachte sie energisch mit einem dreifachen "NO". Und diese Grundidee, einst von *Winston Churchill* angedacht und von *Margret Thatcher* in eine Form gegossen, wirkt heute noch fort. Sie ist die Ursache für die vielen Extrawürste Londons, wie z.B. der Weigerung, sich am *Schengen-Abkommen* zu beteiligen oder der gemeinsamen Währung, dem *Euro*, beizutreten.

Man staunt, wenn man sich das ins Gedächtnis ruft, wissend, dass das *Vereinigte Königreich* ebenfalls eine politische Union ist. Eine Union allerdings, die unter der Ägide Londons mit Gewalt zusammengeschustert wurde. Dem gegenüber ist die *EU* eher ein Zusammenschluss von bürgerlichen Staaten Europas, deren politisch-wirtschaftlichen Eliten eher freiwillig zum Schwur antraten. Allerdings - es gab bis auf Norwegen und Dänemark keine Referenden diesbezüglich, so dass man nicht davon reden kann, die Völker der *EU* wären gefragt worden. Wie das diesbezüglich weitergehen soll, wird die Entwicklung der Stimmung für oder gegen die *EU* noch zeigen. Bei den Wahlen 2017 in Holland und Frankreich haben die Rechtspopulisten wieder zugelegt, aber noch kein Mandat gewinnen können. Noch ist also Zeit, und es liegt an der Politikern, von denen einige erste zaghafte Einsichten nach dem *Brexit-Referendum* publizierten, ob das Projekt, das der französische Außenminister *Robert Schumann* 1950 initiierte, scheitert, oder ob es zum Wohle der Völker weiter Bestand haben wird.

Sein sehr viel beachteter Vorschlag war, die Kohle- sowie Stahlproduktion der damaligen *BRD* (Bundesrepublik Deutschland), Frankreichs und anderer westeuropäischer Länder zusammenzulegen, um damit einen neuen Krieg zwischen Frankreich und Deutschland unmöglich zu machen. Unterschriftsländer zur Schaffung einer Europäischen Gemeinschaft für Kohle und Stahl waren Frankreich, BRD, Italien, Niederlande, Belgien Luxemburg (*Montanunion*). Es war der erste intereuropäische Vertrag nach dem Ende des *Weltkrieg II.* Seine Absicht war, dass mittels eines Zusammenschlusses der wirtschaftlichen Interessen der europäischen Länder eine Erhöhung des Lebensstandards aller Menschen der Beitrittsländer erreicht werde und Frieden in Europa herrsche. Der erste Schritt zu dem erklärten Fernziel eines geeinten Europa war getan. Im Zusammenhang mit diesem Vertrag wurde u.a. publiziert (Zitat): "Europa lässt sich nicht mit einem Schlage herstellen und auch nicht durch eine einfache Zusammenfassung. Es wird durch konkrete Tatsachen entstehen, die zunächst eine Solidarität der Tat schaffen."

Diese Solidarität ist zumindest zwischem *Vereinigten Königreich* und Kontinentaleuropa entwicklungswürdig. Und es scheint weiter, dass das Prinzip bislang nicht überall – auch nicht in Brüssel – verstanden wurde. Es liegt an den Völkern der *EU,* Fehlentwicklungen der Union oder überhastete Schritte von Politikern der Union, die in die falsche Richtung gehen, zu verhindern. Dafür mögen die nationalen und internationalen digitalen Netzwerke wie Privatinitiativen, die sich der Verteidigung der Demokratie und vor allem des Friedens in Europa verschrieben haben, ihren unschätzbaren Beitrag leisten, um die Vision *Robert Schumanns* lebendig werden zu lassen.

Epilog

Widersprüche sind das Treibmittel der Geschichte. Und Britannien hatte es in seiner Geschichte stets verstanden, immerwährenden Widersprüchen konstruktiv zu begegnen, diese zu eigenem Vorteil umzudeuten. Schon mit der *Glorious Revolution* von 1688/89 war Britannien das erste europäische Land, das die Macht des Königtums beschnitt und republikanische Rechtsnormen einführte. Die bürgerlichen Sieger waren allerdings klug genug, mit Rücksicht auf Reste traditionsbewusster Gegner, diese mit ins Boot zu holen. Sie erhielten die Monarchie, wandelten sie um in eine konstitutionelle, rein repräsentative Staatsform, verpflichteten den König mit der *Bill of Rights,* bürgerliche Rechte und Freiheiten zu respektieren.

Basis für diese Wandlungen wurde die schon in 1215 verfasste *Magna Charta*, eine Vereinbarung des gegen den König revoltierenden Adels, die den Baronen grundlegende politische Freiheiten garantierte. Progressiv und zukunftsweisend war die Übernahme dieser Inhalte in die *Bill of Rights*, die wiederum grundlegend wurden für das Zeitalter der Aufklärung, für Verfassungen der *USA* und Frankreichs.

Sind vergleichbare Entwicklungen in Britannien heute noch denkbar? Der geschichtliche Abstand scheint zu kurz, um darüber konkret zu urteilen.

Fest steht aber, die aktuellen Widersprüche erschüttern die Insel. Allein die derzeitige Flüchtlingsproblematik, wie z.B. die offizielle Haltung gegenüber einem Einwanderungsbegehren von Migranten, nicht nur ausgehend vom menschlichen Elend der Flüchtlingscamps in Calais, teilt die Gesellschaft Britanniens - genüsslich und schändlich breitgetreten von den Mainstream-Medien. Aus dieser Sicht war das Ergebnis des *Brexit*-Referendums doch nicht so überraschend?

Was wird nun? Eine spannende Frage, speziell nach dem beachtlichen Ergebnis der Unterhauswahlen, ein Jahr nach dem *Brexit*-Votum. Der nach dem Referendum zur entschiedenen Befürworterin für den Austritt aus der *EU* chamäleonhaft umgefärbten *Theresa May,* hatte der britische Wähler Rätsel mit auf den Weg gegeben. Sie hatte verloren und doch gewonnen - sie bekam weniger Unterhaussitze als vorher, obwohl die *Tories* prozentual an Stimmen gewonnen hatten. Diese seltsame Situation ist dem britischen Wahlsystem geschuldet.

Dahin waren auch die Sitze der weitgehend am *Brexit* beteiligten *UKIP,* die aus dem Parlament flog. Der Vorsitzende der *Liberaldemokraten, Nick Clegg,* der sich als erklärter Gegner für den *Brexit* profiliert hatte, verlor sein Mandat. Die *Schottische Nationalpartei* bekam eine Ohrfeige für ihre nach der *Brexit*-Abstimmung herausposaunten Forderung nach einer Loslösung Schottlands vom *Vereinigten Königreich.* Ihr jagten vor allem die *Tories* einige Mandate ab.

Wirklicher Gewinner - rd. 10 Prozent der Stimmen gegenüber der Wahl von 2013 - jedoch war die *Labour Party* mit ihrem populären Vorsitzenden *Jeremy Corbyn.* Er brachte bisherige Nichtwähler, vor allem junge Menschen, zur Wahlurne, indem er das Problem Britanniens zum Thema gemacht hatte: die beschämende Austeritäts- und Privatisierungspolitik, die u.a. das Gesundheits- und das Bildungswesen in den Ruin getrieben hatte. Die als Warnung gemeinte Prognose *Tony Blairs, Jeremy Corbyn* würde die *Labour Party* in den Ruin treiben, wendete sich eher als Empfehlung für *Corbyn.*

Ihm, *Jeremy Corbyn,* war es offensichtlich zu verdanken, dass die Wahlbeteiligung mit fast 70 Prozent die höchste der vergangenen 20 Jahre war. Denn dort, wo sie über bisheriges Niveau stieg, gewann *Labour.* Landesweit erzielte sie 41 Prozent der Stimmen, während die *Tories* insgesamt 44 Prozent auf sich vereinigen konnten.

Theresa May, jetzt auf einen Koalitionspartner angewiesen, begab sich mit der anglikanischen nordirischen *DUP* (*Democratic Unionist Party*) mit ihren zehn Abgeordneten ins Koalitionsbett. Damit legte sie sich selbst ein Kuckucksei ins Nest, denn die nordirischen Ultra-Konservativen polemisieren gegen homosexuelle Orientierungen, gegen das Recht auf Abtreibung und einer Klimarettung - ein Themenbündel, das die *Tories* schon abgehakt hatten. Und das "Ja" der *DUP* zu einem Ausstieg aus der *EU* ist eher opportunistisch zu verstehen. Eine widersprüchliche, aber in dieser Situation die scheinbar einzige Option für *Theresa May,* die der britische Wähler ihr gelassen hatte. Jedoch, wie bereits schon erklärt, Widersprüche befeuern die Suche nach Lösungen, einer Suche, in der die Führungseliten Britanniens seit Jahrhunderten Übung haben. - Veränderungen sind wichtig, sagte *Churchill*: "To improve is to change - so to be perfect is to have changed often."

Rezension

Mit dem *Vereinigten Königreich* (Großbritannien) und Nordirland will erstmals ein Land aus der *Europäischen Union* austreten. Das ergab 2016 eine Volksabstimmung, die nun von der Regierung umgesetzt werden soll. Das *Vereinigte Königreich* war über 40 Jahre Mitglied der *EU.*

Aus deutscher Perspektive mag diese Entscheidung weitgehend auf Unverständnis stoßen, da das Land doch zweifelsfrei zu Europa gehört. Von seiner Insellage her, im Osten des Atlantischen Ozeans gelegen, kann die Zugehörigkeit zu Europa jedoch relativiert werden.

Zwar proklamierte bereits *Winston Churchill* die *Vereinigten Staaten von Europa,* bezog das aber nur auf Kontinentaleuropa. Das *Vereinigte Königreich* wollte nie so weit gehen, dass es in einem europäischen Bundesstaat aufgeht, was manche Kontinentaleuropäer anstreben. Primär versteht bzw. verstand Britannien die *EU* als Wirtschaftsgemeinschaft; seine Distanz zu (Kontinental-)Europa jedoch wird durch die Insellage sowie des Vorhandenseins eines "Brudervolks" auf der anderen Seite des Atlantischen Ozeans erleichtert.

Dieses Buch, spannend wie ein Krimi geschrieben und dennoch absolut seriös, beschreibt sehr faktenreich die Geschichte Englands und der mit ihm verwobenen Länder, innerhalb und außerhalb Europas. Mit dem *Commonwealth of Nations* findet das *UK* eine historisch fundierte supranationale Gemeinschaft, ist bei seinem Austritt aus der *EU* also nicht bindungslos.

Vom Mittelalter bis zum *Brexit* analysiert dieses Buch die Kontinuitäten und Wandlungen, denen als gemeinsamer Charakter wirtschaftliche Interessen ausschlaggebend sind. Damit stellt es, zumindest in der Praxis, das proklamierte Primat der Politik in Frage. Somit eignet sich der *Brexit* nicht als Blaupause für andere Länder, sondern beschreibt eine Besonderheit, die sich nur aus der Geschichte heraus verstehen lässt.

Heinz Peter Lemm, Dipl.-Politologe

Bildquellen

Cover: Fotolia/Montage Verlag

Seite/Beschreibung

010 - Gebietskarte von William the Conqueror, Herrschaftsbereich, um 1087, nach dem Historischen Atlas von W.R. Shepherd, mit frdl. Genehmigung der Universität von Texas (USA), Wikimedia Commons, gemeinfrei

022 - Königin Elisabeth I von England, Wikimedia Commons, gemeinfrei, nach einem Gemälde um 1575 (National Portrait Gallery - NPG 2082)

024 - Sir Francis Drake, Wikimedia Commons, gemeinfrei, nach einem Portrait von Henry Bone, ca. 1829

029 - Sklaven an Deck eines Schiffes, mit freundlicher Genehmigung von westafrikaportal.de

034 - Thomas Clarkson, Gegner der Sklaverei, Wikimedia Commons, gemalt v. Carl Frederik von Breda, gemeinfrei - National Portrait Gallery

039 - Wertseite X-Cash, Wikimedia Commons, Autor: Herrmann Junghans

050 - Lord Nelson, Gemälde v. L.F. Abbot, National Maritim Museum, BHC 2889, gemeinfrei, Wikimedia Commons

062 - Queen Victoria, nach einem Portrait von F.X. Winterhalter (The Royal Collection), gemeinfrei, Wikimedia 18262756

076/77 - Karte über Großbritanniens Kolonialbesitz, ehem. und heute - Autor:

The Red Hat of Pat Ferrick (stützt sich u.a. auf Unterlagen von Judith Brown und Nigel Dalziel), Wikimedia, gemeinfrei

083 - Sir Winston Churchill, Aufnahme um 1942, Office War Information (USA), gemeinfrei, Wikimedia Commons

088/89 - Britischer "Tank" bzw. Panzer Mark I, Foto erstellt am 25.9.16, in der Nähe von Thiepval, Schlacht an der Somme, Weltkrieg I, Foto Q2485, Imperial War Museum, Wikimedia, gemeinfrei

090 - Britische Infanterie, Kampf an der Somme, Weltkrieg I, Schlacht von Morval (Geländeabschnitt), aufgenommen am 25.9.1916, Wikimedia Commons 119441

094/95 - Unterzeichnung der Unabhängigkeitserklärung der Vereinigten Staaten am 4.7.1776 vom Vereinigten Königreich - nach einem Gemälde von John Trumbull, Wikimedia Commons 180069

102 - Mohandas Karamchand Ghandi - Foto ca. Ende 1930, gemeinfrei (Indien), Wikipedia Commons

115 - Cecil Rhodes, Foto ca. 1900, Autor unbekannt, gemeinfrei, Wikimedia Commons, Quelle: Hephaestos

135 - Sir Winston Churchill in den Trümmern der Kathedrale von Coventry, Foto v. 1942, Wikimedia Commons, Library of Congress (USA), gemeinfrei

136/137 - Weltkrieg II, Karte über geheime Vereinbarung zu geplanten Vertrei-bungen / Vorschlags-Plan zur Gebietsveränderung - Quelle: US Departement of State, Wikimedia Commons, gemeinfrei

138 - Konferenz von Jalta, Gruppenfoto nach dem Abschluss der Verhandlungen, Quelle: US Signal Corps, Library of Congress (USA), Wikimedia Commons, gemeinfrei

140 - Charles de Gaulle, Aufnahme von 1942, Quelle: Office of War Information, Library of Congress (USA), Wikimedia / Wikipedia.org CC 1778410

149 - Margaret Thatcher, Besuch auf Bermuda, Aufnahme v. 12.4.1990 - Quelle: White House Photo Office (USA), User Hohum 110852, Wikimedia Commons, gemeinfrei

165 - David Cameron (Premierminister 2010-2016), UK, Open Government Licence, Wikimedia.org - gemeinfrei

166 - Boris Johnson, Foto von 2016, Wikimedia.org, gemeinfrei - Open Goverment Licence (UK)

173 - Theresa May, offizielles Foto, Open Government Licence (UK), Quelle: Britisches Nationalarchiv

178 - Jeremy Corbyn, Autorin: Sophie Brown CC-By-SA4D, Wikimedia Commons

Anmerkung der Redation: Durch den Druckprozess können sich mehr oder weniger leichte Abweichungen, Unschärfen usw. vom Original-Bild ergeben. Bei den Quellenangaben zu den teilweise recht alten Aufnahmen bzw. Dateien gilt ein Irrtumsvorbehalt. Ggfs. bitten wir um Nachsicht und freundlichen Hinweis, um dies in der nächsten Ausgabe berücksichtigen zu können.

Über den Autor

Rainer F. Brunath war lange Jahre in der Wirtschaft tätig. Der Autor, gelernter Chemiker, arbeitete sowohl in der Forschung und Entwicklung als auch im Bereich Beratung und Marketing, allein 20 Jahre in Italien, wo er heute noch wohnt; seine Zweitadresse ist Hamburg. Beim Recherchieren zum Familiennamen und seinen Vorfahren, stellte er überraschend fest, dass diese aus Italien stammen. Den dort recht geläufigen Namen gibt es nämlich in mehreren Varianten und Versionen wie Brunatti, Brunetti usw. – jeder Krimifan denkt da gleich an den sympathischen Polizeibeamten *Commissario Brunetti* von *Donna Leon*.

Seit langem lassen ihn wirtschaftliche, politische wie geschichtliche Zusammenhänge, Hintergründe und Themen nicht mehr los. Nach seiner Pensionierung recherchiert und schreibt Brunath mit Leidenschaft, plant weitere Publikationen und Bücher.

region
verlag
region-verlag.com